볼프하르트 판넨베르크

신학 연구

볼프하르트 판넨베르크

신학 연구

최성수 지음

한국학술정보㈜

감사의 글

　필자가 독일로 유학을 가게 된 계기는 판넨베르크의 논문을 접한 뒤였다. 당시에 읽었던 논문의 내용에 대한 기억은 남아 있지 않지만, 신학의 학문성을 논한 것으로 기억된다. 실천 지향적인 한국 신학계에서는 결코 찾아볼 수 없었던 주제였기에 어렵지 않게 유학을 결심할 수 있었다. 처음에는 그가 있는 뮌헨 대학으로 가려 했고 또 그곳의 입학허가서를 받았지만 두 가지 이유로 뮌헨을 포기하고 당시의 독일 수도인 본을 택해야만 했다. 하나는 뮌헨에 연고자가 전혀 없다는 사실이었고, 다른 하나는 뮌헨이 방을 구하기가 가장 힘든 도시라고 들었기 때문이다. 그래서 차선책으로 택한 대학이 본 대학이었다. 본과 가까운 쾰른 시에 교회 선배가 유학하고 있었기 때문에 일단 그곳으로 가면 안전할 것이라고 생각했고, 방을 구하는 문제 역시 임시로 선배의 신세를 지면서 천천히 구할 수 있을 것이라고 생각했다.

　그러나 신학을 공부하면서 뮌헨과 본의 차이는 아주 큰 의미를 갖는 것임을 알게 되었다. 뮌헨에는 판넨베르크가 있었는가 하면, 본에는 자우터가 있었기 때문이다. 본 대학에서 필자는 누구보다도 자우터를 연구하는 데 모든 시간을 할애했다. 왜냐하면 유학하기 전 한국에 있을 때 필자의 가장 큰 고민은 신학이 어떤 의미에서 학문인가에 관한 것이었는데, 자우터에게서 동일한 질문과 대답을 발견할 수 있었기 때문이다. 자우터는 당시 필자의 문제와 고민을 가장 시원스럽게 해결해주는 학자였다. 그를 이해하기 위해 바르트를 공부했고, 또 그의 신학사적인 의미를 이해하기 위해 신학사를 읽어나갔다. 바르트 우파로 알려진 자우터는 종말론과 학문이론에 관한 한 독일 신학계에서 남다른 의미를 갖고 있었기 때문에 필자는 유학시절 내내 종말론과 학문이론에 집중적인 관심을 기울였다. 석사 논문과 박사 논문은 그 결과로 나타난 것이었다.

만일 필자가 뮌헨으로 갔다면 틀림없이 판넨베르크를 연구했을 것이었다. 신학의 학문성을 고민하게 된 계기를 판넨베르크로부터 얻게 되었기 때문이다. 이 고민의 해결책으로 판넨베르크를 알게 되어 독일 유학을 결정했던 것인데 사정이 여의치 않아 자우터를 연구하게 되었다.

그러나 판넨베르크는 결코 멀리 있지 않았다. 자우터를 연구하면서 반드시 함께 연구할 신학으로 여겨진 것이 바로 판넨베르크였기 때문이다. 자우터와 비슷한 관심에서 신학을 했고, 또 동일한 분야에서 연구업적을 내었던 판넨베르크는 언제나 자우터의 대화상대자로서 때로는 그의 비판가로서 의미를 갖게 되었다. 판넨베르크 연구는 자우터 연구와 더불어 자연스럽게 진행된 결과였다.

따라서 순서로 본다면 먼저 '자우터 신학 연구'가 먼저 나오고, 그러고 나서 '판넨베르크 신학연구'가 진행되어야 하겠지만 그렇지 못했다. 자우터는 나의 석사과정과 박사과정을 지도했던 은사님이시다. 아직 숙성되지 못한 필자가 은사의 글을 놓고 갑론을박한다는 것이 쉽지 않아 그의 글을 번역하는 정도에서 만족해야만 했다. 제자로서 스승의 사상을 정리하는 것이 당연하지만 먼저 판넨베르크를 연구하고 나면 스승의 글을 다루기가 다소 편해질 것이라는 생각을 했다. 그래서 먼저 판넨베르크의 신학에 대한 연구를 시작한 것이다. 자우터를 통해 판넨베르크에게 접근할 수 있었다면, 판넨베르크가 제기한 신학적인 주장을 정리한 '판넨베르크 신학연구'는 '자우터 신학연구'로 가는 길을 열어줄 것으로 기대한다.

이 책에서 다룬 글들은 판넨베르크 신학을 이해하기 위해 가장 기초라고 생각된 것들이다. 보편사적 해석학으로 잘 알려져 있어 해석학을 다루는 것이 가장 본질이라고 생각하겠지만, 필자의 생각은 다르다. 그에게 가장 중요한 문제는 세속화의 본질과 그 문제를 어떻게 극복하느냐 하는 것이고, 해석학은 이 문제를 해결하는 과정에서 제시된 신론과 종교문제, 그리고 진리의 문제를 성찰하면서 나타난 결과다. 특히 판넨베르크의 종말론은 신학적인 정당화 과정에서 매우 중요한 의미를 갖는 주제다. 따라서 보편사적 해석학을 이해하기 위해서는 반드시 그의 신론적인 진술과 종교문제, 진리의 문제와 종말론, 그리고 학문이론에 대한 연구가 앞서야 한다.

이 연구서는 바로 이러한 생각에서 비롯된 것이며 방대한 규모의 판넨베르크 신학을 이해하기 위한 단초를 제공하자는 의미에서 기획된 것이다. 다시 말해서 이 글에 포함된 논문들은 판넨베르크 신학이해의 단초를 확보하려는 의도에서 몇 년에 걸쳐 연구 발표된 글들이다. 그동안 여러 곳에 흩어져 있던 글들이었는데 판넨베르크의 신학에 대한 체계적인 연구서가 없는 상황에서 논문을 묶으면 좋겠다는 생각을 하던 중에 '한국학술정보사'에서 출간의 뜻을 비쳐 이번에 논문 모음집으로 출간하게 되었다.

그동안 다른 학자들에 의해 연구된 몇 편의 원고를 함께 수록하려 했지만, 저자들의 동의를 얻기가 쉽지 않아 홍지훈 교수(호신대, 교회사)의 글만 수록하게 되었다. 판넨베르크의 간략한 생애와 신학연구의 과정을 일목요연하게 볼 수 있게 해준 좋은 글이어서 저자의 허락하에 이곳에 함께 게재하였다.

이 글을 통해 저자가 바라는 것이 있다면, 문제해결을 지향하는 신학의 터전이 마련되었으면 좋겠다는 것이다. 왜냐하면 판넨베르크의 신학함은 교회와 신학이 안고 있는 문제를 진지하게 생각하고, 그 문제를 해결하려는 노력의 결정체이기 때문이다.

한국 신학계의 상황은 전혀 다른 것 같다. 진리의 문제를 더 이상 다루지 않고 있으며, 문제에 대한 진지한 고민을 토론할 수 있는 장도 마련되지 못하고 있다. 필자가 "목회와 신학, 그 뗄 수 없는 관계"(씨엠, 2001)라는 책에서 주장했고 또 실험적인 시도를 해봤지만, 교회와 사회 안에 신학적으로 해결될 문제들이 산적해 있는데도 신학은 여전히 대학문턱을 넘지 못하는 상황이 너무 안타깝다. 교수임용과정에서 신학자들에게 목회경험을 요구할 정도로 현장을 중시하면서도 정작 교수로서 전문연구자가 되면 목회의 문제해결보다는 신학자체의 논리에 매몰되는 경우를 너무 많이 보아왔다. 오늘날 목회 현장에서 신학이 배척당하고 있고, 신학 없는 목회가 양성되고 있는 중요한 이유는 단지 목회 경험의 부재에만 있는 것은 아닌 것 같다. 더욱 큰 이유는 문제를 신학적으로 인식하려는 노력이나, 그 문제를 신학적으로 해결하려는 노력을 기울이지 않는 신학에 있다고 생각한다. 물론 이렇게 된 데에는 교계의 눈치를 보아야 하는 학자들의 안타까운 현실이 있긴 하다. 그리고 신학교육은 지나칠 정도로 신학이해와 습득, 그리고 더 나아간다면 해석부분에만 집중되어 있는 현실을 지적하지 않을 수 없다. 신학계의 경향이 다소 바뀌어 진리의 문제를 진지하게 고민하면서 여러 학문과의 대화를 시도했으면 좋겠다.

한국학술정보(주)의 출판결정과 수고로 이 책을 출판하게 되었는데, 무엇보다 부족한 글의 가치를 인정해 주어 출판을 결정한 한국학술정보(주) 출판사업부 여러분들께 감사드리며, 특히 이 책이 나오기까지의 번잡한 편집과정에 참여한 모든 분들께 감사를 드린다. 판넨베르크의 신학의 과정을 일목요연하게 볼 수 있는 글을 게재하도록 허락해 준 홍지훈 교수께 감사하지 않을 수 없다. 필자의 삶에는 언제나 가족이 있었다. 가족 모두와 함께 출판의 기쁨을 공유하고 싶다. 누구보다도 결코 잊을 수 없는 분으로 출간의 기쁨을 나누고 싶은 고마운 분이 계시다. 광주운암교회 정해동 목사님이시다. 정 목사님은 필자의 어려운 여건을 아버지와 같은 마음으로 보살펴주셨다. 그 밖에 지금까지 살아오면서 필자의 삶에는 알려지지 않은 숨겨진 햇빛이 있다는 느낌을 받는다. 불가능하게 여겨지던 일들이 가능해지는 것을 보면서 느낄 수 있었다. 드러나지 않지만 숨어 있는 햇빛으로 여러 가지로 필자를 돕는 분에게 이 글을 바치고 싶다.

2007년 12월

최성수

CONTENTS

제2장 판넨베르크 신학의 기초이론 / 53

제3장 판넨베르크의 학문이론과 논쟁 / 205

판넨베르크 생애와 신학

1. 판넨베르크의 자전적 생애

내가 태어난 곳은 스테틴(Stettin)이다. 지금은 폴란드에 속해 있지만 과거에는 독일 중심부 베를린에서 동쪽으로 두 시간이 채 못 되는 곳에 위치했던 곳이다. 멀리 사라져 버린 듯한 이곳을 생각할 때마다 깊은 감상에 젖지 않을 수 없다. 7살까지 이곳에서 살았고, 그 후에 나의 가족은 훨씬 동쪽에 있는 쉬나이데뮐(Schneidemuhl)로 이주했다. 이곳은 당시 독일과 폴란드의 경계에서 가까운 곳이었다. 부친은 이곳에서 2년 동안 세관원(customers officer)으로 근무한 후에 서쪽 국경 지역인 아헨(Aachen)으로 이주했다. 이곳에서 우리는 4년 동안 머물렀다.

1936년과 1942년 동안 나는 주로 역사책을 읽었고, 여러 시간 동안 중세와 근대사의 세계에 푹 빠지는 상상을 하곤 했다. 일곱 살에 피아노를 배우기 시작했는데 아헨에 머무는 동안 음악은 내 삶에서 가장 중요한 관심거리가 되었다. 심지어 아버지는 내가 학과 공부에 소홀히 하는 것을 염려하셨을 정도였다. 피아노를 치는 것 이외에 작곡에 대한 레슨도 받았다. 덕택에 소품을 작곡하며 혼자만의 감상을 즐기기도 했다. 나는 시간이 나는 대로 그 당시에는 잘 알려져 있지 않았던 카

---

* 판넨베르크의 생애를 쓰기 위한 자료로 가장 많이 쓰이는 것은 판넨베르크가 쓴 자서전적인 스케치(An Autobiographical sketch, in: Carl Braaten / Philip Clayton(ed.), *The Theology of Wolfhart Pannenberg*, Augsburg Publishing House, Minneapolis, 1988, 11-18)이다. 이 글의 생애에 대한 부분은 이 글을 번역한 것이고 홍지훈 교수께서 정리한 것을 저자의 허락하에 게재한 것이다. 이글에서 저자는 '판넨베르크의 생애와 신학적 연구주제'(「신학이해」(22집), 2001, 9-35)는 특히 판넨베르크의 신학과 저작을 연구 주제에 따라 소개했다. 김명용 교수는 "판넨베르그의 생애와 사상"에서 판넨베르크 신학을 그의 생애와 함께 개괄해 보였다.

라얀(Herbert von Karajan)이 이끄는 아헨 교향악단의 연주를 들으러 가곤 했다. 당시는 전쟁이 막 시작되었던 때였다. 독일군은 1940년 아헨을 통과했고, 몇 주 후에 나는 아버지와 함께 지붕에 올라가 영국군의 공습으로 화염에 휩싸이는 아헨시를 볼 수 있었다.

1942년 나의 가족은 베를린으로 이주했다. 그해 겨울, 학교는 도시에서 시골로 옮겨졌다. 급우들과 함께 실레지아 산에서 겨울을 보냈는데 이곳에서 스키를 배우던 기쁨을 잊을 수 없다. 다음 해 여름에는 동쪽 포메라니아(Pomerania)에 있는 발트 해에서 보냈다. 그해 겨울 베를린은 수많은 공습에 의해 상당히 파괴되었고, 1944년 3월 어느 날 우리 가족은 베를린 서쪽 근교에 있는 집을 잃게 되었는데, 이곳은 미국의 공습기들이 매일같이 폭탄을 퍼부었던 곳이었기 때문이다. 우리는 가까스로 피신해 두 달 동안 포메라니아에 있는 친척과 함께 지냈다. 그곳에 있는 도서관에서 음악과 관련된 책을 찾던 중에 나는 니체의 철학책을 처음으로 대하게 되었다. 그는 당시에 내게 알려지지 않은 저자였는데, 나의 흥미를 끌었던 제목은 "음악의 정신으로부터 비극의 탄생"이었다. 그 이후로 나는 구할 수 있는 범위 내에서 니체가 쓴 모든 저작물을 탐독해 나갔다. 그 사이에 우리는 한 농촌 지역에서 새로운 거처를 얻게 되었다. 나의 부친은 마침내 군으로 징병되었다. 이웃해 있는 도시에서 음악공부를 계속했고, 그곳의 학교를 다니는 중에 나의 첫 번째 여자 친구를 만났다. 1945년 1월 초까지는 아주 조용한 겨울을 보낼 수 있었다. 1월 6일에 학교에서 집으로 돌아오는 길에 기차를 타는 대신에 걷게 되었는데—대략 2시간이 소요되는 거리였다—이때 아주 특별한 경험을 하게 되었다. 지는 해의 빛 속으로 빨려 들어가고 순식간에 나를 둘러싸고 있는 빛으로 녹아버리는 그런 경험이었다. 나의 존재를 다시금 의식하게 되었을 때 나는 무엇이 일어났는지 알지 못했다. 그러나 내 삶의 아주 중요한 사건이라는 것을 확신했다. 그 후 여러 해 동안 그것이 내게 무엇을 의미하는지를 알려고 노력했다. 그러나 나와 나의 어머니는 세 명의 어린 여동생들과 함께 그 지역을 서둘러서 떠나야만 했기 때문에 충분한 생각을 하지 못했다. 물론 다른 독일인들의 사정도 마찬가지였다. 그들은 러시아군대를 피해야만 했던 것이다. 나는 16세의 나이로 군인이 되었다. 군사훈련을 받았지만 전염성 피부병에 걸려 격리됨으로 인해 전투에 참가하지 못했다. 이 일로 인해 생명을 구할 수 있었는데, 왜냐하면 당시에 전투에 참여했던 동료들은 러시아군에 의해 거의 전멸했기 때문이다. 독일 북부 지역에 있는 병원에 머물러 있으면서 나는 영국군 포로가 되었고, 1945년의 봄을 그곳에서 보냈다. 초여름의 어느 날 나는 동부로 이송되었고 마침내 가족을 만날 수 있었다. 그 후 2년 이상을 그곳에서 학교에 다니게 되었다. 러시아군인이 점령하고 있던 지역에 머물면서 우리와 함께 있던 사람들은 거의 아사 직전에 있었다.

　학교 수업에 집중하게 된 것은 바로 이 기간 동안에만 가능했다. 나는 철학자 칸트의 작품들을 읽기 시작했고, 미성숙하기는 했지만 내 생각들을 적기 시작했다. 이 시기에 나는 내 생의 처음으로—부모님은 1930년대 초에 교회를 떠났다—기독교에 관심을 갖게 되었는데, 독일어 선생님 때문이었다. 그는 그리스도인임에도 불구하고 내가 니체로부터 배운 그리스도적 사고에 적합한 모습을 보이지 않았기 때문이다. 내 기대와는 반대로 그는 모든 형태의 인간적 삶을 즐겼고 또 그 충만함을 음미하며 살았다. 니체가 기술하는 그리스도적 정신에 따르면 해서는 안 되는 일들이었다. 나는 이러한 차이가 어디서 비롯되었는지를 스스로 발견하기를 원했다. 사실 결정적인 계기가 된 것은 1945년 1월 6일에 내게 일어난 특별한 경험의 의미를 알려는 간절한 마음이 있었기 때문이었다. 1947년 봄에 나는 동베를린에 있는 훔볼트 대학에 등록했다. 철학과 신학을 공부하게 된 것이다. 얼마 지나지 않아서 그리스도교에 대한 탐구는 나를 매료시켰고, 마침내 나는 여생을 신학자로 살 것을 결심했다. 물론 철학에 대한 연구도 동일한 열정을 갖고 임했다.

베를린에서 일 년 반 동안 공부했고, 그곳에서 내게 마르크스 사상에 관심을 기울이라고 권면하는 여러 선생님들과 친구들을 만났다. 특히 내가 진심으로 존경했던 친척 가운데 한 분의 권고가 있었다. 나는 마르크스의 '자본론'으로부터 시작해서 모든 것을 읽기 시작했고, 레닌과 스탈린의 글도 읽었다. 마르크스의 초기 저작에 묻어 있는 휴머니즘은 나에게 깊은 감동을 주는 데에 실패하지 않았다. 내 주변에 널려 있는 일차증거에도 불구하고 나는 삶의 모든 사실들에 설명을 제공하는 지성의 체계에 매료되었다. 그러나 몇 년 후에 나는 마르크스의 경제이론에 대한 비판적인 논증에 더 큰 비중을 두게 되었다. 마르크스주의의 이데올로기적 기능을 더 많이 알게 되었는데, 다시 말해서 그것은 오히려 정부의 억압하는 체계를 합법화하는 데에 기여하고 있었다. 내가 마르크스 사상의 매력에서 벗어나게 된 바로 그 시점에는 마르크스에 대한 연구가 후에 큰 도움이 될 것으로 전혀 기대하지 못했다. 그러나 60년대 말 학생운동이 격렬하게 일어났을 때와 해방신학의 물결이 밀려왔던 때에 내게 큰 도움이 되었다.

1948년 가을부터 일 년 동안 괴팅엔에 머물게 되었다. 이곳에서 프리드리히 고가르텐과 당시 독일 철학계에서 가장 잘 알려진 니콜라이 하르트만(Nicolai Hartmann)을 알게 되었다. 우연한 기회에 한스 요아킴 이반트(Hans Joachim Iwand) 교수가 이끄는 루터를 연구하는 한 세미나에서 내게 할당된 과제물은 나로 하여금 중세의 스콜라주의에로 이끌어 주었다. 중세의 스콜라주의는 후에 나의 박사논문을 쓰게 되는 연구 분야가 되었고 교수자격 논문의 주제도 이 분야에서 선택되었다. 괴팅엔의 시절을 보낸 후에 나는 세계교회협의회가 주는 장학금으로 바젤에서 한 학기 동안 연구할 수 있게 되었다. 바젤에 가기전에 나는 당시까지 출판된 바르트의 '교회 교의학'을 모두 읽었다. 바르트에 깊은 감동을 받았고 독서를 멈출 수가 없었다. 그러나 바젤에서 나는 그의 사상에 철학적인 깊이가 결여되어 있음을 알게 되어 깊이 실망하게 되었다. 바젤 대학에서 나의 철학교수는 칼 야스퍼스(Karl Jaspers)였다. 그 역시 깊이가 없었지만 바르트보다는 더욱 직관적인 통찰이 있었고 미래 전망적이었다.

1950년 가을에 나는 하이델베르크 대학에서 공부하게 되었다. 신학을 공부한 지 4년째가 되는 해였다. 많은 시도를 기울였음에도 불구하고 성서 주석과 조직신학, 철학 그리고 교회사 분야에 집중적인 연구를 하는 데에는 성공하지 못했다. 그러나 게르하르트 폰 라드(Gerhard von Rad)의 강의에 참여한 후에 비로소 어두운 장막이 걷히게 되었다. 새로운 세계, 전통 그리고 고대 이스라엘의 역사를 발견하게 된 것이다. 왜냐하면 폰 라드는 그의 청중들을 아주 이국적인 매력으로 사로잡는 데에 익숙했기 때문이다. 고대 이스라엘의 정신은 아주 이국적으로 제시되었고, 동시에 우리가 현재 경험하는 것보다 더욱 생생하게 소개되었다. 폰 라드의 능숙한 주석을 통해 구약은 수많은 학생들의 마음에 생생하게 살아 있게 되었다. 이런 경험을 바탕으로 마침내 신약 역시 내게 의미를 갖게 되었다. '역사'는 하이델베르크 대학에 있는 동안 성서 주석의 핵심어였다. 내가 들은 바에 따르면, 그것은 칼 뢰비트의 역사 철학에 대한 반향이었다. 학생들이 당시에 유감스럽게 생각한 것은 하이델베르크 대학의 조직신학이 활발한 연구 활동을 하지 못한 것이다. 학생들 가운데 일부는 스스로 폰 라드의 주석적 관점에 근거해서 조직신학이 어떠한 것인지를 발견하려고 노력했다. 이것이 바로 하이델베르크 서클이라 불린 모임이 시작된 계기였다. '역사로서 계시'라는 말로 신학에 새로운 접근을 시도하게 된 것은 그 후 10년이 지난 뒤였다. 이 책은 1961년에 출판되었다. 이 주제는 당시 우리가 토론했던 주제들 가운데 가장 도발적인 것이라고 생각했다.

어느덧 서클에 속했던 대부분의 사람들은 하이델베르크 대학을 떠났고, 나는 1953년 둔스 스코투스(Duns Scotus)에 대한 박사학위논문을 마무리했다. 지도교수는 에드문트 쉴링크(Edmund Schlink)였다. 그는 내게 학문의 길을 권고하고 그 길을 갈 수 있는 용기를 주었다. 조직신학을 가르치기 위해 나는 교수자격 논문을 써야만 했다. 연구는 다시 중세 분야에서 이루어졌지만, 주제는 유비론이었다. 유비론은 칼 바르트 사상을 이해하기 위한 노력을 기울였던 때 이후로 내게 가장 중요한 주제였다. 1955년에 유비 개념에 대한—쉴링크 교수가 권고해 주었던 주제였다—비판사적인 글이 받아들여졌다. 나는 강사(Privatdozent)가 되었고 하이델베르크 대학에 제안했던 나의 첫 번째 강의계획과 연결해서 이루어진 프로젝트를 갖고 계속 연구할 수 있게 되었다. 철학과 신학의 분야에서 유비 개념에 대한 역사는 1960년대 초기까지 내 연구의 중심이었다. 이때 하이델베르크 서클은 계시 개념을 수정할 것을 제안했는데 이것은 예기치 않은 저항과 비판을 불러일으켰다. 유비 개념사는 결코 출판되지 못했다. 그러나 그것을 준비했던 모든 작업은 내가 받은 대학교육 과정에서는 매우 귀중한 것이었다. 왜냐하면 내가 초기 소크라테스부터 근대에 이르기까지의 사상사에 친숙하게 되는 데에 결정적인 기여를 했기 때문이다.

1955년에 나는 하이델베르크 대학 교회에서 안수를 받았다. 대학에 소속된 교수들은 돌아가면서 설교를 했다. 안수받기 전에 나는 영문학과 프랑스 문학을 공부하는 여학생과 결혼했는데, 그녀는 내가 하이델베르크에서 첫 겨울을 보내는 동안에 만났던 학생이었다. 그 후 내 아내는 컨텍스트와 삶의 스타일을 창조하는 데에 헌신적인 열정을 보여 주었고, 이는 나의 작업의 발전에 집중할 수 있도록 해 주었다. 그녀가 없었다면 나는 정서적인 안정과 지성적인 작업에서 요구되는 많은 부분을 얻지 못했을 것이다.

하이델베르크 대학의 교수들 중에서 내가 가장 먼저 감사해야 할 분은 게르하르트 폰 라드다. 또한 한스 폰 캄펜하우젠(H. von Campenhausen)에게도 감사해야만 하는데, 그는 교부신학에 대한 나의 열정을 일깨워 주었고 신앙과 이성을 분리시키지 않는 신학을 하도록 도와주었다. 그리고 박사과정에서 나로 하여금 조직신학을 연구하게 했던 에드문트 쉴링크 교수도 잊지 못한다. 그는 내가 사상을 형성하는 과정에서 가장 중요한 방식으로 영향을 미쳤는데, 특히 에큐메니칼 대화와 다른 학문과의 대화, 특히 자연과학과의 대화로 이끌어 주었다.

하이델베르크 대학에서 강의하면서 나는 중세 신학사를 다루었는데 이 분야에 있어서만큼은 특별한 노력을 기울이지 않아도 쉽게 강의할 수 있었다. 또한 루터의 종교개혁과 관련된 과목을 가르쳐야만 했다. 특히 개신교 신학의 근대사를 가르치기도 했다. 내가 근대 신학의 발전과정에서 헤겔 사상의 중요성―주로 신학에 대한 도전으로서―을 인정하게 된 것은 바로 근대 신학사를 가르치면서다. 나는 결코 헤겔주의자가 아니었다. 그러나 신학은 적어도 헤겔 철학과 동일한 지적 수준에서 발전되어야 한다고 생각했다. 이 목적을 위해 나는 헤겔의 저작을 꼼꼼히 반복적으로 읽어나갔다. 나의 작품들은 이러한 연구의 흔적을 많이 보여 주고 있기 때문에 사람들은 헤겔 철학과의 동맹관계 속에서 나를 보는 편견을 쉽게 떨쳐버리지 못하고 있다. 실제로 헤겔 철학은 내 사상의 철학적 기초 가운데 중요한 부분을 차지하고 있다.

1958년 나는 부퍼탈(Wuppertal) 대학의 조직신학 교수로 부름을 받았다. 이곳에서 나는 3년 동안 몰트만(J. Moltman) 교수와 함께 가르쳤다. 엄밀한 의미에서 조직신학적 계획을 이행하기 시작했던 시기였다. 이 시기에 나는 인간학과 기독론에 전념했다. 그러나 1961년 마인쯔(Mainz) 대학으로 자리를 옮긴 후에는 기독교 교의학 전 분야와 윤리학을 다루어야만 했다. 매우 중요한 일이었고 전체 주제들이 조직적 체계를 갖추기 까지는 수년간의 연구를 필요로 했다. 다루기가 가장 어려웠던 주제는 신론이었던 것 같다. 충분한 근거를 갖고 신론을 전개하기 전에 나는 먼저 다른 분야, 예컨대 신학뿐만 아니라 철학 그리고 자연과학과 사회과학과의 대화에 대해서도 조직적인 설명이 필요하다고 확신했다. 사실 1980년대 초까지 나는 확실한 기초 위에 서 있다는 확신을 갖지 못했다. 그러나 이미 훨씬 이전인 1967년에 나는 하나님관념에 대한 정리된 생각들을 발표했는데, 그것은 미래의 힘으로써 하나님에 대한 생각이었다. 그러나 그것은 하나님나라에 대한 예수의 선포와 빌헬름 딜타이(Wilhelm Dilthey)의 경험의 역사성에 대해 분석한 것으로부터 과감하게 추측한 것이었다. 형이상학에 대한 작은 책자에서 그리고 조직 신학의 첫 번째 책에서 다루어졌는데, 이 책들은 1988년 봄에 출판되었고 하나님관념을 논증하는 것이었다. 그러나 그 밖의 모든 것은 신론에 대한 생각을 정립하지 않으면 신학 안에서 아직 확실한 토대를 갖지 못한 것이었다.

나의 사상을 다룬 글에서 나의 모든 저서가 면밀하게 다루어질 필요는 없다고 생각한다. 왜 내가 기독론, 인간론, 신학방법에 집중했는가를 설명할 필요가 없는 것은 아니다. 내 생각에 그것들은 조직신학이 쓰이기 전에 반드시 거쳐야 하는 단계들이었다. 물론 더욱 조심스럽게 다룰 필요가 있는 주제들이 많이 있다. 그러나 이것들은 매우 필요한 것이었다. 원칙적으로 형이상학에 대해서도 마찬가지다. 몇 명의 미국 친구들은 내가 수년 동안 내 신학의 형이상학적 함의를 세밀하게 작업하도록 자극을 주었다. 이 방향에서 첫 번째 노력은 1965년에 나타났는데, 그것은 '존재론과 종말론'(Ontology and Eschatology)에 대한 강의였다. 1963년 시카고 대학의 방문교수로서 미국을 여행하던 중에 과정철학과 만나게 된 것은 그러한 모험에 대한 대단한 자극과 동기였다. 그러나 내가 칸트의 형이상학 비판의 의미와 중요성이 어떻게 평가되어야 하는가에 대한 질문을 다루기 전에 나는 형이상학적 질문을 재고하는 것이 가능하다고 느끼지 않았다. 내가 보기에 화이트헤드는 칸트를 진지하게 고려하지 않았다. 1980년대 초 이래로 칸트적 비판의 한계는 내게 더욱 분명하게 이해되었다. 동시에 내가 인간학에 대한 책을 쓰는 동안에 나는 자아의식적인 주관성의 원리는, 독일 관념론적 전통에서 볼 수 있듯이, 형이상학의 토론을 위한 최종적인 원리로 받아들여질 필요가 없다고 확신하게 되었다.

미국 신학과 문화에 대한 경험, 곧 내가 1966년에 하버드 대학에서 그리고 1967년 초 클레어몬트 대학에서 그리고 1975년 동 대학에서 객원교수로 가르쳤을 때 더욱 심화되고 확장된 경험은 나의 철학적 관념에 기여하는 데에 매우 중요했다. 뿐만 아니라 특히 기독교 에큐메니칼 상황에 대한 나의 이해와 교회 상호간의 행위에서 매우 중요했다. 세계교회협의회에 대한 참여적 경험과 더불어 미국 경험의 영향은 신학자로서 내가 나의 신앙적 색깔에 제한되지 않고 전체 기독교 공동체를 염두에 두고 작업할 수 있도록 도와주었다. 물론 나는 루터파에 속한 사람으로서 그것을 잘 알고 있다. 이것이 내 사상의 뿌리가 된다는 것도 알고 있다. 독일 개신교 신학과 깊은 관계를 갖고 있다는 것을 알고 있다. 그러나 또한 나는 두 영역에서 너무 좁은 것 같은 것을 자유롭게 비판한다. 때때로 나는 서구적 학문의 방식으로 신학한다는 비난을 받기도 했다. 나는 그러한 죄를 고백할 정도라고 생각하지는 않는다. 우리 시대의 신학자들은 지구적 차원에서 기독교 공동체를 생각해야만 한다. 그러나 우리 각자는 자기 자신의 상황 안에서 그것을 해야만 한다. 물론 상황에 제한되어 보편적인 진리가 아닌 특별한 것에 사로잡혀서는 안 될 것이다. 교회사적으로 보면, 복음에 의해 정복된 문화는 기독교 전승의 축적과정의 요소로 전환되었다. 그러한 방식으로 현대 기독교인들은 그리스와 고대 로마의 문화적 영광을 유산으로 물려받았다. 그리고 우리의 기독교 문화는 그들의 기억을 생생하게 지켜나가는 데에 있어서 결정적이다. 비슷한 방식으로 서구의 기독교 문화는 도처에 있는 기독교 교회의 유산의 일부로 남게 될 것이다.

2. 판넨베르크의 생애와 신학연구주제

(1) 서 론

현재 독일 뮌헨 대학교 개신교 신학부 명예교수이며 '신학'과 '철학' 그리고 '과학'이라는 세 가지 주제에 관하여 세계적인 명성을 떨치는 학자인 Wolfhart Pannenberg 박사(1928-)는 2001년도 11월 한국학술협의회의 초청으로 〈석학연속강좌〉의 강연자로 내한하였다. 이 연구는 판넨베르크 박사의 강연과 세미나 진행을 준비하면서, 그의 저술들을 주제별로 분류하고, 그의 연구 경향 및 신학적 관심사를 추적하려는 일차적인 목적을 가지고 준비된 연구이다.

이 연구에서는 우선 판넨베르크 박사의 생애를 살펴봄으로써 그의 신학적 여정의 뿌리를 찾아보고, 600여 편에 이르는 판넨베르크 박사의 저작들 그리고 판넨베르크 박사에 관한 250여 편의 연구논문들 가운데 핵심적인 것들을 주제별로 분류하여 판넨베르크 연구의 기초자료로 사용하고자 한다.

판넨베르크의 생애와 신학연구 주제를 다루기 위한 기초자료로서는 다음과 같은 논문과 저술들이 주로 이용되었다.

우선 카알 브라텐(Carl E. Braaten)과 필립 클레이튼(Philip Clayton)이 편집한 판넨베르크 신학에 관한 안내서가 있다. 이 가운데 판넨베르크 자신이 짧은 자전적 스케치를 한 것이 있는데[1], 이 글은 판넨베르크 박사 자신의 종교적 체험에 관한 보고를 처음이자 마지막으로 담고 있

---

1) Wolfhart Panenberg, "An Autobiographical Sketch", in: *The Theology of Wolfhart Pannenberg*, Carl E. Braaten & Philip Clayton(ed), Augsburg Pub. House, Minneapolis, 1988, pp.11-18.

다.[2) 최근에 나온 자료로는 군터 벤쯔(Gunther Wenz)가 기고한 판넨베르크의 생애가 있다.[3)

둘째로 판넨베르크의 저술들과 판넨베르크에 대한 연구논문들을 분류하는 작업을 위하여 사용될 자료들은 다음과 같다.

판넨베르크 박사의 회갑기념 논총이 롤스(Jan Rohls)와 군터 벤쯔(G. Wenz)에 의하여 1988년에 출판되었는데,[4) 여기에서 우리는 판넨베르크 박사의 저술 목록과 그에 관한 연구논문 목록을 얻을 수 있다.[5)

영어권에서 나온 도서목록도 있다. 이것은 Philip Clayton이 정리하여 붙인 것이다.[6) 여기서 판넨베르크의 저술은 연대순으로 나열되었고, 판넨베르크에 대한 단행본과 관련 연구논문들은 저자순으로 배열되어 있다. 독일어권의 자료와 비교해 볼 때, 내용 면에서는 덜 상세하지만 영어권의 다양한 이차자료들을 함께 소개하고 있는 것이 장점이다. 동시에 브라텐의 도서는 1987년까지 판넨베르크의 신학적 관심에 대한 좋은 평가를 포함하고 있다.

*The Theology of Wolfhart Pannenberg*에 들어 있는 논문들 가운데

---

2) 11월 방문하였던 판넨베르크 박사와의 대담 중에 자신의 종교적 체험에 관하여 말하였고 이것을 단 한 번 발표하였다고 하였다.
3) Gunther Wenz, "Wolfhart Pannenberg", in: Kerygma und Dogma 45(1999), 87–90.
4) Hg v. Jan Rohls und Gunther Wenz, *Vernunft des Glaubens. Wissenschaftliche Theologie und kirchliche Lehre*, Göttingen 1988.
5) Bernd Burkhardt, "Bibliographie der Veröffentlichungen von Wolfhart Pannenberg 1953–1987", in: *Vernunft des Glauben*, Göttingen 1988, 693–718. Bernd Burkhardt und Achim Dunkel, "Sekundärliteratur zur Theologie Wolfhart Pannenbergs", in: Ders, 719–731.
6) "A Pannenberg Bibliography", in: *The Theology of Wolfhart Pannenberg*, Carl E. Braaten & Philip Clayton(ed), Augsburg Pub. House, Minneapolis, 1988, 337–352.

28

우리에게 매우 유용한 정보를 제공하고 있는 논문은 그렌쯔(Stanley J. Grenz)의 글이다.[7] 이 글은 영어로 발행된 판넨베르크 사상에 대한 논문들을 분석하여, 그의 사상을 몇 가지 주제에 맞추어서 설명한 글이다. 영어권 이차자료만 분석했다는 점과 1988년까지의 자료만 분석대상이 되었다는 점에서 제한적이기는 하지만, 적어도 그의 사상을 주요한 주제별로 분류하였다는 점에서 우리의 필요를 어느 정도는 충족시켜 줄 수 있다고 본다. 따라서 본 연구에서는 그렌쯔(Grenz)의 연구에서 분류한 틀을 다수 이용하려고 한다.

(2) Wolfhart Pannnberg의 생애

판넨베르크는 1928년 10월 2일 한때 독일 지역이었던 베를린 동쪽으로 자동차 2시간 거리에 있는 Stettin에서 출생하였다. 그는 여기서 7세까지 살았다. 8세 되던 해에 그의 가족은 더 동쪽인 Schneidmühl로 이주하여 2년을 살았고, 1938년에는 독일 서부의 Aachen으로 이주하였다. 여기서 4년을 살고 1942년에 Berlin으로 이주하였다. 그때가 14세였는데 그는 이미 역사에 관심을 가지고 공부하였다. 이 당시 판넨베르크의 또 다른 주된 관심은 피아노였다. 그는 전쟁의 와중에서도 피아노 교습을 받았고 아헨 시절에는 아헨 심포니 오케스트라의 연주를 카라얀의 지휘로 보고 들었다. 16세인 1944년에 그는 군에 입대하였고 영국군에 포로로 잡혔다가 1945년 초여름에 석방되었다.

그의 생애 가운데 중요한 시점은 1945년 1월 6일이다. 그의 자전적 서술에서 그는 다음과 같이 당시의 사건을 회고하고 있다.

7) "The Appraisal of Pannenberg: A Survey of the Literature", 19-53.

1월 6일 나는 철도 대신에 걸어서 집으로 가고 있었다. 매우 특이한 사건이 내게 일어났는데, 나는 내가 햇볕에 빨려 들어가서 나를 둘러싼 햇볕에 영원한 순간 녹아버린 것이다. 내가 다시 나의 실존적 유한성을 깨달았을 때, 나는 무슨 일이 일어났는지 몰랐지만, 확실히 안 것은 이것이 내 생애에 있어서 가장 중요한 사건이었다는 점이다. 나는 이후 수년 동안 그 의미를 찾아 헤맸다.[8]

1947년 봄에 Humboldt 대학에서 철학과 신학을 공부하기 시작하였고, 그는 그때의 경험을 늘 마음에 담고 있었다. 그는 자신의 나머지 생애를 신학자로 살기로 결심하였다. 이 대학에서 공부한 기간은 약 일 년 반에 불과하였지만, 이때 그는 마르크스주의에 몰두하였다. 특히 그는 자본론을 중심으로 마르크스의 경제사상에 몰두하였고, 이런 공부는 훗날 1960년대 학생 혁명운동 참여에 영향을 끼치게 되었다.

1948년 그는 괴팅엔(Göttingen) 대학으로 이동하였다. 거기서 판넨베르크의 스승은 고가르텐(Frierich Gogarten)과 하르트만(Nicolai Hartmann)이었다. 하르트만은 당대에 가장 유식한 철학자였다. 그리고 그는 거기서 루터 신학자 이바트(Hans Joachim Iwand)에게 루터를 배웠고 동시에 중세 스콜라주의에로 관심을 돌리게 되었다. 중세 스콜라주의 연구는 판넨베르크의 박사논문 및 교수자격 논문의 주제가 되었으며, 훗날에도 그의 연구의 핵심적인 관심대상이 되었다.[9]

판넨베르크는 일 년 후 세계교회협의회(W.C.C.) 장학금으로 바젤

---

8) A autobiographical Sketch, 12.
9) 필자는 오늘날 판넨베르크가 신학과 과학 사이의 대화를 연구조제로 삼게 된 것도 스콜라주의 연구에 힘입은 것이라고 판단한다. 기독교 신학을 이성으로 설명하려는 스콜라주의 신학방법론과 현대 과학 시대 속에서 기독교의 위치를 찾으려는 판넨베르크 박사의 시도는 매우 유사하기 때문이다.

(Basel)에 유학하였다. 그 기간 동안 출판되기 시작하였던 바르트(Karl
Barth)의 「교회 교의학」을 그는 면밀하게 읽었다. 자신의 표현에 따르
면 그는 바르트를 존경하는 일을 그치지 않았지만, 그 당시에 바르트에
게 철학적인 열정이 부족하다는 것을 느꼈다고 하였다.[10]

　1950년부터 그는 하이델베르크(Heidelberg) 대학에서 공부하였다. 이
기간에 그는 조직신학적, 철학적 그리고 교회사적인 연구에 성서 주석
적인 연구를 추가하였다. 이때의 큰 스승은 폰 라드(Gerhard von Rad)
이다. 고대 이스라엘의 역사와 전승에 대한 연구는 이상하게도 당시 현
대보다 더 리얼하게 그의 가슴을 파고들었고, 폰 라드의 구약주석 연구
를 통하여 그는 신약의 의미까지도 이해하게 되었다. 당시에 그에게
'역사'는 '성서 석의의 핵심단어'(code word of biblical exegesis)였다.
동시에 뢰비트(Karl Löwith)에게서 역사 철학을 배웠다. 여기서 그는
소위 하이델베르크 서클을 구성하였고 10년 후 그들의 관심사가 「역사
로서의 계시」(Offenbarung als Geschichte)로 나타나게 되는 것이다.
　1953년 25세의 나이로 그는 Heidelberg 대학에서 박사학위를 받았
다. 지도교수는 에드문드 쉴링크(Edmund Schlink)이며 논문제목은
'스콜라주의 교의 발달과정과 연관된 둔스 스코투스의 예정론'("Die
Prädestinationslehre des Duns Scotus in Zusammenhang der
scholastische Lehrentwicklung")이다. 1955년에 쓴 교수자격 논문
(Habilitation)은 '유비와 계시: 신인식에 있어서 비평적 비유개념역사
연구'("Analogie und Offenbarung. Eine kritische Untersuchung der
Geschichte des Analogiebegriffs in der Gotteserkenntnis")이며, 이 연
구도 역시 중세 스콜라주의에 대한 관심에서 비롯되었다. 1955년 그는

---

10) A Autobographical Sketch, 14.

목사안수를 받고 대학교회에서 설교하였으며, 강사로 활동하였다.

하이델베르크 시절에 그는 폰 라드뿐만 아니라, 캄펜하우젠(Hans von Campenhausen)에게서 고대 교부연구에 대한 방법을 배웠다. 그리고 쉴링크(Edmund Schlink)는 그에게 에큐메니칼적인 대화를 소개하였고 특히 자연과학과의 대화를 안내하기도 하였다.11)

1958-1961년까지 판넨베르크는 부퍼탈(Wuppertal) 신학 대학에서 조직신학 교수로 있었다. 그때 몰트만(Moltmann) 교수와도 함께였다. 이때 판넨베르크의 신학적 작업은 인간론과 기독론 그리고 윤리학을 포함한 전체 기독교 교리의 역할에 초점 맞추어졌다. 동시에 판넨베르크는 신학과 철학뿐만 아니라, 사회과학 자연과학 등등 다른 학문들과의 대화를 통한 연구에 몰두하기 시작하였다.

1961년부터 그는 마인쯔(Mainz) 대학에서 가르쳤다. 33세 되던 해인 1961년에 나온 책이 소위 하이델베르크 서클에 해당되는 동학들과 함께 출판한 「역사로서의 계시」(Offenbarung als Geschichte)이다. 그때 참여한 학자들은 판넨베르크를 포함하여 구약의 렌트로프(Rolf Rendtroff), 신약의 빌켄스(Ulrich Wilkens) 그리고 교회사의 렌트로프(Trutz Rendtroff)였다. 이 저서는 당대의 신학에 새로운 양상전개를 예고하는 신학서술이었고, 당시의 지배적인 신학들과 분명히 경계를 긋는 신학이 되었다. 당시의 지배적 신학은 '말씀의 신학'(Wort-

11) 에드문드 쉴링크 교수와 그의 관계는 각별하다. 지난 11월 방문 때에 만찬장에서 판넨베르크 교수와의 대화 중에 그는 쉴링크와의 관계를 강조하였다. 그는 25세가 되기도 전에 나름대로 박사학위논문을 완성하여서 이를 심사해 줄 교수를 찾아서 여러 군데를 전전하였다고 하였다. 그는 베를린 대학이나, 괴팅엔 대학에까지 문의하였고, Iwand나 Barth 그리고 Jaspers 등등에게도 자신의 논문을 보여 주고 학위를 받기 원하였다. 그러다가 만난 사람이 쉴링크였으며, 쉴링크는 젊은 판넨베르크의 논문을 처음부터 다시 지도하여 그에게 박사학위를 주었다.

Gottes – Theologie)인데, 지배적인 양자 가운데 하나는 불트만 학파의 실존주의 해석학이고, 다른 하나는 바르트주의자들의 종교비판적 계시 사상이었다. 판넨베르크 서클의 새로운 주장은 변증신학이 지닌 반역 사적 신앙주관주의(antihistorischer Glaubenssubjektivismus)를 극복하자는 것인데, 그 방법은 다음의 두 가지이다[12]

(1) 하나님의 계시의 포괄적인 중재로서 보편사의 재발견을 통하여 (durch Wiederentdeckung der Universalgeschichte als des umfassenden Medium der Offenbarung Gottes)

(2) 모든 비이성주의(Irrationalismus)와 결정주의(Dezisionismus)를 고려한 신앙의 이성성(Vernünftigkeit des Glaubens)을 증거함으로써 변증신학이 극복되어야 한다는 것이다.

판넨베르크가 제시한 새로운 경향의 내용은 한마디로 '보편사에 정향된 해석학'이며 그의 서술의 요지는 다음과 같다. 첫째, 신앙에 대한 언어적 교훈을 피하고, 둘째, 계시의 역사를 역사비평적 연구의 학문적 도구와 함께 탐구하여 종교사적 신학 확산을 꾀하며, 셋째, 이스라엘과 유대 종말론의 역사적 상황에서 기독교의 종말론적 선포를 이해하도록 하며, 넷째, 역사의 끝과 미래를 그리스도의 부활에서 찾는 기독교 신앙의 독특성을 제시한다.[13]

판넨베르크는 1968년 새로 출발하는 뮌헨 대학교 개신교 학부로 옮길 때까지 마인쯔 시절 동안에 여러 차례 미국의 신학대학 객원교수를 지냈다. 1963년에는 시카고 대학(University of Chicago), 1966년에

---

12) Gunther Wenz, 87.
13) Gunther Wenz, 87–88.

는 하버드 대학(Harvard), 1967에는 클레어몬트(Claremont) 신학교에
서 가르쳤다. 이 시기의 주요 저술들은 인간론과 기독론에 관심을 집
중하고 있다. 1962년 발표한 인간론 「인간이란 무엇인가?: 신학에서
조명한 현재의 인간론」(Was ist der Mensch?: Die Anthropologie der
Gegenwart im Licht der Theologie)과 1964년 「기독론 입문」(Grundzüge
der Christologie) 그리고 1968년에 나온 「조직신학의 기본 질문들 1」
(Grundfragen systematischer Theologie I) 등등이 주요 저작들이다.

판넨베르크는 1968년에서 1994년 정년퇴직 할 때까지 26년간 뮌헨
대 조직신학 교수로 봉직하였으며 현재는 명예교수로 추대되었다. 이
시기에 그는 매우 중요한 저술들을 남겼다. 1973년에는 「학문이론과
신학」(Wissenschafttheorie und Theologie), 1977년에는 「윤리학과 교
회론」(Ethik und Ekklesiologie) 그리고 1983년에는 「신학적 관점에서
본 인간론」(Anthropologie in theologischer Perspektive)을 저술하였다.
후술하겠지만, 이 기간 동안 자연과학과 과학철학에 대한 관심도 남달
라서 이 분야에 많은 저술을 남겼다. 그리고 그는 1988년부터 「조직신
학 1」을 쓰기 시작하여 1993년에 제3권을 완성하였으며, 신학의 조직
신학 발전에 기여하였다.14)

판넨베르크는 뮌헨 대학에서 〈에큐메니칼 연구소〉(Ökumenische
Institut)를 설립하였고, 〈세계교회협의회〉(WCC)의 〈신앙과 직제 위원
회〉(Committe of Faith and Order)에서 활동하였다. 1975 – 1990년 사
이에는 〈독일 개신교〉(EKD)의 대표단으로 활동하기도 하였다. 또한
〈학제 간 연구소〉(Interdiziplinäre Institutionen)를 설립하였고 철학과

---

14) Systematische Theologie 1, 1988; STh 2, 1991; STh 3, 1993.

34

신학과의 대화문제를 연구하였다. 그는 〈과학과 종교 국제 학술원〉
(Academie Internationale des Sciences Religiones)의 창설자이며 1977
년 〈바이에른 과학 학술원〉(Bayerische Akademie der Wissenschaften)
의 철학-역사 분과 정회원이 되었다. 1993년 〈영국학술원〉(British
Academy)의 협력회원이 되었고 글래스고우(Glasgow, 1972), 맨체스
터(Manchester, 1977), 더블린 트리니티 대학(Trinity College in Dublin,
1979), 성 앤드류(St. Andrews, 1993), 케임브리지(Cambridge, 1997)
대학들에서 명예박사 학위를 받았다.

(3) 판넨베르크의 신학 연구 주제 및 논저

Grenz의 연구물에서 분류된 것을 중심으로 판넨베르크의 저작물들
을 분류해 보려고 한다. Grenz의 작업은 영어권에서 출판된 이차자료
들만을 그 분류대상으로 하였고 1988년까지의 작품들만 분류대상이다.
그러므로 여기서는 그의 분석 틀을 이용하기로 하되 판넨베르크 자신
의 저작들도 이 분류에 포함시키기로 하였다.

위의 도서들은 앞에 언급한대로 회갑기념 논총에 실린 목록을 이용
하였고[15] 1988년 이후의 작품은 프리데리케 넛셀(Friederike Nüssel)
이 만든 참고문헌 목록을 이용하였다.[16]

---

15) Bernd Burkhardt, "Bibliographie der Veröffentlichungen von Wolfhart
Pannenberg" 1953–1987; Bernd Burkhardt und Achim Dunkel, "Sekun-
därliteratur zur Theologie Wolfhart Pannenbergs", in: Hg v. Jan Rohls
und Gunther Wenz, *Vernunft des Glaubens. Wissenschaftliche Theologie
und kirchliche Lehre*, Göttingen 1988.
16) Friederike Nüssel, "Bibliographie der Veröffentlichung von Wolfhart
Pannenberg 1988–1998", in: Kerygma und Dogma 45(1999), 143–154.

1) 신학 방법론에 관한 연구

a. 신앙과 이성

신앙과 이성의 관계에 대하여 판넨베르크가 관심을 가지게 된 이유는 20세기 실존주의 신학이 이성과 신앙을 분리한다고 여겼기 때문이다. 저들의 의도는 과학적 발견들에 의하여 진행되는 이성의 비판적이고도 강력한 발견들로부터 신앙을 보호하려는 것이었다. 그러나 판넨베르크는 이러한 '상호관계를 고려하지 않는 구획'(compartmentalization)은 신학을 불합리하게 사유화하는 것이라고 규정하였다.[17] 판넨베르크에 따르면 신앙이란 과학적 방법에 닫혀 있는 분리된 진리추구의 길이 아니라, 역사 속에서 간접적으로 나타나시는 하나님 그래서 그분의 행위가 과학적 확증들을 향하여 열려 있는 하나님에 대한 개인적인 헌신(commitment)이 바로 신앙이라는 것이다. 이것이 판넨베르크 신학 방법론의 핵심이라고 여겨진다. 동시에 박사논문과 교수자격 논문이 철저히 스콜라주의 신학에 관계된 것도 그로 하여금 신앙과 이성의 관계를 학문의 방법론으로 삼게 된 동기 중에 하나가 아닌가 여겨진다. 왜냐하면 그의 도서목록을 통하여 그가 교수자격 논문 이후에도 지속적으로 중세 스콜라주의에 관한 연구를 게을리 하시 않았음이 드러나기 때문이다.

두 번째로 그의 방법론에 적용되는 원리는 "어떻게 과거에 일어난 특별한 사건이 현재를 살고 있는 인간에게 의미가 있을까?"라는 물음이다. 판넨베르크는 전통의 전승이라는 역사개념(concept of the history of the transmission of traditions)으로 이 문제의 답을 찾았다. 판넨베르크에 따르면 현재와 과거는 모든 역사 속에 존재하는 '내적 연결

---

17) Grenz, 21.

36

됨'(inner connectedness)이 있다는 것이다.

이상과 같은 판넨베르크 신학방법론에 관련된 저작물들 중에 중요
한 것들은 다음과 같다.

W. Pannenberg, "Christlicher Glaube und menschlicher Freiheit",
in: KuD 4, 1958, 251-280.

W. Pannenberg, "Die Vernünftigkeit der Vernunft als theologisches
Problem", in: Hans Jügen Schultz(Hg), *Kontexte Bd.4*, Stuttgat-
Berlin 1967, 73-81.

W. Pannenberg, *Glaube und Wirklichkeit*, München 1975.

W. Pannenberg, "History and Faith", in: Catalyst Tape Talk Vol.
VII No.9 Sep. 1975.

W. Pannenberg, "Der Gott der Geschichte", in: KuD 23, 1977, 76-92

W. Pannenberg, *Faith and Reality*, London 1977.

W. Pannenberg, "God's Presence in History", in: The Christian
Century. An Ecumenical Weekly, 98, 1981, 260-263.

Hans Jellouscheck, "Zum Verhältnis von Wissen und Glauben",
in: Zeitschrift für katholische Theologie 93, 1971, 307-327.

Falk Wagner, "Vernünftige Theologie und Theologie der Vernunft",
in: KuD 24, 1978, 262-284.

Helmut Harder, *Continuity between Method and Content in
Contemporary Theology*, Toronto School of Theology, Diss. 1971.

David McKenzie, *The Rational Theology of Pannenberg, University
of Texas*, Diss. 1977.

David McKenzie, "Pannenberg on Faith and Reason", in: Dialog,

18, 1979, 222－224.

W. Pannenberg, "Die Rationalität der Theologie", in: M. Kessler, W. Pannenberg u. H.J. Pottmeyer(Hg), *Fides quaerens intellectum*, Tübingen 1992, 533－544.

W. Pannenberg, "The Need for Systematic Theology", in: F. T. Birtel, *Reasoned Faith. Essays on the Interplay of Faith and Reason*, New York 1993, 126－140.

판넨베르크의 신학적 방법론에 대한 비판적인 논문들도 있다. 그의 방법론적 중심에는 그리스도의 부활이 자리하고 있는데 예수의 부활은 판넨베르크에게 있어서 보편사의 의미에 대한 종말론 계시의 예변법(the prolepsis of the eschatological revelation of the meaning of universal history)이다. 따라서 그리스도 사건이 역사의 미래 속에서 등장한다는 판넨베르크의 주장은 '분명히 신학적인 주장이지 역사적인 주장은 아니다'.[18]

판넨베르크가 주장하는 역사의 의미나 이성과 신앙의 관계에 대한 비판적인 입장을 표현한 연구물들은 다음과 같다.

David P. Scaer, "Theology of Hope", in: *Tensions in Contemporary Theology*, ed. Stanley Gundry and Alan F. Johnson, Chicago, 1976.

David Holwenda, "Faith, Reason and the Resurrection in the Theology of Wolfhart Pannenberg", in: *Faith and Rationality* ed. A. Plantinga and N. Wolterstorff, Notre Dame, 1983.

Laurence W. Wood, "History and Hermeneutics: A Pannenbergs Perspective", Wesley Theological Journal 16(spring 1981), 7－22.

---

18) Grenz, 23.

몇몇 보수주의자들의 비판은 판넨베르크를 종종 이성주의자로 표현한다. 동시에 신앙과 이성 문제에 대한 판넨베르크의 이성적인 접근방법에 반대한다. 복음주의 계열의 학자들은 계시이해 문제에 있어서도 판넨베르크를 비판하는 데, 계시란 일반적인 이성에 대하여는 닫혀 있고 신앙의 눈과 귀에 대하여만 열려 있다는 것이다. 따라서 역사로서의 계시를 주장하는 판넨베르크의 입장을 일방적인 견해라고 비판하였던 것이다. 이 문제에 대한 비판논문들은 다음과 같다.

Donald Bloesch, *Essentials of Evangelical Theology*, SF, 1978.

Carl F. Henry, *God, Revelation and Authority II*, Waco 1976.

Avery Dulles, *Mddels of Revelation*, NY 1983.

b. 역사와 해석학

판넨베르크의 해석학적 관심이 절정에 이른 것은 「학문이론과 신학」(*Wissenschaftstheorie und Theologie*)[19]이다. 영문으로는 1976년에 「신학과 과학철학」(*Theology and Philosophy of Science*)[20]으로 출판되었다. 이 책을 통하여 그가 시도한 것은 역사적 해석학(historical Hermeneutics)이다. 판넨베르크는 여기서 제3의 길을 가는 것으로 평가된다. 즉 바르트의 길과 하이데거나 가다머의 길 사이에 있다는 평가이다.[21]

판넨베르크의 보편사 개념에 있어서 해석자는 결국 역사 밖에 서 있는 것 아닌가는 비판이 있다. 왜냐하면 역사 안에서 계시의 해석을 발견하는 것이 종말론적이기 때문에 이는 역사의 밖에 놓여 있다는

---

19) Frankfurt 1973.

20) Philadelphia, 1976.

21) 참조 Ted Peters, "Truth in History: Gadamer's Hermeneutics and Pannenberg's Apologetic method", Journal of Religion(Jan 1975), 36-56.

것이다.[22] 동시에 과학과 신학적 언어 사이의 이중주의는 바르트에게
서 전형적으로 나타나는 것인데 판넨베르크는 아직 바르트를 극복하
지 못했다는 비판이다.[23]

2) 조직신학에 관한 연구

판넨베르크의 신학적 기초들은 다음과 같다.[24]

가) 하나님은 전능하시어서 모든 것을 결정하는 힘(power)으로 표
현된다.

나) 인간은 자연적으로 종교적인 존재이다.(naturally religious being)

다) 하나님의 자기 계시의 초점은 역사적 과정(historical process)이
다. 하나님의 자기를 드러냄(self-disclosure)은 역사의 종말에 나
타난다. 그러니 이것은 예료적으로(proleptically) 예수의 부활에
나타나 있다.

이러한 문제들을 둘러싼 판넨베르크 신학에 대한 평가는 대개 신론
과 기독론에 집중되어 있다.

a. 신 론

판넨베르크는 하나님에 대한 정의를 '미래의 힘'(the power of future)
또는 '모든 것을 결정하는 실재'(the reality that determines everything)
라고 내린다.[25] 이러한 판넨베르크의 신론을 두고 던져지는 질문은 그

---

22) Grenz, 27.
23) 이와 관련된 논문으로 참조할 만한 것은 다음과 같다. Jim S. Halsey,
"History, Language and Hermeneutics: The Synthesis of Wolfhart Pannenberg",
in: Westminster Theological Journal 41(spr. 1979), 269-290.
24) Grenz, 31.
25) Grenz, 32.

의 방법이 인식론적(epistemological) 차원인가 또는 동시에 존재론적
(ontological) 차원인가 하는 질문이다.

이 문제를 중심으로 한 판넨베르크의 논저들은 다음과 같다.

Art. "Analogie", in: RGG3, I, 350-353.

Art. "Gott V", in: RGG3, II, 1717-1732.

Art. "Ontologie", in: EKL, II, 1689-1691.

"Die Frage nach Gott", in EvTh 25(1965) 238-262.

"Wie wahr ist das Reden von Gott? Die wissenschaftstheoretische
Problematik theologischer Aussagen", in: EvK 4(1971) 629-633.

반면에 판넨베르크 신 이해에 대한 비평적 논저들은 다음과 같다.

Philip Clayton, "The God of History and the Presence of the
Future", in: Journal of Religion 65(Jan 1985) 105-106.

David McKenzie, "Pannenberg on God and Freedom", in: JR 60 /
3(July 1980) 307-329.

P. Hefner, "The Concreteness of God's Kingdom: A Problem for
the Christian Life", in: JR 51 / 3(July 1971), 195-199.

Venema, "History, Human Freedom and the Idea of God in the
Theology of Wolfhart Pannenberg", in: Calvin Theological Journal
17(April 1982) 53-77.

이들의 평가에 따르면 판넨베르크는 하나님과 인간역사를 전통신학
보다 더 훨씬 밀접하게 연결시키기 때문에 신과 인간역사를 동일시한
다고 하여 무신론자라는 평을 받기도 한다고 한다.

이번 〈석학연속강좌〉에서는 '한 분 하나님과 교회의 삼위일체 교리'

제1장 판넨베르크 생애와 신학 41

라는 주제로 강연하였다.[26] 이와 관련된 논저들은 다음과 같다.

Metaphysik und Gottesgedanke, Göttingen 1988.

Christopher Stead, "Die Aufnahme des philosophischen Gottesbegriffs in der frühchristlichen Theologie", in: ThR 51(1986), 349 – 371.

Theologie und Philosophie, Göttingen 1996.

b. 기독론

판넨베르크의 기독론은 소위 '위로부터의 기독론'에 반대되는 '아래로부터의 기록론'에 비유된다. 위로부터의 기독론이란 전통적 문서들에 대한 역사학적 검증이 교의학에 이용되기 이전에 등장한 권위주의적인 형태의 접근방법이며 동시에 초대 기독교 전승과는 다르다는 것이 그의 주장이다. 이러한 접근방법의 현대적 대표주자는 칼 바르트이며 예수의 신성을 강조하고 그의 성육신을 신학의 중심에 둔다. 반면에 판넨베르크는 위로부터의 기독론은 예수의 신성을 전제로 하는 삼위일체적 접근방법이기 때문에 인간 나사렛 예수의 삶을 통하여 제시되는 인간과 하나님 사이의 연합의 의미를 놓치기 쉽다는 것이다. 결국 '역사적으로 규정된 인간의 상황의 맥락'을 존중하려면 아래로부터의 기독론이 필수적이다.[27]

판넨베르크의 기독론은 「예수-하나님과 인간」(Jesus-God and Man)[28]이라는 저술에서 극명하게 드러난다. 이 책은 「기독론 개요」 (Grundzüge der Christologie)[29]가 1966년에 다시 개정판으로 나온 것

---

26) 이정배 옮김, "한 분 하나님과 교회의 삼위일체 교리", 「현대문화 속에서의 신학」, 아카넷, 33-50.
27) 참고: 윤철호, "판넨버그의 기독론", 윤철호 저, 「예수 그리스도」, 한국장로교출판사, 224ff.
28) Philadelphia 1968.

을 영역한 것이다. 그 외에 판넨베르크의 기독론은 다음과 같은 작품
들을 통하여 드러난다.

Art. "Christologie Ⅱ. Dogmengeschichtlich", in: RGG3 Ⅰ, 1762 – 1777.

"Christologie und Theologie", in: KuD 21(1975) 159 – 175.

판넨베르크의 기독론을 비판적으로 분석한 논문들은 다음과 같은
것들이 있다.

B. McDermott, "Pannenberg's Resurrection Christology: A Critique",
in: Theological Studies 35(1974).

Nicolas Lash, "Up and Down in Christology", in: New Studies in
Theology 1(ed S. Sykes), Lomdon 1980, 31 – 45.

J. B. Cobb Jr., "Wolfhart Pannenberg's Jesus – God and Man",
Journal of Religion 49(1969) 200 – 201.

c. 종말론

판넨베르크는 예수의 부활사건의 역사성에서 그의 종말론의 기초를
찾는다. 그리스도와의 관계 속에서 그의 불멸에 참여하는 것이 그리스도
인의 희망이다.[30] 이 주제를 가지고 지난 11월의 방한에서 판넨베르크
는 세미나를 진행하였다. 이에 관련된 그의 논저 목록들은 다음과 같다.

Wihlelm Andersen, "Auferstehung und Wirklichkeit. Überlegungen
zu W. Pannenberg 'Grundzüger der Christologie'". in: Lutherische
Monatshefte 5(1966), 141 – 151.

---

29) Gütersloh 1964.
30) 김균진 옮김, "예수의 부활과 기독교의 희망", 「현대문화 속에서의 신학」, 17.

Hans−Dieter Betz, "Das Verständnis der Apokalyptik in der Theologie der Pannenberg−Gruppe", in: ZThK 65(1968), 97−104.

Alfred Stuhl, "Zur Beurteilung der Überlieferung von der Auferstehung Jesu in Wolfhart Pannenbergs 'Grundzüge der Christologie'", in: Neue Zeitschrift für Systematische Theologie 12(1970), 249−308.

"Die Aufgabe christlicher Eschatologie", in: ZThK 92, 1995, 71−82.

Historz and the Reality of the Resurrection, in: G. D'Costa(ed), *Resurrection Reconsidered, One World*, Oxford, 1996, 62−72.

"Die christliche Hoffnung auf die Auferstehung der Toten und die Naturphilosophie", in: Evangelium und Wissenschaft 31, 1997, 23−28.

특히 가장 최근에 판넨베르크의 제자그룹에서 나온 연구는 다음의 것이 있다.

Christine Axt−Piscalar, "Die Eschatologie in ihrer Funktion und Bedeutung für das Ganze der Systematischen Theologie Wolfhart Pannenberg", in: KuD 45, 1999, 130−142.

3) 기타 연구들

a. 인간론

판넨베르크는 비교적 빠른 시기에 인간론을 정리하기 시작하였다. 이에 관한 자신의 저작들과 비평적 연구논문들은 다음과 같다.

"Christlicher Glaube und menschliche Freiheit", in: KuD 4(1958) 251−280.

Was ist der Mensch? Die Anthropologie der Gegenwart im Licht der Theologie, Göttingen 1962.

Der Menschßein Ebenbild Gottes?, in: Zeitwende – Die neue Furche 39(1968) 812 – 821.

Anthropologie in theologischer Perspektive, Göttingen 1983.

Brian J. Walsh, "A Critical Review of Pannenberg's Anthropology in Theological Perspective", in: Christian Scholars Review 15 / 3(1986)

Olson, "Pannenberg's Theological Anthropology: A Review Artical", Perspectivers in Religious Studies 13(1986), 161 – 169.

b. 신학과 과학

신학과 과학의 주제는 인간론에서 어느 정도 다루어지고 있는 문제들이다. 특히 인간과학(human science)과의 관계 속에서 집중적으로 다루어진다. 신학과 과학의 관계에 대한 그의 근본적인 주장은 「신학과 과학철학」(Theology and the Philosophy of Science)에서 드러난다. 이 책에 대한 평가서들을 소개하면 다음과 같다.

Harvey W. White, "A Critique of Pannenberg's Theology and the Philosophy of Science", in: Studies in Religion 11 / 4(1982).

Ernan McMullin, "How Shall Cosmology Relate to Theology?", in: *The Sciences and Theology in the 20th Century*(ed Arthur R Peacocke), Notre Dame 1981.

신학과 과학이라는 연구주제는 판넨베르크 후기로 올수록 더 관심이 고조되는 주제이다. 2001년 11월 〈석학연속강좌〉의 핵심적 주제도 신학과 과학의 관계에 대한 조망이었다. 가장 최근에 진행된 강연이었으므로 강좌들의 제목을 소개하고 이에 관련된 연구물들을 소개하는 작업이 필요하다고 본다.

판넨베르크는 신학과 과학에 관련하여 세 번의 강의를 진행하였다. 첫째는 '우주전개에 따른 피조물들의 출현과 그 계승'(The Emergence of Creatures and their Succession in a Developing Universe)이고 둘째 는 '창조와 진화는 대립적인가?'(Creation versus Evolution?)이며, 셋째 는 '창조신학과 자연과학'(Theology of Creation and Natural Science) 이다.31) 첫 번째 강의는 성서의 창세기 1장에 나오는 창조이야기를 오 늘날 자연과학적 시각과 연결하여 서술한 것이다.

첫 번째 강좌에서 판넨베르크는 "성서의 창조 설화는 하나님의 창 조행위에서 중개적 매체를 배제하지 않고 있다. 이러한 점에서 성서적 서술과 자연진화에 대한 현대 관념의 기본적인 직관 사이에는 아무런 상충점이 없다."32)고 주장하였다. 이러한 주장에서 출발하여 자연과학 과 창조신학 사이의 접목을 구체적인 예로 들어 기술한 논문이 '창조 와 진화'에 관한 두 번째의 강연이다. 첫 번째의 논문은 기실 1995년 에 애즈베리 신학저널에 발표되었던 글을 수정한 것이다.33) 이러한 주장을 제시하기까지 그가 이 문제와 관련하여 발표하였던 논문들은 다음과 같다.

"Humanbiologie — Religion — Theologie. Ontologische und wissenschafts —theoretische Prämissen ihrer Verknüpfung", in: H. May, M. Striegnitz und P. Hefner, *Kooperation und Wettbewerb. Zur Ethik und Biologie menschlichen Sozialverhaltens*, Loccum 1988.

---

31) 「현대문화 속에서의 신학」, 아카넷, 2001.
32) 장회익 옮김, "우주 전개에 따른 피조물들의 출현과 그 계승", 「현대문화 속에서의 신학」, 75.
33) "The Emergence of Creature and their Succession in Developing Universe", in: The Asbury Theological Journal 50, 1995, 17 – 25.

Ted Peters(ed), *Toward a Theology of Nature*, Philadelphia 1993[34]).

두 번째 강연은 '창조와 진화는 대립적인가?'라는 주제이다.[35])

이 주제를 통하여 판넨베르크가 시도하려는 것은 유신론적 진화론의 확립이다. 판넨베르크는 진화와 성서의 창조문제를 둘러싼 그동안의 논쟁을 정리하고, 지금까지의 논쟁과정에서 신학자들이 소홀히 하였던 점을 지적하였다. 즉 "하나님의 창조행위로부터 진화되는 창조물들의 순서를 다루기 위하여서는, 성서적 확언들을 주전 6세기 바벨로니아의 지혜라는 자연과학을 이용하여 세계를 창조하신 이스라엘의 하나님에 대한 증거로 읽어야만 한다."[36])는 주장이다. 이러한 주장의 배경에 자리 잡고 있는 핵심적인 개념이 '우발성'(contingency)의 개념이다. 우연성 또는 우발성이라고 밖에는 번역하기 힘든 이 용어는 실상 아무런 외적 간섭이 없는 우연함을 뜻하는 것이 결코 아니다. 이 말의 반대말이 '자연법칙'(natural law)임을 감안할 때, 우발성 또는 우연성이란 어떤 사건이 발생할 때 법칙에 따라 자동적으로 진행되는 것이 아니라, 매 순간마다 새로운 것이 일어나는 것이며, 이것이 바로 자연과학의 창발진화(emergent evolution)와 일맥상통한다. 이러한 핵심적인 개념 아래에서만 성서적 신관에 근거한 자연신학과 진화의 개념이 모순되지 않는다.[37]) 이런 주제와 관련된 논저물들은 다음과 같다.

34) Ted Peters가 편집한 "Toward a Theology of Nature"는 우리말로 번역되었다. 박일준 옮김, 「자연신학」, 한국신학연구소, 2000.
35) 이 글은 1998년도에 발표된 것이다. "Human Life: Creation versus Evolution?", in: Ted Peters(Ed), Science and Theology. The New Consonance. Westview 1998, 137-148.
36) 홍지훈 옮김, "창조와 진화는 대립적인가?", 「현대문화 속에서의 신학」, 아카넷, 2001, 115.
37) 위의 글, 117.

"The Doctrine of Creation and Modern Science", in: T. Peters(ed),
Cosmos as Creation. Theology and Science in Consonance, 1989, 152-176.

"Theological Appropriation of Scientific Understandings", in: Zygon
24, 1989, 255-271.

Eberhart Jüngel "Das Dilemma der natürlichen Theologie und die
Wahrheit ihres Problems. Überlegung für ein Gespräch mit W.
Pannenberg", in: A. Schwan(Hg), *Denken im Schatten des Nihilismus*,
Darmstadt 1975, 419-440.

"Theologie und Science", in: The Princeton Seminary Bulletin
XIII, 1992, 299-310.

"Das Wirken Gottes und die Dynamik des Naturgeschehens, in:
*Urknall oder Schöpfung. Zum Dialog von Nazurwissenschaft und
Theologie*, (Hg) W. Gräb, Gütersloh, 1995, 139-152.

Geist als Feld-nur eine Metapher?, in: Theologie und Philosophie
71, 1996, 257-260.

세 번째 강의인 '창조신학과 자연과학'은 과학과 신학 간의 대화를
위한 최종적인 결론에 해당된다고 볼 수 있다. 앞의 두 강연과 달리
이 글은 독일어와 영어본 두 가지가 있어서 그 뉘앙스의 차이를 비교
하여 볼 수 있는 글이다.[38] 이 글에서 판넨베르크는 신학과 과학이 지
닌 방법론적 차원의 차이를 인정하면서도, 역사를 보는 신학적 방법론

---

38) "Theologie der Schöpfung und Naturwissenschaft", in: Zeitwende 65, 1994,
146-154.
"Theology of Creation and Natural Theology", in: The Asbury Theological
Journal 50, 1995, 5-15.
"Theologie der Schöpfung und Naturwissenschaft", in: J. Dorschner u.a.(Hg),
Mensch und Universum. Naturwissenschaft und Schöpfungsglaube im Dialog,
Regensburg 1995, 146-162.

48

인 우발성과 자연과학의 방법론인 규칙성 사이의 접근을 시도하였다.

판넨베르크는 이제 성서에 나오는 대로 하나님의 창조 사역을 '있는 그대로 다시 한번 전달해 주는' 역할을 감당하던 신학의 시대는 지났다고 본다. 오히려 이제는 과학 시대의 창조신앙을 설득력 있게 제시해야 할 때가 되었다는 것이다.[39] 그러나 과학과 신학 사이의 관계 설정을 위하여 먼저 극복해야 할 것은 신학과 물리학이 아무런 연관이 없다는 널리 퍼진 편견이다. 우리의 현실세계를 지배하는 법칙성과 우발적 역사개념은 하나님을 세계 창조의 근원으로 여길 때에서야 비로소 서로 공명을 이룰 수 있다고 본다. 판넨베르크는 자연과학의 법칙성과 신학적 우발성이 서로 공명을 이루게 하는 매개물은 철학이라고 주장한다.[40] 왜냐하면 자연과학의 기본개념은 본래 철학적인 언어에서 유래되었고, 따라서 과학사에 대한 지식이 필수조건이 된다. 동시에 신학은 신학적 진술을 보편진리로 설명하고자 할 때 언제나 철학적 표현들을 끌어들였기 때문이다. 따라서 철학은 신학과 과학 사이의 대화를 위한 토대인 것이다.

판넨베르크는 이러한 논의를 진행시키기 위하여 다음과 같은 주제를 중심으로 대화를 진행시키고 있다.[41]

(1) 우연적으로 주어진 것에 반대되는 법칙개념

(2) 과학적 세계와 하나님의 관계를 설명하는 데 필요한 공간과 시간 개념

(3) 하나님 신앙과 물질을 움직이시는 하나님의 행동 사이의 관계

여기서 특히 중요한 것은 공간 및 시간 개념과 장(field) 이론이다. 판넨베르크는 뉴턴의 절대공간개념은 비록 오늘날 구식이라고는 해도

39) 홍지훈 옮김, "창조신학과 자연과학", 「현대문화 속에서의 신학」, 157-158.
40) 위의 글, 162-164.
41) 위의 글, 164-175.

자연과학적 공간이해와 신학적 공간이해를 상호 공명시킬 수 있는 개념이라고 본다. 그는 신학적 공간개념은 모든 공간분할 속에 가정되는 미분할의 무한공간이 선재한다는 점을 필수적으로 인정한다. 그리고 미분할의 신적 무한공간으로부터, 우리 경험 안에 있는 형태와 장소가 제한된 공간에로의 전이가 이루어진다는 점에서 공명을 발견하여야 한다고 주장한다. 그 근거는 분할이라는 기하학적 공간개념은 미분할의 공간개념의 가정 안에서만 가능하기 때문이다.[42]

시간의 문제는 신적인 영원성과 분할된 시간의 관계인데, 이것은 역시 공간개념과 유비적이다. 여기서 영원성과 시간을 서로 낯선 것으로 보는 개념은 배제되며, 시간이 흘러감에 따라 분할된 것처럼 보이는 시간을 미분할의 전체성 안에서 이해하여야 한다. 따라서 시간의 기원이자 완성인 신적 영원성은 시간 속에 현존한다. 전체성의 실현, 즉 영원성은 미래를 지향하므로, 미래를 통해서만 영원성이 시간 안으로 들어오게 된다. 결국 공간과 마찬가지로 시간도 분할된 측정단위만으로는 성공적으로 정의할 수 없다. 이러한 점에서 측정 가능성에 관심을 두는 과학이 공간과 시간의 무한한 선재성을 간과하면 안 된다는 공명의 문제가 등장하는 것이다.[43]

동시에 그는 자연현상 속에서 하나님의 영향을 설명하기 위하여 장(field) 이론을 끌어들인다. 17-8세기 과학이론의 발달에서 비롯된 물질과 물질 사이의 상호 인력의 주장은 필연적으로 신의 역할을 배제하고 말았다. 왜냐하면 신적 실체를 〈영〉이라고 표현한다는 것은 질량이 없다는 뜻이며, 이는 자연현상의 영향을 끼칠 수 없는 신을 의미하기 때문이다. 이러한 점에서 판넨베르크는 과학과 신학의 공명 포인트를 장

---

42) 위의 글, 168-169.
43) 위의 글, 170-172.

50

(마당, field) 개념으로 정한 것이다. 장 개념은 신학적으로 자연현상을
설명하는 데에 매우 중요하며, 프뉴마의 개념은 물질적 신관이 지닌 모
순을 극복하고, 현대 물리학의 장 개념과도 부합할 수 있다고 본다.[44]

c. 기독교와 세계종교

판넨베르크의 에큐메니칼적인 관심은 세계교회협의회의 신앙과 직
제 위원회를 통한 지속적인 활동에서부터 표현되었다. 이러한 관심은
기독교를 넘어서 세계의 종교들에로 확장되었다. 판넨베르크의 저술들
과 이 문제에 관한 비평 논문들은 다음과 같다.

Christentum in einer säkularisierten Welt, Freiburg – Basel 1988.
"Die Religionen als Thema der Theologie", in: ThQ 169, 1989, 99 – 110.
"Religious Pluralism and Conflicting Truth Claims. The Problem of a Theology of the World Religions", in: Gavin D'Costa(ed), *Christian Uniqueness reconsidered – The Myth of a Pluralistic Theology of Religion*, NY, Orbis, 1990, 96 – 106.
"Die Religionen in der Perspektive der Theologie und die Selbstdarstellung des Christentums im Verhältnis zu den nichtchristlichen Religionen", in: Theologische Beiträge 23, 1992, 305 – 316.
"The Religions from the Perspective of Christian Theology and the Selfinterpretation of Christianity in Relation to the Non – Christian Religions", in: Modern Theology 9, 1993, 285 – 298.
Ted Peters, "Truth in History: Gadamer's Hermeneutics and Pannenberg's Apologetic Method", in: Journal of Religion 55(1975) 36 – 56.

---

44) 위의 글, 172 – 176.

Paul Knitter, "Waht is German Protestant Theology Saying about the Non‒Christian Religion?", in: Neue Zeitschrift für Systematische Theologie und Religionsphilosophie, 15(1973) 38‒64.

J. B. Cobb Jr., "Review of Theology and the Philosophie of Science", in: Religious Studies Review 3, 1977, 213‒215.

J. B. Cobb Jr., "The Meaning of Pluralism for Christian Self‒Understanding", in: *Religious Pluralism*,(ed. Leroy Rouner) Notre Dame, 1984, 161‒179.

판넨베르크는 11월의 강연에서 '기독교와 타종교들'(Christianity and the Non‒Christian Religions)이라는 주제로 강연하였다. 기본적으로 판넨베르크는 종교 간의 대화를 상호이해의 차원에서 수용하는 입장이다. 그러나 다양한 종교들이 동일한 신적 실재에 관한 논의를 통하여 상호 접근하는 일이 서로 갈등을 일으키지 않는 것처럼 생각하는 종교다원주의 신학에 대하여서는 비판적이다.[45]

위에 언급된 논문들을 중심으로 그의 신학 연구주제들과 관련된 목록들은 판넨베르크 사상이해에 도움을 줄 것이다. 인간론, 조직신학, 기독론, 과학철학, 윤리학 등등에 관련된 주요 논저들이 전체적인 사상이해에 필수적이다. 1999년에 나온 F. Leron Shults의 *The Postfoundationalist Task of Theology. Wolfhart Pannenberg and the New Theological Rationality*(Cambridge)라는 저술을 통하여 그의 신학적 작업에 대한 최근의 평을 접할 수 있다. *The Theology of Wolfhart Pannenberg*(Carl E. Braaten & Philip Clayton편)은 비록 1988년에

---

45) 길희성 옮김, "기독교와 타 종교들", 「현대문화 속에서의 신학」, 210.

나온 도서이지만 그의 신학을 잘 분류하고 있다고 여겨진다. 1996년에
낸 *Theologie und Philosophie*는 철학과 신학의 관계를 정리해 주고 있
다. 무엇보다도 자연과학과 신학의 관계에 대하여서는 *Toward a
Theology of Nature*(Ted Peters 편)를 참조할 만하다. 판넨베르크는
자신의 여러 연구 논문들을 엮어서 최근에 두 권의 저서를 편찬하였는
데 이 두 권의 저서가 그의 전체적 관심을 대변한다고 여겨진다. 다음
의 논문집에 위에 언급한 주요 논문들이 다수 수록되어 있다.

Philosophie, Religion, Offenbarung, Beiträge zur systematischen
Theologie Bd.1, Göttingen 1999.

Natur und Menschen – und die Zukunft der Schöpfung, Beiträge
zur systematischen Theologie Bd.2, Göttingen 2000.

제 *2* 장

판넨베르크 신학의 기초이론

3. 판넨베르크의 신론적 진술에 대한 이해

(1) 세속화와 신학적 과제

판넨베르크 신학에서 핵심어가 있다면 단연코 '하나님을 찾는 질문'(die Frage nach Gott)이 될 것이다. 이것은 신적 본질을 갖는 존재와의 관계를 묻는 질문이다.[1] 판넨베르크가 이 질문을 중요하게 생각하며 모든 문제에서 빠짐없이 제기하는 이유는 하나님에 대한 기독교적 진술뿐만 아니라 철학적인 진술조차도 위기에 빠졌다고 여기기 때문이다. 간단히 말해서 하나님 없는 사회로 전락했다고 생각한다. 따라서 그는 '하나님'이라는 말이 내포하고 있는 정당한 의미가 신학을 통해 회복되기를 원한다.[2]

판넨베르크는 하나님 없는 시대적 상황을 일컬어 '세속화'[3]라고 한

---

1) W. Pannenberg, *Grundfragen systematischer Theologie I*, Ges. Aufs., 1967, S. 90. 이러한 견해는 자연적 인식과 자연 신학을 판넨베르크가 구분한 것에 근거한다. 자연 신학의 주제는 인간이성을 통한 하나님의 인식의 가능성을 탐구하는 것이다. 양자의 구별이 필요하다고 보는 이유는 자연 신학이 신적 존재와 본질을 근거 지으려고 하는 불가능한 시도 때문이다. 위의 같은 책, 120쪽 참조.

2) W. Pannenberg, Die Frage nach Gott, in: ders., *Grundfragen systematischer Theologie I*, 위의 같은 책, S. 361–386, hier S. 361ff. Vgl. ders., *Systematische Theologie* Bd. I, Göttingen 1988, S. 73ff. 바로 이런 문제의식에서 판넨베르크는 하나님을 신학의 대상으로 삼는다. 그럼으로써 하나님 개념은 우선은 문제가 되는 개념으로 그리고 동시에 모든 연구의 준거점으로 간주된다. (W. Pannenberg, *Wissenschaftstheorie und Theologie*, 1. Aufl. Frankfurt am Mein 1987, S. 301).

3) W. Pannenberg, *Christentum in einer säkularisierten Welt*, Freiburg / Basel / Wien 1988, 특히 서문. 판넨베르크는 '하나님'이란 말이 근대 이전의 시기에는 모든 문화의 기초를 형성했지만 세속화로 인해 그 말의 의미와 기능이 소실되었다는 사실에 주목한다. 다음을 참조 *Systematische Theologie* Bd.

다. 그가 이렇게 표현하게 된 데에는 두 가지 이유가 있다. 한편으로
는 거룩함(聖)이 침해되었기 때문이고, 다른 한편으로는 독립된 구조
를 갖는 듯이 보이는 사회가 실상은 기독교적 뿌리에 기초되어 있음
을 분명하게 밝힐 수 있도록 하기 위함이다.(17) 따라서 세속화된 세
계와 그 뿌리 그리고 그 결과에 대한 이해는 판넨베르크 신학을 이해
하는 데에 매우 중요하다.

　판넨베르크가 신학함의 과정에서 선호하는 방법은 세속화 진행과정
을 서술하는 것인데, 그럼으로써 그는 어떤 역사적인 과정을 거치면서
세계가 세속화되었는지를 밝혀내고자 한다. 그의 비판은 우선적으로는
바르트(K. Barth)와 블루멘베르크(Blumenberg)에게 향해지는데, 왜냐
하면 이들은 근대를 이해하면서 하나님에 반항하는 인간의 자기주장
의 시대로 보았기 때문이다. 판넨베르크는 근대의 뿌리는 오히려 16,
17세기를 거쳐 일어난 종교전쟁에 있다고 본다.(23f와 28)4) 그는 세
속화의 출발점이 자연법이 종교를 대신해서 사회의 인간학적 기초5)
로 대두되는 바로 그곳이라고 본다.(33)

I. 위의 같은 책, S. 73. 본문 및 각주 속 괄호 안의 숫자는 이 책의 쪽수를
　가리킨다.
4) 판넨베르크는 이곳에서 서구 사회에서 신앙의 분열에 기인하는 종교전쟁의
　시기에 사회의 평화는 심각한 침해를 입게 되었다고 지적한다. 구체적인 결
　과들을 환기시키는 것 이외에 그는 하나님에 대한 진술에 있어서 심각한 혼
　돈이 나타났다고 말한다. 다시 말해서 논쟁하면서 하나님을 자기들의 주장
　을 뒷받침하기 위해 인용함으로써 교회의 세속화에 더욱 가세하는 계기가
　되었는데, 이로 인해 사회질서와 제도를 인간에 지극히 자연적으로 느껴지
　는 것에 근거하려는 시도가 나타나게 되었다는 것이다. 다음을 참조 *Syst.*
　Th. Bd. 1, 위의 같은 책, S. 93.
5) 판넨베르크는 이것을 가리켜 말하기를 인간본성에 있어서 심각한 전도현상
　이라고 했는데, 그에 따르면 인간의 본성은 원래 하나님과의 관계 속에서 근
　거해야 하기 때문이다. *Der Gott der Geschichte,* in: *Kerygma und Dogma*
　23(1977), S. 90.

56

세속화 과정을 촉진시키는 데 가장 중요하게 기여한 것으로 판넨베르크는 종교적 관용과 무신론을 드는데, 이로 인해 종교는 개인의 영역으로 물러나게 되었다는 것이다(27). 게다가 그는 정치제도마저도 탈기독교화되는 현상을 관찰하게 된다(33).[6] 뿐만 아니라 교육제도도 종교에 대한 독립을 추구했다(35). 그 밖에 판넨베르크는 경제의 발전과 문화의식에 대한 자본의 지배적인 영향력을 확인할 수 있었다(36).

그럼에도 불구하고 세속적인 세계의 영향력 행사는 상당히 제한되어, 세속화된 사회조직 내에서 균형의 상태가 나타나게 되었다. 이것의 원인을 판넨베르크는 세속화로 인한 의미상실(Sinnverlust)에서 보았다.(46-53) 그에 따르면, 인간은 하나님에 의존되어 있는 존재로서[7] 구속력 있는[8] 의미를 필요로 하기 때문에(45) 의미를 발견하지 못하는 인간에게 큰 문제로 여겨지는 것은 당연한 일이었다. 그러므로 판넨베르크는 신학함을 통해서 세속화라는 원치 않는 현상에 직면해서 결코 좌절하지 말고, 오히려 그것의 반대급부로서 강한 영향력을 행사할 수 있는 것이 무엇인지를 묻고 대답하려 한다.(53) 그는 신학을 의미를 발견하고 그것의 정당성을 확인하는 작업으로 이해한 것이다.

이 질문에 대답하기 위해 판넨베르크는 무엇보다 먼저 문화의 종교적 뿌리를 찾는 여정을 떠난다.(54) 그 결과 그는 자신의 신학적 과제를 인식하게 된다. 그러나 이미 암묵적으로 깊이 스며들어 있는 종교적인 뿌리를 주제로 부각시키는 작업이 쉽지 않음을 그는 인정한다.

6) 판넨베르크는 이런 탈 기독교화 안에서 권력을 추구하는 국가의 강한 의지를 읽어볼 수 있었는데, 예컨대 절대군주 시대에 분명해졌다고 본다. S. 35를 참조.
7) W. Pannenberg, *Was ist der Mensch: Die Anthropologie der Gegenwart im Lichte der Theologie*. 6. Aufl. 1981, S. 9f.
8) 판넨베르크에게 있어서 '구속력 있는(verbindlich)'의 의미는 성서에서 증명되고 있는 우주적인 하나님을 인정하는 것이다.

왜냐하면 모든 사람들에게 구속력을 행사할 수 있게 하는 것이 인간
의 주관성에 기초해서 상대성을 인정하는 세속적인 사고에는 아무런
의미가 없게 느껴지기 때문이다(56). 판넨베르크 신학의 과제는 바로
이런 문제에 직면해서 나타난다.

그의 주장에 따르면, 이런 상황에서 형성되는 신학과제의 본질은, 현
재의 세속 문화는 이성이 본래적으로 가지고 있는 잠재력이 충분히 다
발휘되지 못한 결과일 뿐임을 드러내는 데에 있다.(76) 다시 말해서 신
학 과제의 본질은 현대 문화의 한계를 지적하고, 종교적 뿌리를 다시금
발견하며, 무엇보다 그것을 분명하게 의식화시키는 데에 있다는 것이
다. 여기서 우리가 주목할 만한 점은 판넨베르크가 문제 해결에 있어서
신학의 과제를 이성과의 관계 속에서 파악하고 있다는 것이다.

신학적 과제인식으로부터 판네베르크는 당시의 신학이 세속문화와
무관하게 진행되는 것에 반대할 뿐만 아니라 또한 무조건 반대하는
것을 비판한다. 우선은 개신교 신학자 바르트와 불트만을 다루면서 판
넨베르크는, 그들의 신학이 본질적인 케류그마가 침해를 입는 데에 있
어서 세속적인 공격에 대해 얼마나 무력했고 또 기독교 신학을 세워
나감에 있어서 얼마나 무모한 일을 감행했는지를 보여 주려 했
다.(57ff)9). 물론 그들이 하나님에 대한 진술이 위기를 당한 상황에서
신앙의 관점에서 출발해서 하나님을 진술하고자 했다는 것을 판넨베
르크는 인정한다. 이들의 입장을 특징지어 말하기를 시대에 적용하려
했거나 혹은 저항하려 했다고 평했다.(57) 예컨대, 한편으로는 종교적
진리를 권위에 입각해서 주장하거나, 다른 한편으로는 현대인들이 이
해할 수 있는 해석이나 신학을 추구했다는 것이다. 그가 제시하는 예

---

9) 판넨베르크는 불트만뿐만 아니라, 세속화에 대한 거부로 인해 신학의 본질
   적인 요소를 포기했던 다른 신학자들을 비판했다.

58

로는 하나님 죽음 이후의 신학(Theologie nach dem Tod Gottes)[10],
케류그마의 탈신화화(die Entmythologisierung des Kerygmas)[11] 여
성 신학[12] 그리고 해방신학[13] 등이다. 이런 비판에 근거해서[14] 판넨
베르크는 세속화 사회에서의 신학적 과제를 다음과 같이 설정한다.

첫째, 기독교 신학은 세속화 세계 안에서 현상을 정확하게 파악하
고 기독교 경험에 맞게 표현해 내야만 한다(64f). 이는 하나님에 대한
진술이 이해가능해질 수 있기 위함이며 또한 그것이 정당하다고 인정
될 수 있는 기준을 확보할 수 있기 위해서다.

둘째, 비주제적으로 내재해 있는 창조주로서의 하나님에 대한 인식
을 명료하게 해야 한다(67). 판넨베르크에 따르면, 이 과제를 수행하
기 위해서는 세속적인 현상 속에서 창조주인 하나님과의 관계가 분명
하게 나타나도록 해야 한다(68).

---

10) 이 신학에 대해 비판하면서 판넨베르크는 하나님 부재의 경험이 하나님의
    심판과 상관하고 있음을 환기시키며 또한 최후 승리하는 하나님의 모습을
    부활사건을 통해 보여 줄 수 있다고 강조하여 말했다(65).
11) 불트만이 주장한 프로그램이 갖는 잘못은 하나님에 대한 믿음은 세상을
    이해하는 데에 중요한 의미를 갖고 있음을 부정했다는 것이다(69).
12) 하나님을 아버지라 부르는 것은 아버지의 보호적인 기능에 근거하는 것이
    고 또한 그와 결합된 권위를 지시하는 것이라고 판넨베르크는 생각한다.
13) 해방신학에 대한 판넨베르크의 비판은, 이 신학이 신학 개념인 '해방'을 해
    방에 대한 세계내적인 표상과 혼동했다는 것이다(73).
14) 특히 하나님에 대한 기독교적 진술에 대해 상호이해가 어렵게 느껴지는 이
    유에 대해 판넨베르크는, 기독교 신학이 철학적 신학의 전통 속에 있었던 형
    이상학에 대해 등을 돌린 당시의 시대적 흐름에 아무런 이유도 없이 동조하
    였기 때문이라고 한다.(Pannenberg, Sys. Th., Bd. I, 위의 같은 책, S. 79f).
    철학적인 신개념을 비판적으로 다루고 또한 모든 인간에 대한 하나님의 보
    편적인 권리를 관철시킬 뿐만 아니라, 사상적 전통에 있어서 신학적인 의미
    연관을 더 이상 잃지 않기 위한 판넨베르크의 노력을 살펴보려면 다음을 참
    조하라. Pannenberg, Die Aufnahme des philosophischen Gottesbegriffs, in:
    Pannenberg, Grundfragen. Bd. I, aaO., S. 296-346, S. 345f.

셋째, 신학 과제의 본질은 신학 개념이 세속적으로 사용되는 것을 막는 데에 있다(69ff). 다시 말해서 자연적인 하나님인식을 그것의 남용으로부터 막아야 한다는 것이다.

판넨베르크는 이 세 가지 과제를 요약하는 의미에서 다음과 같이 말한다.

> "기독교와 기독교 신학의 기회는 세속문화와 세속사회가 제시하는 인간이해를 현저하게 축소하도록 만드는 현실이해를 전체 속에서 통합하는 데에 있다. 뿐만 아니라 세속문화 속에서 축소되어 버린 합리성에 대해 이성의 더욱 큰 가치를 부각시키는 것인데, 인간이 맺고 있는 하나님과의 관계라는 지평 역시 바로 이러한 합리성에 속해 있다."(75)

(2) 모든 것을 규정하는 현실로서 하나님[15)

지금까지 우리는 판넨베르크가 자신의 신학적 과제를 인식함에 있어서 세속화라는 현상을 극복하거나 대안으로 제시하려는 노력을 기울였다는 것을 살펴보았다. 이는 그의 신학이해에서 매우 중요한데, 왜냐하면 모든 주제가 이 문제에 수렴하고 있기 때문이다.

이제는 판넨베르크의 하나님이해, 곧 '모든 것을 규정하는 현실'에 대한 그의 이해를 좀더 자세히 분석해 보도록 하자. 그는 먼저 성서적인 하나님관념(Gottesgedanke)과 철학적 하나님관념을 구분한다. 양자에게서 결정적인 차이를 볼 수 있었기 때문인데, 그에 따르면 철학

---

15) Pannenberg, *Wissenschaftstheorie und Theologie*, 위의 같은 책, S. 304f. '현실'은 독일어 Wirklichkeit의 번역이다. 영어는 reality로 번역했는데, 그래서 영어판들을 이용한 글들은 종종 '실재'로 번역하는 경우가 있다. 그래서 Wirklichkeit는 존재론적인 의미를 갖는 실재가 아니라 '현실'로 이해되어야 한다.

은 하나님에 대한 진술을 하면서 상이하게 경험되거나 혹은 경험할
수 있는 현실들을 통합하려 한다고 한다. 이 과정에서 하나님의 전능
하시고 주권적인 자유의 침해가 일어날 수 있다고 지적한다.

그러나 성경에서는 하나님의 전능하시고 주권적인 자유, 곧 인격적
인 성격이 매우 분명하게 강조되고 있다고 본다.[16] 그러므로 판넨베
르크는 2세기 변증가들이 하나님을 세계원리로 본 철학적 입장을 온
전히 표현하지 못했다며 매우 유감스럽게 생각한다. 판넨베르크는 오
히려 인간에게 중요한 의미를 갖는—왜냐하면 종교적인 의미를 형성
하기 때문에[17]—우발적인(창발적인) 사건으로 인해 하나님의 불변
성, 인식불가능성, 절대적인 타자성 등을 하나님의 주권적인 자유라는
맥락에서 생각할 수 없었다고 생각한다.

그는 하나님을 '모든 것을 규정하는 현실'로 이해하면서 무엇보다
하나님의 주권적인 자유를 더욱 부각시키려 한 것 같다. 그러한 이해
와 표현을 통해, 그는 하나님은 세계에 대한 관계에서 결코 제한되지
않으며 오히려 그것을 완성시킨다는 것을 말하고자 했다. 그는 이러한

---

16) Pannenberg, Die Aufnahme, 위의 같은 글, S. 338ff; Was ist Wahrheit?,
   in: *Grundfragen systematischen Theologie Bd. I*, 위의 같은 책, S. 209
   '인격' 개념이해에 대해서는 Person, Art., in: RGG 3. Aufl., Bd. 5, S. 230
   -235. 판넨베르크는 인격의 본질적 특징을 관계성과 누구에 의해서도 침
   해될 수 없는 자유와 더 이상 탐구해 나갈 수 깊이에서 본다. 이런 맥락
   에서 하나님은 인격으로 이해되는데, 이는 하나님은 삼위로서 서로 관계
   를 갖고 있고 세계개방적인 속성으로 인해 그리고 누구에 의해서도 그 깊
   이가 다 탐구될 수 없기 때문이다. 인간이 인격인 것은 이러한 하나님과
   관계를 갖고 있기 때문이다. 다시 말해서 하나님의 신실함에 근거해서 인
   격인 것이다. 따라서 판넨베르크는 인간의 인격 됨을 인간의 세계개방성
   에서 본다. 결코 그가 이성적이기 때문이 아니라 본질적으로 인격이기 때
   문에 인격이라는 것이다.

17) Pannenberg, Die Aufnahme, S. 344ff.

생각을 삼위일체론으로 근거 짓는데, 곧 하나님의 불변적인 존재와 그의 역사적 행위의 긴장을 풀어보려고 노력했다.[18]

또한 그는 하나님을 그렇게 이해함으로써 역사의 통일을 강조하고자 했다. 역사의 통일은 진리문제에 있어서 근거의 역할을 한다. 하나님에 대한 진술에 이르게 되기까지의 사고과정은 신존재 증명[19]의 과정에서 이루어진 것과 비슷하게 재구성된다.

그의 이러한 시도는 해석학적으로 소급해 올라가려는 노력이다. 왜냐하면 신존재 증명의 본질은 하나님의 현실을 증명하는 데에 있지 않고, 오히려 현실을 전제한 상태에서 여러 상이한 형태로 존재하는 세계가 질서 가운데 있는 것으로 파악하고 또 그러한 원칙하에 세계를 설명하고 이해하려는 데 있기 때문이다. 판넨베르크는 세속사회에서 흔히 있는 개별적인 의미 경험으로부터 출발한다. 그는 이러한 의미 경험은 원래 내포적인 의미맥락 속에서 비로소 이해될 수 있으며 또한 종교적 경험에서 비로소 그 의미 전체가 명료하게 의식된다고 본다. 다시 말해서 종교 경험에서 주제가 되는 것은 인간이 하나님의 현실을 만나는 것이라는 말이다.[20] 판넨베르크는 종교 경험을 위한 근거를 모든 것을 규정하는 현실이라는 하나님관념에 소급시켰다. 그는 각각의 의미 경험을 소위 세속화된 세계 속에서 그리고 의미에 대한 욕구를 하나님관념을 가지고 설명하거나 정당화하려 했다. 그리고 세계를 창조와 피조의 관계에 비추어서 파악하려 했다. 그는 하나님이

---

18) Pannenberg, Der Gott der Geschichte, K u D 23(1977), S. 76-92, hier S. 86ff.
19) 이 주제와 관련해서는 다음을 참조 Pannenberg, *Wissenschaftstheorie und Theologie*. 위의 같은 책, S. 307f, 311. 그의 견해는 하나님의 신실하심으로 인해 형성되는 세계의 통일성에 근거한다.
20) *Wissenschaftstheorie und theologie*, 위의 같은 책, S. 314f und 336.

62

실제로 하나님이기 위해서는 현실 전체를 규정한다고 생각할 수밖에 없었다. 결국 의미에 대한 질문에 대답하기 위해 소급해 올라가면서 전체를 규정하는 존재로서의 하나님관념에 귀착한 것이다.

판넨베르크는 전체를 말하면서 동시에 하나님을 말하고 있는데 양자에 대한 구분을 전혀 하지 않고 있다. 그러므로 하나님에 대한 진술과 전체에 대한 진술의 관계가 더욱 명백해져야만 한다. 전체에 대한 진술은 우선 완전한 하나님인식과 비교될 수 있다. 그러나 하나님이 당신의 본질을 오직 역사의 마지막에만 계시하고 또 그때에 가서야 인간이 그를 온전히 인식할 수 있는 한, 하나님은 하나님인식과 구분되지 않는다. 바로 이런 이유로 인해 판넨베르크는 하나님이라는 말의 남용을 비판하는데, 하나님인식이 세속화 세계 속에서 남용되었다고 비판한 것이다. 그는 그러한 진술을 가지고 하나님의 전능하시고 주권적인 자유를 부각시킨 것이다.21) 판넨베르크는 하나님인식, 곧 '하나님'이라는 말이 바르게 사용되는 데에 깊은 관심을 보였다. 의심할 바 없이 하나님은 그에게 있어서 전체를 진술하는 것에 대한 근거이다. 판넨베르크가 생각하는 바에 따르면, 하나님은 모든 것을 규정하는 현실이다. 그리고 이것을 말하기 위해서는 한 가지 조건이 충족되어야 한다. 곧 하나님은 모든 주장에서 혹은 세속화된 세계 안에서 전제되어야 하는 것이다. 이처럼 판넨베르크는 자신의 해석학적 주장을 관철시키기 위해 하나님을 전제로 삼고 모든 것을 규정하는 현실로 이해한 것이다. 그에게 있어서 하나님에 대한 진술은 하나님을 뿌리로 인정하지 않는 세속세계의 존재를 암시하는 역할을 한다. 그것은 현실

21) 판넨베르크는 헤겔 철학이 갖는 가장 중요한 잘못은 하나님의 자유를 제한했다는 데에 있다고 본다. 그의 헤겔 비판에 대해서는 다음을 참조. Michael Schulz, Zur Kritik am "Antizipationsgedanken", Pannenbergs im Sinne Hegels, in: MThZ 43Jhg. Heft 2(1992), S. 197-227.

이해를 위한 필요조건으로서 전제이며 또한 통일된 형태로 된 현실을 인정하기 위해 필요한 전제이다. 또한 하나님관념은 신학을 하나님에 대한 학문으로서 가능하도록 해 준다.[22] 모든 것을 규정하는 현실로서 하나님에 대한 진술은 진리의 기준으로 확인된다. 그것도 모든 하나님표상은 현실을 통일로서 이해할 수 있도록 해 주는지, 그럼으로써 진리의 통일을 충분히 만족시키는 지에 따라 검토되어야만 한다는 의미에서 그렇다.[23]

(3) 예료하면서 혹은 세계개방적으로 하나님을 진술하기

판넨베르크에 따르면, 세속화의 본질은 암묵적으로 내재되어 있는 하나님인식을 부당하게 사용한 데에 있다. 그러므로 그는 '하나님'이라는 말이 주제로 다루어질 수 있을 뿐만 아니라 하나님인식의 정당한 사용에 대해 노력했다. 특히 그는 '역사' 개념을 '계시', '진리'와 같은 신학 개념과 일정한 관계 속에 놓았는데 무엇보다 종말론을 깊이 고려했다. 결정적인 질문은 하나님인식은 어떻게 사용될 수 있는가 하는 것이다.

우리가 다루고 있는 주제와 관련해서 살펴본다면 이 질문은 다음과 같이 달리 표현될 수 있다. 하나님에 대해 어떻게 성냥하게 진술할 수 있는가? 판넨베르크는 하나님이 모든 것을 규정하는 현실로 생각된다는 전제하에 예료하면서 하나님을 진술하려 한다. 그는 하나님에 대한 진술은 필연적으로 가설이어야 한다고 주장한다. 왜냐하면 모든 현실적인 것은 하나님 현실의 흔적으로서 입증되어짐에 분명하기 때문이다.[24] 현실 전체는 우리 경험에 대해서는 아직 종결되지 않은 채 현

---

22) *Wissenschaftstheorie und Theologie*, 위의 같은 책, S. 305. 311쪽에 있는 각주 615번.
23) Pannenberg, Was ist Wahrheit?, S. 222, 특히 S. 216ff.

64

존한다. 그러나 인간들은 오직 예료의 방법을 통해서만 하나님의 현실을 접할 수 있다.[25] 판넨베르크의 입장은 계시를 역사로 보는 관점에 근거하고 있다. 왜 하나님에 대한 진술이 오직 예료의 형태로만 가능한지가 명백해지는 부분이다.

하나님을 세계의 주님으로서 증거하는 기독교 메시지는 진리임을 스스로 주장한다. 바로 이러한 주장과 관련해서 판넨베르크는 신학이 다음의 질문 앞에 서 있음을 본다. 곧 "기독교 메시지는 현실에 대한 우리의 경험을 이끌기 위해, 모든 경험들을 일치하게 해 주는 진리를 포함하고 있는가?"[26] 이 질문은 무엇보다 진리에 대한 이스라엘과 그리스적 입장 사이에 존재하는 문제와 관련해서 제기되었다. 다시 말해서 판넨베르크는 두 사상 사이의 차이와 공통점을 중개하려고 노력했는데, 그는 이스라엘 진리개념의 역사성과 특히 그의 미래성과 그리스 사상의 통일성을 강조했다.

진리의 통일성은 모든 것을 포괄하고 지속적인 진리로 이해하는 이스라엘의 사고 속에서 표현되었다고 본다.[27] 바로 이러한 사고 과정에서 주목할 만한 것은, 판넨베르크는 진리가 경험 가능한 하나님인식에 대해 갖는 관계에 중요한 가치를 부여하고 있고 또한 진리를 하나님의 역사적 계시와의 관계 속에서 이해하고 있다는 것이다.[28] 판넨

---

24) *Wissenschaftstheorie und Theologie*, 위의 같은 책, S. 305.
25) *Wissenschaftstheorie und Theologie*, 위의 같은 책, S. 311ff: 314쪽에서 그는, 하나님의 현실은 오직 현실 전체가 역사적으로 경험되는 방식으로만 나타난다고 주장한다.
26) Pannenberg, Was ist Wahrheit?, in: *Grundfragen Bd. I*, 위의 같은 책, S. 202. 판넨베르크에 따르면 신학적 진술이 진리일 수 있기 위한 유일한 조건은 진술이 사태와 일치되었을 경우이다.
27) Pannenberg, *Grundfragen I*, 위의 같은 책, S. 208.
28) *Grundfragen I*, 위의 같은 책, S. 206f. 그러나 판넨베르크가 하나님의 역사에 대한 경험을 신뢰와 믿음에 대한 유일한 근거로 간주한 것은 다소

베르크는 바로 이 두 가지가 독일 관념주의 철학자 헤겔에 의해서 아주 정당하게 주장되었다고 본다. 그러나 비판하기도 했는데, 헤겔의 사상 속에는 미래라는 지평이 상실되어 있다는 것이다. 특히 헤겔의 예료적인 반성 속에서 그렇다고 본다.[29] 경험 가능한 하나님인식과 역사로서 계시는 그 공통점을 미래에 나타난다는 것에서 갖는다. 그러므로 판넨베르크는 진리를 역사로, 과정으로 이해한다.[30]

(4) 나가면서

판네베르크는 하나님을 모든 것을 규정하는 현실로 진술한다. 그러한 진술을 그는 우선은 세계 창조에서 나타난 하나님의 계시에 소급시킨다. 그럼으로써 성서의 하나님의 보편성과 그분이 세상의 창조주이심을 표현하고자 했다. 그는 이것을 말씀에 대한 전통적인 이해하면서 또한 하나님을 현실 통일의 근거로 부각시켰다. 그에 따르면, 진리란 하나님이 예수 그리스도 안에서 인간에게 현존해 계시고 나타날 수 있었다는 것이다. 그러므로 판넨베르크가 그의 신학에서 성서의 하나님에 고정하고 있다는 것을 주목하는 것은 중요하다. 왜냐하면 그는 언제나 또 어느 곳에서도 하나님관념으로부터 출발했기 때문이다. 이러한 하나님관념을 가지고 있다면 누구나 하나님을 의미 있게 진술할

문제가 있다고 생각한다. 왜냐하면 창세기 12장의 아브라함의 역사는 오히려 믿음의 시작 혹은 믿음의 본질적 요수가 설명되어 있는데, 그는 이 점을 전혀 고려하지 않았기 때문이다.

29) *Grundfragen I*, 위의 같은 책, S. 218f. 헤겔은 자신의 철학에서 역사의 마지막을 보았다. 다음을 참조: W. Pannenberg, *Grundzüge der Christologie*, S. 184. 그리고 'Antizipation(예료)' 개념과 관련해서 판넨베르크가 헤겔에 대해 가하는 비판을 보라. Michael Schulz, 앞의 같은 글, S. 197-227.

30) Pannenberg, *Was ist Wahrheit?*, 앞의 같은 책, S. 219.

수 있다고 판넨베르크는 본다.[31]

이런 하나님에 대한 진술은 하나님이 항상 현존하고 또 영향력을 행사하고 있다고 — 무엇보다 암묵적인 방식으로 — 해석될 수 있다. 하나님을 찾는 질문이 제기되는 바로 그곳에 하나님은 현실의 힘으로서, 인격적 존재로서 경험될 수 있다는 것이다. 다시 말해서 하나님은 창조자로서 모든 피조물을 다스리시고 있다는 말이다. 그러므로 판넨베르크는 하나님을 우선은 세속화된 세계 속에서 주제로 부각시키기를 원한 것이다. 그는 하나님을 진술하되 예료하면서, 특히 인간론적인 맥락에서 말한다면, 세계 개방성 속에서, 그리고 학문 이론적 관점에서 말한다면 가설의 형태로 진술한다. 여기서 모든 것을 규정하는 현실로서 하나님은 전제되고 있다.

그는 한편으로는 하나님의 전능하시고 주권적인 자유, 그의 미래성 혹은 그의 세계개방성을 보다 구체적으로 나타내 보이려 했다. 또한 다른 한편으로 그는 인간을 하나님을 찾는 존재요 하나님에 의존되어 있는 존재로 이해한다.

---

31) Pannenberg, *Sys. Th. Bd. I*, 앞의 같은 책, S. 106.

4. 판넨베르크 신학의 주제로서 종교
― 한국 종교신학적 의미를 모색하며 ―

(1) 들어가면서: 종교신학과 한국신학

신학에서는 하나님의 행위가 주요 관심의 대상이 되기 때문에 신과 인간의 관계에서 제의나 종교적 경험 혹은 인간의 신앙태도 등을 주제로 삼는 종교는 그동안 신학의 주제로서 다루어질 수 없었다. 기껏해야 신학적 인간학에서 다루어지거나 혹은 하나님의 계시에 대한 인간의 잘못된 태도로 여겨지는 것이 대부분이었다. 계시의 기능으로서 종교가 신학의 주제로 부상하게 된 것은 그렇게 오래되지 않았다.[32] 그러나 이미 기독교의 초창기부터 다종교적 상황에 있었던 기독교는 종교문제와 씨름해야만 했다.[33]

---

32) 신학사적으로 본다면, 트뢸취(Ernst Troeltsch)에게서 발견하게 된다. 그는 신학자로서는 처음으로 기독교를 여러 종교들 가운데 하나의 종교로 인식하고 기독교를 향해 제기되는 질문들에 대해 대답하려고 노력했다. *Die Absolutheit des Christentums*는 이 주제와 관련해서 대표적인 저서이다. 기독교 내에서의 교파의 차이를 고려하며 신학 안에서 종교의 문제를 다룬 것은 판넨베르크에 따르면(*SysTh 1,* 48) 루터 정통주의 신학자 칼로프(Abraham Calov, 1612-1686)와 크벤쉬테트(Johann Andreas Quenstedt, 1617-1688)이다.

33) 단지 주제로서 부각이 되지 않았을 뿐, 유대교와 헬라의 신비종교들과 더불어서 다종교 상황에 처해 있었던 기독교는 자신의 정체성을 확립하기 위해서나 혹은 선교적 사명을 수행함에 있어서 생겨나는 갈등을 겪을 수밖에 없었다. 이러한 갈등에 대해서 고대 기독교는 다른 종교들이 갖고 있는, 기독교와는 다를 뿐만 아니라 심지어는 상반되는 주장들과 관련해서 자신의 진리를 증거해야만 했고 또 박해와 더불어 나타난 비난에 직면해서 자신을 변증해야만 했다. 후에는 종교가 국가의 정치 군사력과 결탁되면서 변증은 더욱 조직화되었고, 이슬람과의 갈등에서는 십자군 전쟁으로까지 비약되기도 했다. 이런 의미에서 종교는 기독교 진리에 도전적인

서구 기독교역사와 마찬가지로 한국문화 역시 이미 다종교적인 배경을 갖고 있었기 때문에 기독교 선교 초기부터 종교적 갈등이 있어 왔다. 기독교는 타 종교에 대해 비관용적인 태도를 보였고[34] 때로는 변증의 방식[35]을 통해 타 종교의 주장에 직면해서 기독교의 계시를 지켜나갔다. 종교의 문제는 그 이후 60년대 이후에 와서야 본격적으로 기독교 신학 안에서 다루어지게 되었는데, 대부분은 기독교 선교 이전에 존재해 한국인의 심성을 형성하는 데 큰 영향을 미쳤던 종교들의 의미를 묻는 작업으로 나타났다.[36] 그러나 종교 자체가 주제가 되기보다는 토착화의 문제, 즉 복음과 문화의 접목가능성에만 집중되었다. 기독교 신학 안에서 종교가 갖는 의미에 대한 물음은 그때도 그렇지만 지금도 여전히 일부 진보교단 혹은 일부 신학자들만의 관심으로 남아 있을 뿐이다.

의미를 갖는 것이었고 기독교는 변증의 방식을 통해 그들의 도전에 대응해 왔다. 바로 이런 점에서 종교는 이미 오래전부터 기독교 신학의 문제였다. 종교에 대한 신학이 종교에 대한 부정적인 판단으로 채워지지 않는 한, 종교에 대한 신학적 성찰이 겪는 어려움은 종교들을 긍정적으로 인정함으로써 기독교적 진리가 상대화된다는 점이다.

34) 특히 최근에 독서계의 많은 주목을 끌고 있는 오강남의 저서 『예수는 없다』는 한국 기독교의 배타성을 더욱 조장하는 것으로서 근본주의적 신학을 두고, 근본주의적 신학의 잘못되었음을 다섯 가지 주제를 통해서 제시하고 있다. 또한 비슷한 시기에 출판된 『다원주의 시대의 기독교와 종교적 관용』(민지사, 2001)에서 필자 역시 한국기독교에서 나타나는 배타성의 배경을 종교적 배타성, 신학적 배타성 그리고 교리적 배타성으로 나누어 분석한 바 있다. 이 외에도 한국 사회의 종교적 다원성을 분석한 이원규의 종교사회학적 연구를 포함해서 많은 글들이 한국의 종교적 배타성을 지적하고 있다.

35) 최병헌의 『만종일련』과 『성산명경』은 그 대표적인 작품이라 하겠다.

36) 대한기독교서회에서 기획 출판된 세 권의 책은 종교문제에 대한 기독교적 관심과 중요성이 한국 신학계에서 인식되도록 하는 데 많은 영향을 미쳤다. 유동식, 『한국 종교와 기독교』, 윤성범.

일찍이 감리교 신학자 최병헌은 한국 최초의 신학자로서 종교를 신학의 문제로서 다루었다. 그러나 그것은 단순히 비교종교학적 관점에서 종교가 서로 비교되었을 뿐이고, 타 종교에 대한 신학적 판단 역시 기독교 신학적 인식을 바탕으로—특히 구원론과 관련해서—이루어졌다. 다시 말해서 비교 종교에 있어서 발전 개념이 도입되었는데, 종교들은 기독교 안에서 비로소 그 완성된 진리의 모습을 발견할 수 있다고 본 것이다. 흔히 보유론적 입장이라고 불린다. 그의 하나님 이해에 있어서 한 가지 주목할 사항은 그가 동양의 하나님과 서양의 하나님을 동일하다고 보았다는 점이다.[37] 한편으로 이것은 유일신 사상에 바탕을 둔 결론이지만, 다른 한편으로는 선교 이전의 한국 역사 속에 하나님의 행위를 인정하는 진술이라는 점에서 매우 돋보이는 생각이었다.

타 종교 안에서의 하나님의 행위를 신학의 주제로 삼은 신학자는 감리교 신학자로서 한국에서 처음으로 토착화 논의를 제기한 유동식이다. 그는 종교가 신학의 주제가 될 수 있는 것은 타 종교 안에서도 '그리스도'의 상징적 의미를 발견할 수 있기 때문이라고 보았다. 그가 이해하는 그리스도는 인격적인 예수 그리스도를 가리키기보다는, 오히려 틸리히적 개념을 바탕으로 이해될 수 있는 것으로 '새로운 인간'을 상징한다. 다시 말해서 유동식에 있어서 그리스도의 사역의 핵심은 그리스도가 자기를 희생함으로써 하나님과 관계를 갖는 새로운 인간이 되었다는 데에 있다. 그리스도 중심주의로 알려진 그의 이러한 생각은 더욱 철저하게 표현되어 한국 종교사를 자신이 이해하는 복음에 따라 해석한 후 한국 종교문화사의 뿌리는 풍류도에 있고 기독교 역시 이 풍류도에 따라서 이해되고 발전되어야 비로소 한국인의 영성을 살리는 신학과 종교로서 자리매김될 수 있다고 주장했다. 풍류도란 그리스도의 도가 한국적인 영성에 따라 표현된 개념으로 이해되기 때문에 가능한 주장이었다. 이렇게 본다면 종교란 기독교 신학의 주제로서 한국인의 영성에 따른 신 이해를 파악할 수 있는 내용을 제공해 주게 된다. 그러나 이 모든 것은 그의 그리스도 이해에 바탕을 두

---

37) 참고: 최성수, 『신학과 목회, 그 뗄 수 없는 관계』(씨엠, 2001), 276ff.

고 이루어지고 있다는 것을 유념해야만 한다. 왜냐하면 그의 '그리스도'라는 상징은 종교문화사 안에서 그리스도적인 의미를 읽어낼 수 있게 하는 눈, 안경으로 나타나고 있기 때문이다.

유동식의 그리스도 중심적인 사고에 비해 변선환은 신 중심적 사고를 근거로 해서 종교가 기독교 신학의 주제가 되어야 함을 역설했다. 다시 말해서 종교는 하나님의 다양한 행위에 대한 인식의 차이 혹은 그것에 대해 다양하게 표현된 것이기 때문에 종교를 신학의 주제로 다루면서 기독교 신학은 보다 통전적인 신학적 진술에 이르게 될 수 있다고 본 것이다. 그가 에큐메니칼 신학을 강조한 것도 바로 이러한 생각을 바탕으로 한 것이다. 다른 종교에도 하나님의 사역이 나타나기 때문에 그들에게도 구원이 있다고 하는 그의 주장은 결국 감리교 교단의 반대에 부딪혀 좌절되었지만 그 역시 유일신론적 사고에 기반을 두고 복수적인 그리스도를 전제하는 가운데 타 종교에서의 구원의 가능성을 보게 된 것이다.

타 종교에 대한 다양한 생각에 있어서 어떤 입장을 취하든 현실적으로 본다면 종교를 신학의 주제로 삼는 종교 신학은 보수 혹은 복음주의를 표방하는 여러 교단 신학으로부터 철저하게 외면되는 실정이다. 그러나 종교의 기독교 신학적 의미에 대한 질문은 한국 기독교인들에게 있어서 더 이상 피할 수 없는 실존적 질문에 해당된다. 특히 다종교적 배경을 갖는 문화와 관련해서 그렇다. 이러한 현실을 고려해 볼 때 어떠한 의미에서 종교가 신학의 주제가 될 수 있는 것인지를 묻는 질문은 에큐메니칼한 차원뿐만 아니라 교단적인 인식의 차이를 고려하는 가운데 적절한 대답이 모색돼야만 한다.

바로 이런 문제점과 관련해서 많은 종교 신학자들이 종교에 대해 보여 주었던 것과는 다른 입장을 우리는 판넨베르크에게서 발견하게 된다. 다시 말해서 그는 바울이 로마서 1장에서 말한 내용이 소위 자

연신학적 진술로 오해됨으로써 기독교 신학의 비판을 면치 못했고 그
럼으로써 타 종교에 대한 편향된 비판이 불가피했다고 보았다.[38] 이러
한 견해를 수정하려는 노력으로서 종교를 조직신학적 주제로 삼았다.

(2) 판넨베르크의 종교사의 신학

성서의 축자영감설이 무너지게 되면서 신학사에서 패러다임 전이가
일어나게 되었고[39], 그럼으로써 '종교' 개념이 조직신학의 주제로 부
각되었다고 보는[40] 판넨베르크에게 있어서 종교는 기독교 신학에 있
어서 두 가지 중요한 의미를 갖는다.

첫째, 그는 세속화된 세계는 점점 더 '하나님관념'(Gottesgedanke)[41]
을 망각해 가고 있다고 본다. 그런데 종교는 '하나님의 힘이 나타나는
장(場)으로서 현실'(Gotteswirklichkeit)[42]을 암묵적으로 전제하고 있
고 또한 종교적 경험은 그것의 실재를 지시하는 것이기 때문에, 잊혀져

---

38) SysTh 1, 132.

39) *SysTh 1*, 56.

40) *SysTh 1*, 133.

41) 'Gottesgedanke'는 '하나님에 대한 표상', '하나님에 대한 생각', '하나님관
념' 등으로 번역될 수 있는 개념이다. 판넨베르크에게 있어서 이 개념은
형이상학적 신 개념에 상응하지만, 실재를 갖고 현실과의 관계를 갖는 인
격적인 측면을 갖는다는 점에서 단순한 '존재자'로서의 형이상학적 개념과
는 구별된다.

42) 단순히 '하나님의 현실'로 번역될 수 있지만 내용적인 측면에서 볼 때 판넨
베르크에게 있어서 '하나님의 현실'은 하나님의 힘이 영향력으로 행사되는
장으로 이해될 수 있다. 판넨베르크는 성령과의 관계에서 이 개념을 더욱
자세하게 다루고 있다(참고: *Toward a Theology of Nature. Essays on
Science and Faith*, ed. by Ted Peters(Westminster Press), Philadelphia
1993. [한국어 역, *박일준 역, 『자연신학』, 한국신학연구소, 2000*], 191-221).
앞으로는 간단하게 '하나님의 현실'로 번역될 것이다.

가는 '하나님관념', '하나님의 현실'은 종교의 주제가 된다. 바로 이러한 점에서, 즉 '하나님의 현실'을 지시하고 또 '하나님관념'을 주제화한다는 점에서 종교는 기독교 신학적 의미를 갖는다. 그렇기 때문에 신학의 주제로서 종교는 그의 조직신학 안에서 신론적인 맥락 안에서 다루어질 수 있었다. 둘째, 예수 그리스도를 통해 나타난 하나님의 궁극적 계시가 진리임을 입증하려는 노력 속에서 기독교 신학은 기독교의 진리가 오늘의 현실 속에서 여전히 의미 있는 것이고 인간의 현실 이해를 돕는 데 다른 어떤 노력보다 더 적합하다는 것을 보여 주어야만 한다고 본다. 바로 이 과정에서 기독교의 진리와 경쟁적 관계에서 이루어지는 — 철학이나, 과학 혹은 종교와의 — 대화는 기독교 진리가 보다 명확해질 수 있는 계기를 마련해 준다는 점에서 종교는 기독교 신학적 의미를 갖는다. 다시 말해서 '종교' 개념에 대한 성찰을 통해 그것이 명시적이든 아니면 암시적으로든 하나님 경험과 상관하고 있음을 보여 줄 수 있고, 종교 간의 대화를 언급하면서 타 종교 안에서 이루어지는 다양한, 심지어는 상반되는 경험 안에서도 하나님의 하나됨(Einheit Gottes)을 발견할 수 있다는 것이다.

판넨베르크는 바로 이런 의미에서 종교는 기독교 신학의 주제가 되어야 한다고 본 것이다. 이는 무엇보다 그의 신학적 주제가 '하나님에 대한 생각'에 집중되어 있고 또 그것에 대한 진술의 진리성을 역사적 과정 속에서 학문적으로 입증하는 노력을 신학으로 보았기 때문이다.

본 연구의 주도적인 질문, 즉 종교는 기독교 신학에 어떠한 의미를 갖는가라는 질문과 관련해서 판넨베르크의 종교사 신학(Theologie der Religionsgeschichte)[43]으로부터 제시되는 대답을 이해하며 그의 종교

---

43) 원래 '종교사의 신학'이란 말은 알트하우스(Paul Althaus)에 의해서 처음 사용되었다(Mission und Religionsgeschichte, in: Zeitschrift für

사 신학적 주장을 재구성하기 위해서 무엇보다 먼저 분명하게 명시되어야 할 점이 있다. 판넨베르크의 신학 전반에 걸쳐서 나타나고 있는 기본적인 관심이다. 그의 신학은 다양한 기독교 가르침들의 관계나 타 학문과의 관계에서 '모든 것을 규정하는 현실'(alles bestimmende Wirklichkeit)로서 '하나님관념'을 단순한 교의적인 주장이 아닌 논증적인 방법(argumentativ)으로 표면화시키고[44] 기독교 가르침의 진리성을 묻는 데 집중되어 있다.[45] 종교에 대한 그의 관심 역시 여기서 크게 벗어나지 않는다.[46] 그러므로 그의 중심 질문은 이 '하나님의 현실'이 어느 정도에서 진리성을 입증하느냐 하는 것이다. 판넨베르크는

Systematische Theologie 5(1927), 586ff). '종교사의 신학' 개념을 알트하우스는 종교적 세계 안에서 걸어온 인간들의 여러 길에 대해 판단하는 믿음의 행위로 이해했다. 다시 말하면 종교에 대한 기독교적 비판을 종교사의 신학으로 이해한 것이다. 엄밀한 의미에서 알트하우스와 동일하게 이해될 수는 없지만 판넨베르크는 자신의 종교에 대한 신학을 ─기본적인 입장에서 트뢸취에 의해 제시된 과제를 이어받으면서 전개되고 있는데 ─ '종교사의 신학'으로 이해한다(참고: Erwägungen zu einer Theologie der Religionsgeschichte). 왜냐하면 종교 그 자체에 대한 형이상학적 의미를 추구하기보다는 종교사 안에서 나타나고 있는 종교들의 역사와 그들의 상호작용에 관심을 기울이기 때문이다. 이런 의미에서 판넨베르크는 종교현상을 바라봄에 있어서 역사적 과정을 등한시한 틸리히의 유형론적인 방법이나 혹은 기독교의 독특성을 타 종교의 개념 체계 안에서 해명하려고 시도한 류벤(van Leeuwen)의 현상학적 방법을 비판한다(Erwägungen, 256).

44) *SysTh 1,* 142. 판넨베르크가 종교에 대한 인간학적 기초를 하나님관념보다 우선시하는 노력에 대한 바르트의 비판을 높이 평가하면서도 그를 비판하는 이유는 바르트의 입장(KD 1 / Ⅱ, §17)이 논증적이 아니라 단순히 교의적인 주장의 형식으로 나타났기 때문이었다.

45) 참고: *SysTh 1,* 31.

46) 판넨베르크의 과학에 대한 관심 또한 이와 동일한 맥락에서 이해될 수 있다. 따라서 판넨베르크의 과학과의 대화 속에서 제시된 진술들은 과학적 진술이 아니라 신학적 진술로 이해돼야 하며 그것은 과학 역시도 '하나님관념'과 '하나님 현실'의 문제를 떠나지 않고 있음을 보여 주려는 것이 그의 목적이다. 참고: Wie wahr ist das Reden von Gott?, 35ff.

종교적 경험이 일어나는 현실을 어느 종교적 신념 체계가 다른 종교적 체계와의 관계를 갖지 않고도 더 잘 해석할 수 있느냐 하는 것에서 각 종교적 주장들의 진리성이 판가름 난다고 주장한다.[47] 판넨베르크는 현대와 같은 종교 다원주의적 사회에서는 이러한 해석을 통해 종교적 관용(Tolereanz)의 능력을 갖추고 또 타 종교와의 대화의 능력을 향상하기 위한 열린태도(Offenheit)를 가질 수 있게 된다고 보았다.[48] 종교 다원주의자들이 종교는 유일한 신에 이르는 다양한 길을 제시하는 것으로 파악함으로써 종교적 관용의 필연성을 주장하는 것에 반해, 판넨베르크는 종교에 대한 기독교의 관용적 태도를 다음의 '기본적인' 이유를 들어서 당위적인 것이라고 주장했다.

"기독교인으로서 우리는 하나님나라와 그리스도가 도래하는 때에 기독교 복음의 진리는 모든 인간들에 의해서 인정될 것이라는 사실을 확실히 안다. 그때까지는 개별적인 경우에 있어서 기독교 복음이 의심될 수도 있고 또 다른 종교나 가치관이 더 선호되는 여러 이유들이 있을 수 있다. 하나님의 나라와 그리스도가 도래하기 전에는 인간들의 어떤 판단도 임시적일 수밖에 없기 때문에 기독교인들은 특별한 하자가 없는 자신들의 판단을 함으로써 기독교 복음을 거부하거나 혹은 믿음에 등을 돌리는 사람들이 그러한 판단을 가능하게 하는 데에 선한 믿음이 있었음을 인정할 수 있도록 해야 한다."[49]

---

47) Wie wahr ist das Reden von Gott?, 37: Die Behauptungen religiösen Überlieferung werden daran gemessen, ob die erfahrene Wirklichkeit durch die Götter der Tradition integrierbar ist oder ob sich in ihr andere Mächte bekunden, vor denen die eigene Überlieferung versagt und die dann in ganz neuer Weise oder durch eine Modifikation der Überlieferung oder auch durch Anschluß an eine andere Überlieferung benennbar werden.

48) Die Religion als Thema der Theologie, in: *Beiträge 1*, 160-172, 170.

49) Das Christentum-eine Religion unter anderen?, in: *Beiträge 1*, 173-184, 176.

이제는 '종교가 기독교 신학에서 어떠한 의미를 갖는가?'라는 질문
에 대한 판넨베르크의 대답을 살펴보도록 하자. 다시 말해서 종교 신
학적 주장에 이르기까지 그가 어떠한 발견의 과정을 거쳐 왔는지를
살펴보도록 하겠다.

(3) 세속화

판넨베르크에게 있어서 신학적 실존상황은 근대에 들어서면서 기독
교가 갖는 의미가 점점 사라져가고 있다는 판단에 의해서 형성된다.
이러한 현상을 세속화로 규정하는 판넨베르크는 그것의 기원을 오랜
기간 동안의 종교전쟁에서 보았다.[50] 그는 이 종교전쟁을 종교개혁의
원치 않은 결과로 파악했다. 다음의 질문 속에서 신학적 실존상황에
직면한 판넨베르크의 문제의식을 읽어볼 수 있다.

"근대는 기독교로부터 완전히 분리됐는가. 아니면 기독교의 유산은
서구 사회에서 겉보기에는 완전히 세속화된 형태로 나타나고 있지만
여전히 암묵적인 방식으로, 예컨대 겉으로 드러난 현실에 반해서 계속
해서 영양분을 공급해 주는 방식으로나, 아니면 세속화된 삶을 가능하
게 하는 힘으로 기능하는 방식으로, 구성적인 의미를 갖는 것인가?"[51]

세속화에 대한 그의 내용적인 분석은 세속화의 과정에서 나타나는
현상이 '하나님의 현실'과 '하나님관념'의 의미를 사회 각 분야로부터
사라지게 만들었음을 보여 준다. '힘'으로 경험되는 '하나님의 현실'이

---

50) 이러한 연구결과는 여러 군데에서 나타나고 있지만 특히 다음의 글에서
   자세하게 다루어졌다. *Christentum in einer säkularisieten Welt*, Freiburg
   · Basel · Wien 1988.
51) *Gottesgedanke und menschliche Freiheit*, Göttingen 1972, 114.

인간학적으로 고찰되고 분석됨으로 인해 종교는 더 이상 하나님 경험을 주제로 삼는 것이 아니라 단순히 제의와 문화적 표현에 전념하며 정치사회적인 맥락 속으로 흡수되어 버렸다는 것이다.[52] 이것은 '종교' 이해에 영향을 미쳐, 과거에는 계시된 하나님의 지식이 종교의 기초를 이루었지만 세속화된 이후부터는 하나님의 지식이 종교개념에 따라 변화될 수 있는 변수로 이해되었다고 말한다.[53] 신학적인 측면에서 볼 때 세속화는 하나님에 대한 진술(Reden von Gott)이 위기에 처해 있는 상황인데,[54] 판넨베르크는 이로 인해 "기독교가 우리들의 세상에서 더 이상 자명해지지 않게 되었다"[55]고 보았다. 그럼에도 불구하고 이 문제를 해결하기 위해 과거의 신 존재 증명을 재차 시도하는 것으로는 더 이상 설득력을 얻을 수 없음을 판넨베르크는 인정한다.

세속화로 인해 '종교' 개념을 규정함에 있어서 '하나님관념'과의 관계에서 생각하는 경향이 사라져감으로 인해 판넨베르크는 '종교'에 대한 수많은 다원적인 이해가 나타날 수밖에 없었다고 본다. 왜냐하면 실재적인 대상이 없이 현상에만 관심을 갖는 노력은 결국 불충분하게 보일 수밖에 없게 되기 때문이다.[56] 이 말은 판넨베르크가 '종교'를 인간학적, 기능적 그리고 철학적으로 이해하려는 다양한 노력들이 결국에는 세속화에서 유래되는 것으로 보고 있음을 말해 주는 것이

---

52) 이러한 측면은 다음의 논문에서 자세히 분석되었다. Die Erfahrung der Abwesenheit Gottes in der modernen Theologie, in: Ders.(hg.), *Die Erfahrung der Abwesenheit Gottes in der modernen Kultur,* Göttingen 1984, 9-38.
53) *SysTh, 1,* 134ff.
54) *Christentum in einer säkularisierten Welt,* Freiburg · Basel · Wien 1988, 특히 서문.
55) *Gottesgedanke und menschliche Freiheit,* 115.
56) *SysTh 1,* 152.

다.[57] 또한 종교가 갖는 규범적 의미가 약화됨으로써 일반적으로 나타나는 현상으로 판넨베르크는 종교비판을 들었다. 종교비판은 종교적 신념에 대한 회의가 확산되면서 기독교의 신앙 역시 그 의미와 가치가 약화돼 가고 있다는 현실을 반영한다.

세속화에 대해 나름대로 반응해 온 기독교[58]가 직면하게 되는 위험을 판넨베르크는 두 가지로 본다.[59] 하나는 세속화가 기독교의 가르침에 저항하는 것으로 이해됨으로써 종교가 단순히 주관적인 문제가 되어 근대 이후의 삶을 살아가는 기독교인들이 합리적인 삶의 기반이 빼앗기게 된다는 것이다.[60] 기독교의 게토화로 이해된 이러한 현상에 대해서 판넨베르크는 바르트나 불트만 계열의 변증법적 신학에 대한 비판을 통해서 분명하게 보여 주고자 했다. 다른 하나는 기독교 신앙을 근대의 삶과 의식의 기초에 불필요하게 저항하는 것으로 이해함으로써 기독교를 비판적으로 보고 오히려 근대세계의 정신에 보다 적극적으로 개입하는 가운데 세상과 타협하게 되는 위험이다.

바로 이러한 위기 상황을 극복하는 것을 자신의 신학적 과제로 삼은 판넨베르크는 세속화 경향을 오히려 긍정적으로 읽어낸다. 즉 세속화 현상은 하나님에로 전환할 수 있는 출발점이 될 수도 있다는 것이다.[61] 그러므로 그는 세속화된 사회에서 출발하여 '하나님의 현실'의

---

57) *SysTh 1*, 152ff.

58) Heinrich Döring이 *Abwesenheit Gottes*(1984)란 제목하의 책에서 분석한 바에 따르면 세속화 현상을 극복하기 위해서 여러 가지 신학적 노력이 있었다. 변증법적 신학은 초월적 신관을 제시했고, 실존론적 신학에 따르면 신은 그 자체로는 접근이 불가능한 존재라고 보았고, 틸리히는 존재의 심연으로 침잠해 들어간 신의 모습을 부각시켰고 에베링은 언어사건으로 지향되는 신관을 그리고 몰트만은 희망의 신학을 제창하게 되었다는 것이다.

59) *Gottesgedanke und menschliche Freiheit*, 114.

60) 참고: *SysTh 1*, 143.

61) *SysTh, 1*, 202.

실재를 논증하고 또 '하나님관념'이 사회 전반에 걸쳐 암묵적으로 혹은 인간의 현존재 이해에 구조적으로 전제되어 있음을 보여 주고자 했다. 모든 것을 규정하는 힘이 작용하는 현실로서의 하나님(Gott als alles bestimmende Wirklichkeit), 즉 성서적 하나님이 현대와 미래에 갖는 의미를 입증해 보이는 것을 신학의 과제로 삼은 것이다.[62] 그가 이것에 대한 확실한 전망을 가질 수 있는 것은 세속화가 인간의 종교적 의존성을 배제시킬 수는 있었다 해도 그 자체를 극복한 것은 아니라고 보았기 때문이다.[63] 종교를 조직신학적 관점에서 다루게 되면서 판넨베르크가 거듭 반복해서 제기하는 핵심적인 질문은 다음과 같다.

　　"하나님에 대한 모든 진술들이 주관적인 것에로 환원되어 버린 그런 시대적 상황에서 신학은 하나님이 우선된다는 사실과 예수 그리스도 안에서 나타난 그의 계시가 우선됨(Primat Gottes und seiner Offenbarung in Jesus Christus)을 어떻게 이해시킬 수 있고 또 그것이 진리라고 주장할 수 있는가?"[64]

이처럼 기독교 신학이 직면하고 있는 상황을 '세속화'로 진단하고 적절한 처방으로써 '하나님의 현실'과 '하나님관념'을 다시금 환기시키려는 것은 판넨베르크 신학 전반에서 발견되는 특징인데, 이는 기독교 신학을 가능하게 하는 계시가 더 이상 모든 사람들에 의해서 진리로 인정되지 않게 된 계몽주의 시대에 기독교 신학은 여러 다른 종교들과의 관계에서 신학의 기초로서 계시의 진리성을 입증해 보여야 할

---

62) 참고: 졸고, W. Pannenbergs Reden von Gott, in: Korea Journal of Systematic Theology, Vol.4(2001), 189-205.
63) *SysTh 1*, 170.
64) *SysTh 1*, 143.

필요가 있었기 때문이다.[65)

(4) 종교사 신학의 가능성에 대한 고찰

1) 판넨베르크의 종교이해

판넨베르크는 모든 종교들은 그 안에서 경험되는 '하나님의 현실'을
전제하고 있기 때문에 '종교'를 적절하게 이해하려고 한다면 인간과
하나님 관계에서 무엇보다 먼저 하나님의 하나님 됨이 우선되어야만
한다고 본다. 그러므로 '종교' 개념을 검토해 나가면서 판넨베르크는,
"종교의 본질적인 내용을 결정하는 기준은 무엇인가?"[66)라는 질문을
제기한다. 이 질문에 대해 그는 인간의 노력으로서 나타나는 종교적
태도에 앞서서 '하나님의 현실'과 그것의 나타남, 즉 계시가 우선된다
는 것을 입증해 보임으로써 대답하고자 한다. 신학사 안에서 종교가
어떻게 이해되었고 또 '종교' 개념의 형성에 있어서 중심 문제가 무엇
이었는가에 대해 고찰해 나가는 가운데[67) 그는 다음과 같은 결론에
이르게 된다.

---

65) 참고: Pannenberg, Die Erfahrung der Abwesenheit Gottes in der modernen
    Theologie, in: Ders.(hg.), *Die Erfahrung der Abwesenheit Gottes in der
    modernen Kultur*, Göttingen 1984, 9–38, 19: "일반적으로 인간적인 것이
    인간의 공적 삶의 기초에 대한 보편성을 주장할 수 있는 그러한 시대는 기
    독교 신학에 다음과 같은 과제를 안겨다준다. 즉 바로 이러한 토양 위에서
    머물고 있는 기독교 신학은 기독교 신앙이 진리라고 하는 주장을 옹호해야
    하는데, 그럼으로써 신학은 기독교 진리의식이 개인적인 소유에 머물게 되
    고 또 그럼으로써 그것이 소멸될 위험을 방지할 수 있게 된다".
66) *SysTh 1*, 134.
67) *SysTh 1*, 134ff.

"실제적으로 기독교 신앙뿐만 아니라 타 종교들의 종교적인 자기 이해 역시 하나님의 현실 및 그것의 나타남이 인간의 어떠한 예배행위에 우선한다는 사실로부터 출발한다."[68]

판넨베르크는 '하나님의 현실'이라는 문제에 직면해서 존재의 문제를 다루는 철학적 신학의 중요성을 인정하지만 하나님에 대한 인식이 형이상학적 사유를 통해서 비로소 이루어지는 것은 아니라고 본다. 유일하고 진정한 하나님의 하나님 됨(Gottheit Gottes)과 힘에 대한 지식은 종교 안에서 더욱 구체화되기 때문이다.[69] 판넨베르크는 이러한 지식을 통해서 인간은 다른 고등동물과 구별되는 것이라고 보았다.[70] 다시 말해서 판넨베르크에게 있어서 종교란, 인간으로 하여금 자기 스스로를 신적 현실과 신적 행위로부터 이해하도록 하며[71] 또한 '현실을 총체적으로 이해하는 노력이다.'[72] 종교 안에서 인간은 항상 신비 혹은 비밀스런 존재와 교제를 갖는다.[73] 따라서 개별적인 종교는 하나님의 비밀이 나타남으로써 형성되며, 종교적 현상들은 하나님의 비밀이 인간의 현실에 영향력을 행사한다는 것을 입증해 주는 것이다.[74] 종교를 이렇게 이해함으로써 판넨베르크는 형이상학 비판 이후로 설자리를 빼앗겨 버린 실재 곧 '하나님의 현실'을 다시금 종교의 주제로 삼고자 했다. 이를 위해 그는 종교사를 비판적으로 고찰해 나갔다.

---

68) *SysTh 1*, 141.
69) Die Religion als Thema der Theologie, 165.
70) Religion und menschliche Natur, in: *Beiträge 2*, 260 – 270, 260.
71) Macht der Mensch die Religion, oder macht die Religion den Menschen?, in: *Beiträge 2*, 254 – 259, 254.
72) Erwägungen zu einer Theologie der Religionsgeschichte, in: *Grundfragen 1*, 252 – 295, 270.
73) Erwägungen zu einer Theologie der Religionsgeschichte, 289.
74) Erwägungen zu einer Theologie der Religionsgeschichte, 289.

2) 종교사에 대한 신학적 고찰[75]

종교사에 대한 신학적 이해를 추구함에 있어서 판넨베르크는 종교 사에 있어서 통일성(die Einheit der Religionsgeschichte)에 대한 담론 의 필연성과 가능성을 주장한다.[76] 이는 그가 종교사를 바라보는 데 있어서 발전론적 입장(Entwicklungskonzept)[77]이나 진화론적 입장 (evolutionistische Konzeption)[78]을 비판하고 난 후에 얻은 결론이다.

---

75) *SysTh 1*, 151ff. '종교사의 신학'과 관련해서 판넨베르크는 발표된 시기와 관 련해서 볼 때 크게 세 개의 글에서 종교를 신학의 주제로 상술하고 있다. 하나 는 1962년에 발표된 Erwägungen zu einer Theologie der Religionsgeschichte 안에서, 다른 하나는 1988년에 출판된 그의 조직신학에서 그리고 마지막으 로 1989년에 발표된 Religion als Thema der Theologie에서 제시되고 있다. 조직신학을 포함해서 이 두 논문은 전체적으로 볼 때 동일한 주제에 집중하 고 있다. 즉 종교가 어떠한 의미를 갖느냐 하는 것이다. 차이가 있다면 첫 번 째 논문에서는 종교에 대한 기존의 관심이 비교종교적 방법과 현상학적 방 법에 따라 이루어진다고 보고 이러한 노력의 한계를 지적했다. 그러나 종교 는 역사적 변천과정을 거쳐 궁극적으로 통일된 역사를 갖게 된다고 주장하 면서 이를 바로 인식하기 위해 종교사적 고찰의 중요성을 주장한 것이다. 그 러나 이 논문은 엄밀한 의미에서 신학함의 결과로 간주되기보다는 종교학적 연구로 비쳐질 가능성이 더욱 높다(참고: Ratschow, Carl Heinz, *Die Religionen*(HST16), Gütersloh 1979, 108). 이러한 점을 고려해 볼 때, 1988 년에 출판된 그의 조직신학(133-205)의 신론 부분에서 종교가 다루어진 것 은 그의 신학이 하나님의 경험 및 하나님의 현실을 종교 안에서 나타나는 하나님 경험 안에서 확인해 보려는 노력으로 평가된다. 1989년에 발표된 논 문은 종교 다원주의적인 상황을 염두에 두고 이 상황에서 기독교 신학이 어 떻게 대처해 나갈 것인가에 대한 고민이 바탕을 이루고 있다. 종교 다원주의 적 상황 속에서 신학적 과제를 모색하는 가운데 종교가 어떠한 의미에서 신 학의 주제가 될 수 있는지를 고찰한 노력의 결과이다.
76) Erwägungen zu einer Theologie der Religionsgeschichte, 264ff.
77) Erwägungen zu einer Theologie der Religionsgeschichte, 264f.
78) Erwägungen zu einer Theologie der Religionsgeschichte, 266f 판넨베르크 는 이 입장이 포함하고 있는 두 가지 문제를 지적하고 있다. 첫째는 진화 론적인 입장에서는 종교의 초기 상태가 확실하게 제시되어야 하는데 흔히

즉 이 두 가지 입장은 종교를 개별적인 연구에 제한시킴으로써 종교 상호 간의 관계에 대한 연구가 배제되었다는 것이다. 이 주장을 뒷받 침하기 위해서 그는 먼저 기존의 종교학적 연구를 비판적으로 고찰한 다. 종교학 내부에서 종교철학, 종교심리학, 종교현상학, 종교사회학 등으로 세분화되었지만, 이러한 연구들이 종교적 삶의 구조와 종교에 있어서 표면적인 공통점과 본질적인 차이를 밝혀냄에 있어서는 한계 가 있다고 지적했다. 이를 극복하기 위해 판넨베르크는 종교에 대한 종교사적 연구의 의미를 강조한다. 즉 개별적인 종교 연구를 넘어서 공동의 역사를 지향하는 종교사적 연구의 가능성과 또 종교사를 통해 서 나타나는 '하나님의 현실'이 각 종교가 관계하고 있고 또 지향하고 있는 현실의 통일된 형태임을 보다 분명하게 드러내 보여 주려는 것 이다. 종교들의 상호관계가 이루어지기 때문에 개별적인 종교에 대한 연구의 범위를 넘어서서 역사적인 맥락에 관심을 기울일 필요가 있다 는 것이다.[79]

> "여러 상이한 종교들 사이에서 역사적 과정에서 이루어진 상호작
> 용과 관련해서 실제적으로 종교사의 통일(die Einheit der Religion-
> sgeschichte)의 문제가 나타났다. 혹은 보다 더 정제된 형태로 말하자
> 면 다음과 같다. 즉 이 과정은 오늘날에도 계속되고 있는바, 현실을
> 두고 전개된 종교들 간의 경쟁과 같은 것으로써, 이 경쟁은 제 종교
> 들이 현실에 대한 통전적인 이해와 상관하고 있다는 사실로 인해서
> 일어나는 것이다."[80]

종교의 처음단계라고 주장되는 것들이 종교에 따라서는 후기의 산물로 여 겨질 수 있을 정도로 일관적이지 못하다는 것이다. 두 번째, 진화론적 입 장은 유일신론적 신관의 형성을 종교사의 발전의 결과로 보고 있지만 유 일신관은 원시 종교에서도 발견되고 있다는 것이다.

79) Erwägungen zu einer Theologie der Religionsgeschichte, 268.

판넨베르크의 종교사의 신학은 이러한 경쟁관계 속에서 나타나 각 종교가 고유하게 가지고 있는 '독특한 점'(das Besondere)과 '유일회적인 것'(das Einmalige)에 관심을 기울인다.[81] 각 종교가 갖는 이 두 가지 요소는 서로 다른 종교들에 대해서 상대화(Relativierung), 해석이나 제의를 통한 융합(Verschmelzung) 그리고 배척(Verdrängung)의 방법을 통해서 서로에 대한 경쟁관계를 표현한다.[82] 이 경쟁관계는 판넨베르크에 의해, 어느 종교의 신이 보다 더 포괄적으로 영향력을 행사하는 현실로서 설득력을 줄 수 있을 것인가라는 문제로 환원된다.[83]

> "오늘날과 같이 비종교적인, 즉 정치적인 혹은 문화적 요소들이 역사적인 상황을 결정짓는 조건으로 작용하고 있다 해도 종교적 주제가 성장하느냐 아니면 고착되느냐, 단지 후퇴하는 것이냐 아니면 완전히 사라지는 것이냐, 다시 말해서 신이나 종교의 운명을 결정하는 것은 그 종교의 설득력에 좌우된다. 다른 말로 표현해 본다면, 각각의 역사적 상황의 경험지평에 관계되어 있는 그리고 각각의 종교로부터 나오기도 하고 혹은 나타나지 않을 수도 있는 현실에 미치는 영향력(Wirklichkeitsmächtigkeit)에 좌우된다."[84]

그러므로 판넨베르크의 종교사의 신학은 현재 상태의 종교를 그것의 설득력에 따라서 조망함으로써 일종의 '종교비판'이 된다.[85]

이러한 견해를 바탕으로 판넨베르크는, 종교사는 하나님이 자신을 나타내 보이는 역사로서[86] 진리의 문제로부터 벗어날 수 없음을 강조

---

80) Erwägungen zu einer Theologie der Religionsgeschichte, 270.
81) Erwägungen zu einer Theologie der Religionsgeschichte, 264.
82) Erwägungen zu einer Theologie der Religionsgeschichte, 271.
83) Erwägungen zu einer Theologie der Religionsgeschichte, 271.
84) Erwägungen zu einer Theologie der Religionsgeschichte, 271
85) *SysTh 1*, 187.

84

했다. 다시 말해서 종교는 하나님 경험(Gotteserfahrung)을 주제로 삼
는 가운데 보편의 문제를 다루게 되는데, 종교들은 각각 진리를 주장
하면서 서로 만나게 되고 또 서로에 대해 영향력을 행사함으로써 종
교사는 자연히 갈등관계로 점철된다. 판넨베르크는 이 갈등관계를 피
하거나 혹은 윤리의 문제로 환원시키지 않고 오히려 긍정적으로 읽어
내고자 한다. 종교적 진술이 야기하는 갈등관계를 현실의 문제에 대한
해결능력 혹은 의미를 이해하고 파악하는, 해석 능력의 차이로 환원하
는 가운데 갈등관계 속에서 종교는 비로소 진리성을 확인하게 된다고
본 것이다.[87] 그러므로 보편에 대한 믿음을 가진 종교들이 당연히 주
장하게 되는 진리의 갈등 문제를 종교학의 과제로 삼지 않는 시도들
에 비판하며 판넨베르크는 다음과 같은 질문을 제기한다.

　　"진리의 문제를 회피해 나가는 태도를 보인다면, 여러 종교적 표상
　들과 삶의 형태들이 시대에 따라 변화해 나가는 과정은 과연 적절하
　게 기술될 수 있는가. 다시 말해서 이러한 변화들은 단순히 정치 사
　회적 변화와 동일하게 간주될 수 없는, 종교적인 전율로 인해서 유발
　된 것으로써, 때로는 특유의 종교적인 설득력, 즉 새로운 종교적 형태
　의 모습을 갖추고 나타나는 설득력에 대한 경험을 통해 유발된 것으
　로써 기술될 수 있는가."[88]

---

86) _SysTh 1_, 164: "……, so liegt es nahe, die Religionsgeschichte als
　　Erscheinungsgeschichte der Einheit Gottes zu betrachten, die von dem
　　einen Gott selbst bewirkt ist als Weg zur Offenbarung seines Wesens."
87) 고대 바빌론과 고대 이집트의 종교사에서 발견될 수 있는 종교 간의 갈등
　　관계를 통해서 나타나는 종교의 변화는 세계내적 경험 그 자체 안에서 일
　　어났다기보다는 오히려 변화들을 대하는 가운데 각 종교가 갖는 신의 형
　　상에 고유한 해석적 잠재력이 종교의 생존에 결정적인 영향을 미친다고
　　판넨베르크는 보았고(_SysTh 1_, 179), 이스라엘 종교는 이러한 해석의 잠
　　재력을 그 역사 속에서 입증해 결국 종교의 변화가 아니라 하나님 이해의
　　확장에 이를 수 있게 되었음을 거듭 확인할 수 있었다(_SysTh 1_, 180ff).

이 질문은 종교에 있어서 현실(Wirklichkeit)과 그에 따른 종교적 경험의 변화가 고려되지 않는다면 종교사에 있어서 나타나는 변화 자체가 적절하게 관찰될 수도 또 기술될 수도 없다는 것이다. 이는 판넨베르크가 현실을 '하나님의 영향력이 나타나는 장'으로서 이해하면서 현실을 통전적으로 이해하려는(Gesamtverständnis der Wirklichkeit) 노력이 바로 종교라고 보았기 때문이다. 그는 경쟁 관계 속에서 진행된 종교사는 '하나님 현실의 통일성'이 형성되기 위한 길, 그것이 '나타나는 역사'(Erscheinungsgeschichte der Einheit Gottes)요 그의 '본질이 계시되는 길'(Weg zur Offenbarung seines Wesens)이었다고 주장했다.[89] 그러므로 종교사 안에서 나타나는 종교의 변화를 이해하기 위해서는 종교적 현상이 현실과의 관계를 묻는 질문, 즉 진리를 묻는 질문이 배제되어서는 안 되었다. 진리문제에 있어서 판넨베르크에게 나타나는 특징은 진리를 종말론적인 지평하에서 이해한 것이다.[90] 그래서 그는 종교적 변화의 과정을 기술할 때는 최소한 가설적인 형태라도

---

88) Erwägungen zu einer Theologie der Religionsgeschichte, 277.

89) *SysTh 1*, 164. 참고: 논문 Erwägungen zu einer Theologie der Religionsgeschichte 에서 종교사는 "인간의 현존재적 구조 안에서 전제된 신적 비밀, 즉 그 현실과 특색이 역사의 과정에서 위협을 받는 그런 신적 비밀이 나타나는 역사"(290), '신이 모습을 나타내는 역사'(292)로 이해되었다.

90) 참고: Was ist Wahrheit?, *Grundfragen 1*, 202-222. 그가 진리일치설 Kohärenztheorie der Wahrheit에 근거해서 종교적 진리를 주장할 수 있었던 것은 한편으로는 형이상학에 대한 그의 확고한 신념을 나타내주고 있지만, 다른 한편으로는 정당화 과정에서 전제하고 있는 종말론적 지평 때문이다. 모든 주장들은 세계 안에서의 경험이 아직 종결되기 않은 한에 있어서 단지 가설일 뿐 종말에 가서야 그 진리성이 결정된다는 말이다. 진리판단에 있어서 이러한 종말론적인 지평은 그가 종교를 단순히 현상학적 방법이 아니라 종교사를 바탕으로 연구하고 또 종교의 통일을 진리의 문제와 연결시킬 수 있게 한 가장 중요한 이유가 된다(참고: Erwägungen zu einer Theologie der Religionsgeschichte, 275).

86

종교적 경험의 특성과 그것의 현실과의 관계성(Wirklichkeitsbezug)이
전제되어야 한다고 주장한다.[91] 소위 '종교공통사'[92](eine gemeinsame
Geschichte der Religionen)는 바로 이러한 주장에 근거하고 있다.[93]

앞서 언급한 두 번째 논문(1989)은 여러 가지 면에서 첫 번째 논문
(1962)의 내용을 반복하고 있는데, 차이가 있다면, 전자에서는 종교의
형이상학적 실재 및 현실과의 관계를 보여 주면서 종교사 신학의 가
능성을 주장하고 있다. 판넨베르크가 종교사 신학의 가능성을 고찰해

---

91) Erwägungen zu einer Theologie der Religionsgeschichte, 278. 판넨베르크
신학은 여러 가지 면에서 쉴라이에르막허가 『변증법』*Dialetik*에서 전개한
사상과 유사한 점을 보여 주고 있다. 그 가운데 하나가 바로 진리를 종말
론적인 지평하에서 이해하는 것이다. 판넨베르크의 보편사적인 해석학 역
시 쉴라이에르막허의 해석학과 관계 속에서 충분히 이해될 수 있다.

92) Erwägungen zu einer Theologie der Religionsgeschichte, 274.

93) 종교적 경험의 현실과의 관계성을 주장하면서 판넨베르크는 인간현존재의
구조에 대한 진술에 해당하는 인간학적 논증에 대한 비판에 모든 힘을 기
울인다. 일찍이 포이에르바흐Ludwig Feuerbach는 종교적 경험이 갖는다는
현실과의 관계성을 부인하고 그것을 단지 인간에 대한 보편적 이상이 투사
된 허상이라고 주장했다(투사이론Projektionstheorie). 판넨베르크는 포이에
르바흐의 종교비판은 결국 인간의 존재이해는 하나님과 관련되어 있음을
드러낸다는 것이다. 그러나 포이에르바흐에 대한 비판적 반응으로 종교적
경험의 현실과의 관련성을 다루면서 트뢸취Ernst Troeltsch가 종교적 선험
religiöses Apriori을 전제한 것이나, 종교적 경험이 일어나는 과정에서 나타
나는 실재에 대한 감각Realitätsgefühl의 설득력에 근거한 제임스William
James의 노력은 적절하지 못하다고 판넨베르크는 비판했다(Erwägungen
zu einer Theologie der Religionsgeschichte, 279). 그는 포이에르바흐를 포
함해 모두가 인간태도의 인간학적인 기본구조를 어떻게 파악하느냐에 따라
서 그것의 진리성이 결정되는 인간학적인 논증을 전개해 나갔다고 지적하
고, 그러나 인간학적인 논증은 종교적 경험에서 인식된 현실 곧 종교적 주
장의 진리가 문제가 될 때 한계를 가질 뿐만 아니라(281), 하나님의 현실
혹은 신적 세력들을 묻는 질문을 여전히 열어놓고 있다(283)고 판넨베르크
는 보았다.

보면서 형이상학적 성찰의 의미를 다시금 부각시키는 것은 철학적 신학은 신적 현실의 통일(Einheit der göttlichen Wirklichkeit)을 지향하고 있는데, 종교는 신적 현실이 인간에게 알려졌다는 것을 전제로 하기 때문이다.[94] 다시 말해서 다원적 현상을 갖도록 만드는 제 종교들은 각각 하나의 신적 현실을 전제로 하고 있고 그것의 통일을 생각하는 것은 철학적 신학을 통해서 이루어지기 때문이다. 그러므로 철학적 신학, 형이상학적 사유가 어떠한 미래를 갖게 되느냐에 따라서 종교 신학의 가능성이 결정된다고 보았다.

  판넨베르크는 기독교가 다른 종교에 대한 배타적인 태도로 인해서 비로소 종교의 통일을 말하게 된 것이 아니고 오히려 기독교의 선교 활동을 통해서 종교적인 세계 상황의 통일이 비약적으로 이루어졌다고 주장한다.[95]
  판넨베르크에 따르면, 종교 신학은 기본적으로 기독교적 전망을 부정하지는 않는다 해도 기독교의 진리로서 전제되는 것들을 가지고 논증을 전개해서는 안 된다.[96] 또한 종교들을 서로 비교하면서 종교가 전제하고 있는 신적 현실에 대한 각각의 주장들이 현실의 경험에 비추어서 여전히 유효하다고 입증되는지 그리고 또한 그 주장들의 진리성에 대한 질문을 제기하는 한에서 종교사 신학은 신학으로 인식되며 또한 진리의 문제를 다루는 한에 있어서 조직신학의 과제와도 일치한다고 본다.[97] 그런데 종교 신학의 가능성은, 판넨베르크에 따르면, 철학적 신학의 미래, 즉 형이상학적 성찰이 얼마나 인정되느냐 하는 질문에 좌우된다고 보았다.[98] 왜냐하면 형이상학적 성찰은 먼저는 신에

---

94) Die Religion als Thema der Theologie, 164.
95) Erwägungen zu einer Theologie der Religionsgeschichte, 275.
96) Erwägungen zu einer Theologie der Religionsgeschichte, 256.
97) Die Religion als Thema der Theologie, 168.
98) Die Religion als Thema der Theologie, 163.

88

대한 종교적 표상들을 서로 비교하면서 다룰 수 있는 공간을 열어줄 수 있다고 보고 또한 형이상학적 성찰은 신적인 현실에 대한 종교적 진술의 진리성 및 신에 대한 인격적 표상이 진정으로 적합한 것인가라는 문제와 관련해서 논의할 수 있는 전거를 확실하게 해 주기 때문이라는 것이다.[99] 이 두 가지 점을 바탕으로 하는 형이상학적 성찰을 통해 열려진 지평 안에서 서로 다른 종교들의 주장들은 그것의 진리가 입증될 것을 바라는 지원자(Wahrheitskandidaten)들로서 무대에 등장하게 된다.[100] 그러므로 종교 신학은 종교현상들을 단순히 비교하는 데에 있지 않고, 각각의 종교가 진리라고 제시하는 주장으로 인해 생기는 갈등을 그 대상 범위로 삼는다.[101] 판넨베르크는 고대사회에서는 부족이나 국가의 힘이 신의 힘과 비례한다고 생각되었던 점을 예로 보여 주면서 이 점이 오늘날 종교 다원주의적 상황에서도 재현되고 있음을 보여 주었다. 다시 말해서 각 부족이나 국가가 서로 다른 종교들을 갖고 있음으로 인해서 생기는 갈등 혹은 경쟁 관계에서 전개되는 역사 속에서 신앙인들은 자신들이 믿는 신이 여전히 변화된 현실을 규정하는 힘으로 이해될 수 있는지에 대한 질문을 제기하게 된다는 것이다. 왜냐하면 서로 다른 종교 안에서 제기되는 진리에 대한 주장은 신들의 현실이 종교사 안에서 주제로 드러나도록 만들어 주기 때문이다.[102] 자신의 실존적 상황에 대해 혹은 현실에 대해 얼마나 정확한 해석적 기능을 할 수 있느냐(Interpretationspotential)에 따라서 종교적 진리의 유효성이 보다 더 강하게 주장되는 것으로 본 것이다. 이러한 생각은 판넨베르크가 하나님을 '현실을 규정하는 힘'으로 보게 된 중요한 이유이기도 하다.

---

99) Die Religion als Thema der Theologie, 164.
100) Die Religion als Thema der Theologie, 164.
101) Die Religion als Thema der Theologie, 166ff. 판넨베르크는 종교 간의 갈등 상황에서 신적인 현실의 진리성이 입증되기 때문에 종교 신학은 '기술적인 방식으로'deskriptiv 이루어져야 한다고 보았다(168).
102) Die Religion als Thema der Theologie, 167.

(5) 종교의 진리를 묻는 질문으로서 종교사의 신학

판넨베르크는 종교의 신학적 이해에 있어서 진리의 문제를 배제하는 것은 종교의 본질을 이해함에 있어서 '처음부터 체계적으로 결함'(von vornherein systematisch verfehlt)을 갖는 것으로 본다.[103] 그의 비판은, 종교의 기원이 심리학적 혹은 신화적인 사고에 근거하는 것으로서 보는 종교비판가들의 비판[104]에 대해 종교적 주장의 진리성을 오직 종교적 경험의 선험적 주관과의 관계에서 파악함으로 인해, 종교를 주관적이고 또 종교의 내용을 '주관에 의존하는 것'(subjektabhängig)으로 또 '특별한 것'(partikular)으로 인식하도록 만든 종교철학적 노력을 향한 것이다. 그가 이러한 경향에 대해 비판하는 것은 종교적 경험을 하는 주관이 그 경험되는 대상의 실재(Realität)를 보장하는 것은 아니기 때문이다.[105]

실재로써 '하나님의 현실'을 반영하는 '하나님관념'을 다시 종교의 주제로 부각시키고자 하는 판넨베르크는 그러므로 "종교적 경험 안에서 나타나는 '하나님의 현실'의 우위성은 종교학에서 어떻게 고려될 수 있는가?"[106]라는 질문을 제기한다. 그리고 이 문제가 해결되기 위해서는 개별적인 현상을 포괄하는 통일성, 즉 신적 현실의 통일성은 유일신론적 관점과 다신론적 관점 사이에서 발견되는 긴장 상태 안에 함축되어 있기 때문에,[107] 인간의 종교적 현상의 통일성에 상응할 뿐만 아니라 또한 이미 그것의 기초로서 있다는 것을 전제해야만 한다

---

103) *SysTh 1*, 167.
104) *SysTh 1*, 168.
105) *SysTh 1*, 169.
106) *SysTh 1*, 159.
107) *SysTh 1*, 164.

고 보았다.[108] 이러한 문제의식은 판넨베르크가 종교들 간의 갈등관계에 있어서 진리의 문제[109]를 다루게 되는 중요한 이유가 된다.

> "지금까지 믿어져 왔던 신성이 여전히 계속해서 변화되어 가는 세계 내에 있는 인간의 상황과 또 세계 자체를 규정하는(bestimmend) 힘으로서 이해될 수 있는지, 더군다나 다른 종교들이 제기하는 진리에 직면해서 이루어지는 경쟁관계 속에서도 여전히 그렇게 이해될 수 있는지".[110]

한 종교가 역사적 진행과정을 거쳐나가면서 외부로부터 종교적 신념체계 혹은 신의 현실성을 의심할 만한 많은 도전을 접하게 되는데, 여기서부터 진리에 대한 질문이 제기된다는 것이다. 판넨베르크는 진리에 대한 히브리적 견해와 그리스적 견해 사이에서 공통점을 발견하고, 그것은 역사과정 속에서도 지속적으로 보존되는 것으로 입증되는 것을 진리로 파악한 것이라고 보았다. 그가 진리 개념에서 역사적인 경험이 중요한 역할을 한다고 본 것은 바로 이러한 이유 때문이다. 그러므로 그는 단순히 판단적 진리개념을 전제하는 진리대응설(Korrespondenztheorie 혹은 Adäquationstheorie)이 아니라, 수많은 역사적 경험들에 대한 진술이 현실의 전체(Das Ganze)로서의 하나님의 현실에 대한 진술과의 일치점을 발견하게 되는 때에 비로소 진리로 입증되는 진리일치설

---

108) *SysTh 1*, 159.
109) 판넨베르크에 따르면, 진리는 오직 하나님을 전제할 때 가능한데, 진리는 현실의 힘으로서 작용하며 경험의 장에서만 확인될 수 있다. 이러한 진리 이해에 대한 논의는 본 연구의 범위를 벗어나기 때문에 이 주제와 관련된 다음의 글들을 참조하기 바람: "Was ist Wahrheit?", in: *Grundfragen 1*, 202–222; *SysTh 1*, 11–72; *Wissenschaftstheorie und Theologie*: Wie wahr ist das Reden von Gott?, 29–41.
110) Die Religion als Thema der Theologie, in: *Beiträge 1*, 160–172, 167.

(Kohärenztheorie)을 주장했다.[111] 현실 경험을 해석함에 있어서 '하나
님관념'과 '하나님의 현실'의 맥락 속에서 설득력 있게 논증될 때 비로소
진리성이 입증된다는 말이다.

"종교적인 진리주장 사이에서 일어나는 갈등은 종교사에서 볼 수
있듯이 신앙된 신들의 현실이 주제가 되는 장소가 된다."[112]는 의미
에서 종교 간의 갈등을 신들의 경쟁관계의 문제로 파악한 판넨베르크
는 이 갈등을 '진리문제'(Wahrheitsfrage)[113]와 또한 현실이해를 위한
설득력 있는 해석의 가능성을 제공해 주느냐 하는 해석의 문제로 환
원시킨 것이다.[114] 이러한 환원은 그가 이스라엘 종교의 하나님 이해
는 주변 국가와의 관계에서 나타나는 종교적 갈등 혹은 만남의 과정
에서 그 폭이 더욱 넓어졌다는 사실을 확인함으로써 뒷받침되었다.[115]

---

111) 참고: Was ist Wahrheit?, 202-222, 특히 205ff; 그리고 *SysTh 1*. 63ff.
112) Die Religion als Thema der Theologie, 167.
113) 판넨베르크의 이런 생각은 그가 트뢸취가 말하는 종교 간의 서로 상이한
    가치판단의 문제를 본질적으로 진리의 문제라고 봄으로써 전개해 나간
    다. Die Religion als Thema der Theologie, 167.
114) Die Religion als Thema der Theologie, 166: "Im Wettstreit zwischen
    den Religionen im Namen der von ihnen verehrten Götter geht es um
    die Fähigkeit, wie sie von den Menschen in ihrer Welt erfahren wird"
    또한 168: "그러므로 종교 다원주의라고 하는 상황에서 세계 및 인간의
    자기경험들이 서로 다르게 해석된 것들 사이에서 갈등이 일어나는 것은
    당연하다". 참고: Was ist Wahrheit? 215, 208f. 그는 이 글에서 고대 그
    리스 사상의 진리 개념이 결국 성서의 진리개념 안에서 충분히 포함될
    수 있음을 보여 주고자 했다. 진리는 '경험될 수 있다'erfahrbar고 보는
    판넨베르크는 진리의 문제를 두 개의 질문에 대해 대답함으로써 해결하
    고자 했다. 그 첫째는 '진리의 통일성'Einheit der Wahrheit에 대한 질문
    이고, 둘째는 '진리경험'Erfahrung der Wahrheit 및 그것의 진리성을 보
    장해 주는 '기준'Kriterium에 대한 질문이다.
115) Die Religion als Thema der Theologie, 167: "Es handelt sich dabei
    [Konflikt zwischen Jahweglauben und Baalglauben] um einen Wettstreit
    um die tiefere, überzeugendere und einheitlichere Interpretation des

이러한 갈등 상황에서 제기되는 질문들을 신학의 문제로 받아들이는 가운데 두 가지 이득이 있다고 판넨베르크는 본다. 그 하나는 하나님의 계시가 아직 그 진리성이 온전하게 드러나지 않는 이 세계에서 의심에 부딪히게 되어 논쟁이 일어났을 때 기독교 신학은 타 종교나 기타 세계 관적인 신념들이 주장하는 진리와의 갈등 상황 속에서 믿음이 직면하게 되는 실질적인 상황에 대한 납득할 만한 이유를 제시하게 된다는 점이 다. 그리고 다른 하나는 이러한 과정에서 자연적으로 기독교 진리에 대한 설득력 있는 논증을 얻게 된다는 것이다. 다시 말해서 진리를 추구하는 과정에서 진리를 발견할 수 있는 능력(Wahrheitsfähigkeit)이 더욱 향상된다는 것이다.[116]

종교의 진리를 묻는 질문을 하나님의 하나님 됨에 대한 종교적 주장의 진리에 대한 물음[117]으로 파악하는 판넨베르크는 이러한 질문을 통해서 종교 신학은 비로소 기독교 신학의 진리를 묻는 조직신학의 작업에 포함될 수 있다고 본다.[118] 문제는 서로 상이한 규범체계를 갖는 종교들의 주장의 진리성이 무엇에 근거하고 있는가 하는 것이 다.[119] 판넨베르크에 따르면, 종교가 하나님 현실과 관계하고 있는 한 궁극적으로는 하나님 자신에 의해 입증될 것이며 이것은 종말에 가서

---

menschlichen Daseins und der Welt, in der die Menschen leben".
116) Die Religion als Thema der Theologie, 171.
117) *SysTh 1*, 188.
118) Die Religion als Thema der Theologie, 169.
119) *SysTh 1*, 184f에서 판넨베르크는 종교적 주장의 진리성을 결정하게 되기까지의 과정에서 다음의 세 가지 현상에 주목해야 한다고 말한다. 그 첫째는 신앙인 혹은 신앙 공동체에 의한 경험이다. 둘째는 다양한 신앙 공동체로 인해서 이 경험들은 서로 경쟁관계에 있게 된다. 이때 종교의 영향력이나 관계의 균형에 따라 서로 다른 문화 간의 접촉, 혼합 혹은 상호 간의 충돌이 이루어진다. 마지막 세 번째의 과정에는 하나님 이해에 있어서 변화가 일어난다.

이루어진다. 그러나 그 이전까지는 하나님에 대한 종교적 주장들의 진
리성에 대한 질문은 세계 경험이라는 영역 속에서 가설의 형태로 대
답될 수 있다고 보았다.[120] 그리고 이것은 "세계가 — 인류와 인류의
역사를 포함해서 — 하나님에 의해 규정된 것으로 입증되는 가운데 이
루어진다."[121]고 주장했다.

> "종교가 신들의 존재와 사역에 대한 나름대로의 주장과 더불어서
> 제시하는 진리주장(Wahrheitsansprüche)을 검증하는 것은 학문적인
> 연구와 가치평가라는 형태로 이루어지지 않고 종교적인 삶 자체의 과
> 정 속에서 일어난다. 검증의 척도는 신성 외부에 있는 기준이 아니다.
> ……어떤 한 신은 그 자신에 정립하는 척도에 따라서만 적절하게 평
> 가될 수 있다. 신적인 현실 혹은 신적인 행위에 대한 주장들이 세계
> 의 유한한 현실이해를 위해 얼마나 의미 있는 것들이 내포되어 있느
> 냐를 기준으로 두고 검증될 때 나타난다. 그리고 이 검증의 과정에서
> 는 신이 인간의 현실 경험에서 실제로 그로부터 온 것이라고 주장되
> 는 힘으로써 입증되는지 그렇지 않은지 라는 질문이 제기된다."[122]

판넨베르크에 따르면, 이 질문은 유일회적으로 대답될 수 있는 것
이 아니라 역사적 과정에서 계속해서 설득력 있는 것으로 입증되어야
한다.[123] 간단하게 말해서 모든 것을 규정하는 힘으로서의 하나님에

---

120) 참고: *SysTh 1*, 26: "시간과 역사 그리고 또한 예수 그리스도 안에서 이
 루어진 하나님의 역사적인 행위를 입증하는 성서에 대한 해석이 계속 진
 행되는 한 모든 인식은 임시적인 것이 될 것이다."
121) *SysTh 1*, 175.
122) *SysTh 1*, 175f.
123) *SysTh 1*, 176. 다음의 인용은 종교사의 신학에 있어서 진리의 문제에 대한
 판넨베르크의 견해를 잘 나타내 주고 있다. "Da nun der Prozeß der
 Erfahrung beim einzelnen Menschen wie in der Geschichte der Völker
 auf eine noch unbekannte Zukunft hin offen ist, und da auch die

대한 종교적 주장의 진리는 하나님의 행위를 통해 유발된 세계내적인 경험(Welterfahrung)과 그것의 해석능력에 따라서 결정된다는 것이다.[124] 한편, 세계내적인 경험이 아직 종결되지 않고 있다는 사실은 그것이 통일된 세계현실의 일부분을 반영하고 있을 뿐만 아니라 또한 다른 형태의 경험을 인정함으로써 현실에 대한 경험적 전망의 복수성을 인정하도록 한다.[125] 그러므로 종교적 주장은 세계내적인 경험이 종결될 때까지는 진리이기를 주장하는 것일 뿐, 아직 진리로 입증된 것은 아니다. 이것은 '진리' 이해에 있어서 종말론적인 지평에 바탕을 둔 견해이다.

(6) 구원의 문제

판넨베르크는 자신의 종교사 신학을 기술적인 것으로(eine deskriptiv verfahrende Theologie der Religionen) 봄으로써 단순히 기독교적인 관점에서 비기독교적인 종교를 해석하거나 혹은 서로 비교하는 가운데 비기독교적인 개념들과 유사한 기독교적인 의미를 얻어내는 것으로 만족하며 진리의 문제를 포기하는 방식과 차별화한다.[126] 이런 차별화의 과정에서 나타나는 대표적인 것은 그가 예수 그리스도와 연결되어 있

Wirklichkeit der Welt von ihr selber her immer wieder anders und überraschend begegnet, nach moderner Ansicht sogar in sich noch unabgeschlossen, noch im Werden begriffen ist, so stellt sich die Frage nach der Macht der Gottheit immer wieder neu. Ein Gott wird als eine zeitübergreifend identische Macht geglaubt. Ob er die ihm zugeschriebene Macht auch wirklich besitzt, muß sich immer wieder neu erweisen und kann darum strittig sein."

124) *SysTh 1*, 184.
125) *SysTh 1*, 176.
126) Die Religion als Thema der Theologie, 168.

는 종말론적인 궁극성(eschatologische Endgültigkeit)은 결코 포기될 수 없다고 본 점에 있다.

기독교 신학에 있어서 예수 그리스도의 특수성을 포기하려는 종교 다원주의적 경향과 달리 판넨베르크는 "기독교 신학은 이 세계 안에서 계속적으로 논쟁해 나간다는 의식하에서 예수 그리스도 안에서 나타나는 하나님의 계시의 궁극성을 표현해낼 수 있다"[127]고 보았다. 이와 동시에 기독교 신학이 결코 게토화되지 않고 다종교 시대에서 제기되는 질문과 문제 속에서 기독교의 유효성을 입증해 보이기 위해 기독교 신학은 세계와 인간 삶의 문제들을 기술할 수 있는 해석능력을 드러내 보일 수 있어야만 한다고 보았다.

이런 차별화에 대한 이해를 바탕으로 우리는 판넨베르크가 언급하고 있는 구원과 타 종교와의 관계 문제를 이해할 수 있게 된다. 그에게 있어서 구원이란 '하나님과의 연합과 그 안에 정초되어 있는 삶으로서 인간 공동체의 갱신을 포함'하는 개념으로서 '죽은 자의 부활로부터 이루어지는 새로운 삶'과 동일한 의미를 갖는다.[128] 구원은 믿는 자들에게는 이미 현재적으로 나타나기 시작하는 것이기는 하지만 종말론적인, 미래적인 성격을 갖는 것으로 오직 하나님의 미래와 어떠한 관계를 갖느냐에 따라 결정된다.[129] 하나님과의 관계를 주제로 삼는 종교는 구원의 문제와 관련시키지 않을 수 없다고 보기 때문에 구원의 문제와 관련해서 판넨베르크는 다음의 질문을 제기한다.

"일정한 종교 안에 있는 인간이 비록 종교의 차이에 기인하는 독특한 삶의 태도를 취한다고 하더라도, 만일 그가 유일한 참하나님의

---

127) Die Religion als Thema der Theologie, 170.
128) *SysTh 2*, 442.
129) *SysTh 2*, 442f.

신성 및 영원한 힘에 대한 의식에 이르게 된다면, 그는 자신의 종교 안에서도 구원에, 즉 이 하나님과의 관계에, 이 하나님과의 연합에 기초하고 있는 구원에 참여할 가능성을 가지지 않겠는가?".130)

이 질문에 대한 그의 대답은 긍정적이다. 그러나 그는 종교 신학이라는 이름하에 힉(J. Hick), 스미스(W.C.Smith) 등이 주장하는 종교 다원주의적인 입장과 같지 않음을 강조한다.131) 왜냐하면 기독교 신학에서는 철저하게 예수 그리스도 안에서, 또 그를 통해서 나타난 하나님의 계시가 기준이 될 수밖에 없기 때문이다.132)

타 종교인들이 기독교인들과 비교될 때 나타나는 차이는 그들이 여전히 예수 그리스도 안에서 나타난 계시를 받아들이지 않는 한에서 예수 그리스도를 통해서, 그와의 연합을 통해서 현재적으로 주어지는 구원의 약속과 확신을 얻을 수 없을 뿐만 아니라, 그들은 하나님나라가 완성되는 순간에 비로소 자신들의 삶 속에서 비록 암시적이긴 하지만 항상 관계했던 존재로 예수 그리스도를 인식하게 될 것이라는 점이다.133)

판넨베르크에게 있어서 비록 종교는 기독교적 시각에서 볼 때 하나님의 궁극적인 구원에 대한 확신을 전해주지 못한다고 하더라도 그들의 존재 이유가 없는 것은 아니다. 즉 하나님이 더 이상 아무런 의미를 갖지 않게 되는 시대에 '하나님의 현실'과 '하나님관념' 및 하나님

---

130) Die Religion als Thema der Theologie, 171.
131) Das Christentum –eine Religion unter anderen?, in: *Beiträge I*, 173–184, 177.
132) Die Religion als Thema der Theologie, 172: "인간이 [기독교에서 말하는] 하나님의 구원과의 관계를 말할 때 적용되는 유일한 기준은 기독교 신학에 따르면 오직 예수 그리스도이다."(Das Kriterum auch ihres Verhältnisses zum Heil Gottes ist nach christlicher Lehre allein Jesus Christus.)
133) Die Religion als Thema der Theologie, 172.

과의 관계를 주제로 삼음으로써 결국에는 기독교의 진리를 드러내는
데 일조를 한다는 데에 있다고 본다.[134]

(7) 나가면서

우리는 지금까지의 과정에서 판넨베르크에게 있어서 종교를 신학적
주제로 삼는다는 것이 무엇을 의미하는지 살펴보았다. 즉 그것은 종교
들의 갈등관계를 유발하는 종교적 주장을 그것의 진리성, 즉 '하나님의
현실'과의 일치(Kohärenz) 여부에 비추어서 검토해 나간다는 말이다.
판넨베르크의 종교사의 신학은 종교 다원주의적 상황에서 기독교 진리
를 드러내고자 하는 노력으로서 일종의 변증의 노력으로 이해된다.

요약해서 말하자면, 종교사 신학적 진술에 이르는 과정에서 결정적
인 역할을 한 것은 구약 이스라엘 종교와 주변 종교와의 관계에 대한
역사적 고찰이었다. 그는 이스라엘 종교사로부터 인류의 하나 됨이 하
나님에 근거되어 있고 또한 이스라엘 종교사는 다양한 종교들의 갈등
으로 점철된 역사로서 종교 간의 갈등은 신들의 영향력을 바탕으로
해결되었음을 확인할 수 있었다. 뿐만 아니라 이스라엘 종교사 안에서
나타나는 다양한 종교들은 궁극적으로는 하나님의 하나 됨 혹은 통일
(Einheit)에로 지향하고 또 종말론적인 지평하에 이해되었다고 보았
다. 이러한 인식은 그의 신학적 논의 과정에서 다음과 같은 요소들과

---

134) Religion und Religionen, in: *Beiträge 1*, 145–159, 153f: "Auch wenn in
    christlicher Sicht die anderen Religionen nicht wie die christliche Kirche
    die Gewißheit der Teilhabe am Heil vermitteln und verbürgen können,
    brauchen sie doch nicht bedeutungslos zu sein für das Verhältnis der in
    ihnen lebenden Menschen zu dem einen Gott und zu der damit
    verbundenen Möglichkeit ihres ewigen Heils".

더불어서 전개되었다.

첫 번째는 판넨베르크 신학적 실존의 상황을 형성하며 그의 신학의 동기와 과제를 부여해 주는 것으로써 세속화에 대한 그의 이해이다.

두 번째로는 역사를 하나님이 자신을 드러내는 과정으로 이해하면서 종말론적인 지평하에 역사이해에 있어서 통일성이라는 생각을 도입했다. 이는 『계시로서의 역사』(Offenbarung als Geschichte)에서 제기된 주장과 동일한 맥락에서 이해될 수 있는 것인데, 이를 바탕으로 판넨베르크는 19세기 종교사학파들에 의해 주장되고 20세기 초에 신학에 있어서 종교가 갖는 의미를 두고 전개된 논쟁과 관련해서 종교사에 대한 신학적인 의미를 고려해 보았다. 특히 종교사에서 나타나는 변화를 종교적 경험과 '하나님의 현실'과의 관계 속에서 이루어지는 하나님 이해의 변화를 통해서 설명하고자 했다.

세 번째, 종교사에 대한 신학적 고찰과 더불어서 다루어질 수 있는 것이지만, 종교이해와 관련된 것으로 판넨베르크는 인간학적 관점에서 이루어지는 종교에 대한 관심을 형이상학적 이해에로 환기시켰다. 이 과정에서 판넨베르크는 현상만을 대상으로 삼을 뿐 신의 현실에 대해서는 아무런 관심을 기울이지 않는 종교 현상학을 비판한다. 종교적 경험은 '하나님의 현실', 즉 하나님의 사역이 일어나고 있음을 전제하는 것이라고 보고 종교는 궁극적으로 '하나님의 현실'과 그의 사역으로 인해 나타나는 종교적 경험과의 관계 속에서 이해되어야 한다고 보기 때문이다.

네 번째, 종교에 대한 신학적 이해에 있어서 진리를 주제로 삼는 가운데 판넨베르크는 그동안 종교를 신학적 주제로 다루는 노력에서 종교 간의 갈등을 우려해 회피해 온 문제를 해결해 보려고 시도했다.

이상의 네 가지 요소들을 통해서 얻어진 진술은 종교사적인 고찰을 통해 신론 안에서 정당화되고 있다. 그의 정당화 과정에 대한 비판적 고찰은 그의 신학적 진술의 정당성을 묻는 작업으로서 본 연구의 범위를 넘어서기 때문에 이곳에서는 그의 발견의 과정을 더듬어보는 것에만 제한하였다.

다원주의적 종교의 문제를 진리의 문제로 파악한 것은 각 종교들이 갖는 근본적인 입장의 차이와 또 그것을 다원주의로 파악하며 진리의 문제를 등한시하는 종교 신학자들과 비교해 본다면 매우 대조적이다. 뿐만 아니라 기독교 계시의 진리성을 주장하며 고수하기를 원하면서도 문명의 충돌을 피하기 위해 종교문제를 오직 윤리의 문제로만 다루기를 원하는 일부 보수 교단에게도 충분히 소화해낼 수 있는 종교와의 대화를 열어준다는 점에서 판넨베르크의 종교사 신학이 갖는 한국적 의미는 높이 평가될 수 있을 것이다. 그러나 단순히 전제된 진리를 주장하는 근본주의적인 태도가 아니라 그것의 진리성을 입증해야 할 합리적 과제를 갖게 된다. 종교 간의 대화에 있어서 신학적 능력, 대화의 능력이 절실하게 요청된다는 말이다. 변선환 사건 이후에 한국 신학계에서 중단된 종교 신학적 논의는 진리의 문제를 주제로 삼는 판넨베르크의 종교사 신학적 입장을 통해서 한국 신학계에 새로운 연구 및 논의의 가능성을 가져올 수 있다고 기대한다.

100

⊙ 인용 및 참고문헌

【사전류】

Religion, Art. in: *Historisches Wörterbuch der Philosophie* Bd. 8, 632 – 727.[*HWP*]

Religion, Art. in: *Die Religion in Geschichte und Gegenwart* Bd. 5, 961 – 984.[*RGG*]

Religion, Art. in: *Theologische Realenzyklopädie* Bd. 28, 513 – 559.[*TRE*]

【Pannenberg, Wolfhart 저작】 (저작 연대순)

Erwägungen zu einer Theologie der Religionsgeschichte(1962), in: *Grundfragen systematischer Theologie I*, ges. Aufs., Göttingen 1967, 252 – 295[이하 *Grundfragen 1*로 약함].

Was ist Wahrheit?(1962), *Grundfragen 1*, 202 – 222.

Die Frage nach Gott(1965), in: *Grundfragen 1*, 361 – 386.

Gottesgedanke und menschliche Freiheit, Göttingen 1972.

Wie wahr ist das Reden von Gott?, in: W. Pannenberg / G. Sauter, u.a., *Grundfragen der Theologie – ein Diskurs*, Urban – Taschenbücher Verlag W.Kohlhammer Stuttgart u.a., 1974, 29 – 41.

Die Bedeutung der Kategorien „Teil" und „Ganzen" für die Wissenschaftstheorie der Theologie(1978), in: *Beiträge zur Systematischen Theologie Bd. 1, Philosophie, Religon, Offenbarung*[이하 *Beiträge 1*로 약함], Göttingen 1999, 85 – 100.

Macht der Mensch die Religion, oder macht die Religion den Menschen? (1980), in: *Beiträge zur Systematischen Theologie Bd. 2, Natur und Mensch – und die Zukunft der Schöpfung*, Göttingen 1999, 254 – 259. [이하 *Beiträge 2*로 약함]

Judentum und Christentum: Das Besondere des Christentums(1981), in:

Beiträge 1, 278 – 286.

Anthropologie in theologischer Perspektive, Göttingen 1983, besonders 460 – 471.

Sinnerfahrung, Religion und Gottesfrage(1984), in: *Beiträge 1*, 132 – 144.

Offenbarung und "Offenbarungen", im Zeugnis der Geschichte(1985), in: *Beiträge 1*, 212 – 237.

Religion und menschliche Natur(1986), in: *Beiträge 2*, 260 – 270.

Religion und Religionen(1987), in: *Beiträge 1*, 145 – 159.

Religion und Metaphysik(1987), in: *Beiträge 1*, 45 – 57.

Die weltgründende Funktion des Mythos und der christliche Offenbarungsglaube(1987), in: *Beiträge 1*, 185 – 199.

Wissenschaftstheorie und Theologie, Frankfurt a.M. 1987, 특히 316 – 329, 361 – 374.

Christentum in einer säkularisieten Welt, Freiburg · Basel · Wien 1988.

Humanbiologie – Religion – Theologie(1988), in: *Beiträge 2*, 99 – 111.

Systematischer Theologie Bd. 1, Göttingen 1988, besonders 133 – 206 [*SysTh 1*로 약함].

Die Religion als Thema der Theologie(1989), in: *Beiträge 1*, 160 – 172.

Religious Pluralism and Conflicting Truth Claims. The Problem of a Theology of the World Religions, in: Cavin D'Costa(Ed.): *Christian Uniqueness Reconsidered – The Myth of a Pluralistic Theology of Religions*, New York: Orbis Books 1990, 96 – 106.

Systematische Theologie Bd. 2, Göttingen 1991, 특히 441ff[*SysTh 2*로 약함].

Die Religionen in der Perspektive der Theologie und die Selbstdarstellung des Christentums im Verhältnis zu den nichtchristlichen Religionen, in: Theologische Beiträge 23, 1992, 305 – 316.

Toward a Theology of Nature. Essays on Science and Faith, ed. by Ted Peters(Westminster Press), Philadelphia 1993.[한국어 역, 박일준 역, 『자연신학』, 한국신학연구소, 2000].

Das Christentum – eine Religion unter anderen?(1996), in: *Beiträge 1*, 173 – 184.

Problemgeschichte der neueren evangelischen Theologie in Deutschland, Göttingen 1997.

【기타 참고문헌】 (외국어 서적: 알파벳순, 한국어 서적: 가나다순)

Althaus, Paul, Mission und Religionsgeschichte, in: ZSTh(1927).

Barth, Karl, *Kirchliche Dogmatik I / 2(KD I / 2로 약함)* §17, 1: Das Problem der Religion in der Theologie, 305-324.

Bürkle, Horst, *Einführung in die Theologie der Religionen*, Darmstadt 1977.

Choi, Sung-Soo, W. Pannenbergs Reden von Gott, in: *Korea Journal of Systematic Theology*, Vol.4(2001), 189-205.

Ebeling, Gerhard, *Dogmatik des christlichen Glaubens I*, Tübingen 1979 ³1987, 111-139.

Grenz, Stanley, J.(& Roger E. Olson), *20th-Century Theology*, 1992[신재구 옮김, 『20세기 신학, IVP 1997』], 300-321.

Ratschow, Carl Heinz, *Die Religionen*(HST16), Gütersloh 1979.

Troeltsch, Ernst, *Die Absolutheit des Christentums*.

김균진, "W. Pannenberg의 역사 이해", 「신학논단」15집, 1982.

김명용, 판넨베르크의 생애와 사상, 「기독교사상」(357) 1988.9, 166-161.

김영선, "판넨베르크의 기독론적 개념에서 본 부활의 의미", 「협성논총」 Vol.4, 1994.

김영한, "쿨만의 구속사 신학과 판넨베르크의 보편사 신학(Ⅰ)", 「신학사상」 30(1980), 578-

_____, "쿨만의 구속사 신학과 판넨베르크의 보편사 신학(Ⅱ)", 「신학사상」 31(1980),769-790.

김이태, 『판넨베르크의 기독론의 방법론적 구조비판』(장로회신학대학 출판부, 1985)[원본: *An Appraisal of the Methodological Structure of Pannenberg's Christology*, 1978].

_____, "판넨버그의 신학사상", 「기독교사상」277(1981.7), 119-127.

문석호, "역사성의 관점에서 이해된 판넨베르크의 신관 소고", 「신학지남」

217(1988), 97 – 110.

성염(이태하, 최성수 공저), 『다원주의 시대의 기독교와 종교적 관용』(민지
　　사, 2001).

심상태, 『판넨베르크의 해석학 고찰. 한국교회와 신학 – 전환기의 신앙이해』,
　　신학총서 14(성바오로출판사, 1988).

조성노 편, 『현대신학개관』(카리스마, 1994 1999^2), 461 – 509.

최성수, 『신학과 목회, 그 뗄 수 없는 관계』(씨엠, 2001).

5. 판넨베르크 신학의 주제로서의 진리

본 연구는 '진리에 대한 물음'을 조직신학의 주제로 삼아야 한다는 주장과 관련해서 전개되고 있는 판넨베르크의 진리 이해의 과정 및 그것의 정당화 맥락인 종말론을 고찰하는 것을 목표로 한다. 그의 신학적 방법에 있어서 특징인 역사비평적 관점은 그의 보편사적 해석학에 바탕을 두고 있다. 그러나 본 연구에서는 해석학적인 재구성을 시도하지 않는다. 해석학적인 재구성은 그의 보편사적 해석학 이론에 대한 비판적 논의를 필요로 하는데 그것을 다루는 것은 이 글의 목적에서 벗어나기 때문이다.[135] 다시 말해서 필자는 판넨베르크가 어떠한 탐구과정을 통해서 자신의 진리 이해(진리정합설Kohärenztheorie)에 이르게 되었는지에 대해서 먼저 살펴보고, 그 후에 그것을 어떻게 정당화시켜 나갔는지를 그의 종말 사상을 통해서 고찰해 보고자 한다.

진리 이해의 문제에 있어서 판넨베르크에게 종말론이 중요하게 다루어지는 이유가 있다. 그는 논문 '진리란 무엇인가?'의 결론부분에서 "진리의 통일성이란 오직 역사 과정으로서만 가능하며 역사의 종말로부터만 비로소 인식될 수 있다."[136]고 주장하면서 진리와 종말론의

135) 보편사적 해석학을 위해서는 다음을 참조: 김용섭, 『말씀신학과 역사신학』(한국신학연구소, 1995). W. Pannenberg, Hermeneutik und Universalgeschichte, in: *Grundfragen systematischer Theologie Bd. 1*, Ges. Aufs.[이하 *Grundfragen 1*로 약함], Göttingen 1967, 91–122. Ders, *Wissenschaftstheorie und Theologie*, 1. Aufl. Frankfurt am Mein 1987, 157–224. 보편사적 해석학의 학문이론적 정당성에 대해서는 판넨베르크의 다음의 논문에서 매우 간략하게 제시되어 있다. Wie wahr ist das Reden von Gott?, in: W. Pannenberg / G. Sauter, u.a., Grundfragen der Theologie–ein Diskurs, Urban–Taschenbücher Verlag W. Kohlhammer Stuttgart u.a., 1974, 29–41, 35f. 이 논문은 필자에 의해 번역되어 다음의 책에 수록되어 있다. 「신학은 어떤 의미에서 학문인가」(한들, 2004).

관계를 단적으로 표현하고 있다. 또한 조직신학 3권에서는 "기독교의
모든 가르침은 그 내용과 진리를 고려해 볼 때 피조물에 대한 통치를
완성시키기 위해 하나님 스스로 오시게 되는 미래에 집착하고 있
다"[137]고 말해 기독교의 진리 문제가 종말론 안에서 해결될 것을 주
장하고 있기 때문이다.

(1) 신학적 주제로서 진리

1957년 미국 New York에서 출간된 배하니안(Gabriel Vahanian)의
『*The Death of God. The Culture of Our Post-Christian Era*』를 통해
시작된 '하나님 죽음의 신학'은 1966년에 해밀턴(William Hamilton)과
앨타이저(Thomas J. J. Altizer)의 저서 『*Radical Theology and the
Death of God(New York)*』가 출판됨으로써 절정을 이루었다. 이로써
60년대 미국은 하나님 신앙의 위기를 맞는 듯하였다.

신학과 신앙의 위기는 유럽에서도 예외가 아니어서 '세속화 신학'이
그 결실로 나타났다. 이는 유럽의 전통사상에 대한 도전으로 받아들여
졌다. 그런데 60년대의 유럽, 특히 독일 상황의 특징을 각인시켜 준 것
은 두 차례의 세계대전이다. 이로 인해 무엇보다 세계대전 이전에 강세
를 보이며 역사를 주도해 나갔던 진보사상의 열기는 급격하게 냉각되
었다. 진리에 대한 낙관적인 태도가 불신으로 바뀌었고 진리를 묻는 질
문을 본질로 삼는 학문적 노력마저 회의주의와 맞서 싸워야만 했다.

신학계에서는 하나님의 초월성을 강조하는 바르트(Karl Barth)와
불트만(Rudolf Bultmann) 중심의 변증법적 신학이 두각을 나타냈다.

---

136) Was ist Wahrheit?(1962), in: *Grundfragen 1*, 202-222, 222.
137) *Systematische Theologie Bd. 3*[이하 SysTh 3로 약함]Göttingen 1993, 573.

그러나 이러한 움직임도 60년대부터는 그 기세가 수그러들기 시작했
다. 이들의 신학으로부터 더 이상 문제 해결의 실마리를 찾을 수 없다
는 판단하에 새로운 시도들이 모습을 드러낸 것이었다.[138] 한편에서
는 계시에 근거한다는 것이 더 이상 설득력을 갖지 못하게 됨에 따라
신학의 학문성을 의심하는 질문들이 제기되었고, 다른 한편에서는 실
존적 결단과 행위를 가능하게 하는 이유로 과거나 현재가 아닌 미래
가 관심의 대상이 되었다.

   이 시기에는 '하나님의 약속에 대한 희망'이 신학적 개념으로서 중요
한 의미를 갖게 되었다. 『희망의 신학』을 쓴 몰트만(Jürgen Moltmann)
과 더불어서 판넨베르크는 이런 배경 가운데서 새로운 신학의 흐름을
주도해 나갔던 대표자였다.[139] 그는 계시에 대한 역사적 이해를 통해
서 신학을 교회 밖으로 끌어내어 확실한 기초 위에 서 있게 함으로써
신학이 계시에 근거하면서도 또한 보편성을 획득할 수 있는 방법을 모
색했다.[140]

---

138) 정용섭은 『말씀신학과 역사신학』(한국신학연구소, 1995), 96-109에서 판
   넨베르크의 보편사적 신학해석학이 나타나게 된 배경을 추적하면서 '계
   시론'을 중심으로 이 시기에 나타난 변화를 서술해 주고 있다.

139) 이 시기에 나타난 신학자로서 본(Bonn) 대학교 조직신학 은퇴교수인 게
   르하르트 자우터(Gerhart Sauter, 1935-)를 덧붙일 수 있다. 그 시기의
   학자들과 마찬가지로 자우터의 관심은 미래의 문제에 집중되어 있었다.
   박사학위논문 "Die Theologie des Reiches Gottes beim älteren und
   jüngeren Blumhardt" 1961(블룸하르트 부자에게 있어서 하나님나라의 신
   학)과 교수자격 논문(Habilitation), "Zukunft und Verheissung" 1965(미
   래와 언약)의 주제는 미래의 문제였다. 그의 노력은 미래의 문제, 즉 종
   말론과 관련해서 나타난 바르트의 한계를 극복하며 전개되었는데, 몰트
   만과 판넨베르크와 대조적인 입장을 취해 주목을 받았지만 아직은 그들
   만큼 대중적인 지지를 받지는 못하고 있다.

140) W. Pannenberg, Offenbarung als Geschichte(1961)[한국어 역, 전경연,
   이상정, 『역사로서 나타난 계시』, 복음주의 신학 총서, 1979].

첫 번째 판넨베르크는 바르트와 불트만 모두에 의해 간과되었던 성서적 진술의 역사성을 주제로 삼았다. 하나님의 (간접)계시는 역사 속에서 이루어지는 하나님의 행위라는 결론에 이르게 되었고, 완전한 계시로서 직접계시는 종말에 가서야 가능하다고 보았다. 이로써 그는 신학적 진술에 있어서 종말론적 지평을 분명하게 말했는데, 이는 미래적 관점에서 신학을 재구성하려는 당시의 노력을 반영하는 것이었다.

두 번째로는 신학에 있어서 '진리'의 문제였다. 앞서 언급한 대로 60년대의 독일대학은 진리의 문제로 씨름해야만 했다.[141] 판넨베르크 역시 진리에 대한 물음을 제기하며 그것이 신학의 주제가 되어야 함을 역설한다. 비록 당시의 철학에서 제기된 질문과 동일하지 않고 문제해결 방식 역시 동일하게 나타나지는 않았다 하더라도 판넨베르크가 진리에 대해 보여 준 관심은 당시의 학문 분위기에 대한 신학적 반응이었다.

1) 신학과 진리의 문제[142]

신학이 학문이기를 원하고 대학 안에서의 한 분과로 머물러 있기를 원한다면, 대학으로부터 기대되는 진리 문제는 신학이 더 이상 회피할 수 없는 문제이다. 기독교가 중세에서 위세를 보여 주었던 보편적 타당성의 기반은 근대사회로 들어서면서 점점 사라져[143] 신학적 진리는

---

141) 이러한 측면은 W. Kamlah, *Wissenschaft, Wahrheit, Existenz,* 1960, 9 - 29에서 잘 나타나 있다.

142) 신학 안에서의 진리 이해의 노력들은 대체적으로 철학적 성찰을 수용하는 형태를 띤다. 달페르트(Ingolf U. Dalferth)는 이와 관련해서 전개된 신학적 노력들을 "Wahrheit, Glaube und Theologie. Zur theologischen Rezeption zeitgenössischer wahrheitstheoretischer Diskussionen, in: ThR 66(2001), 36 - 102"에서 요약하여 제시하고 있는데 신학적 입장들의 차이를 잘 보여 주고 있다.

철학이나 과학에서 말하는 개념과 경쟁 관계에 들어가거나 아니면 타협점을 찾아야만 했다. 역사를 돌이켜 볼 때 신학에서 '진리'의 문제는 대단히 민감한 문제였다. 서로 다르다거나 때로는 상반된 주장이 '진리 수호'라는 미명하에 갈등과 반목 및 분열을 거듭했기 때문이다. 더 군다나 기독교의 진리가 기독교 신학 안에서만 인정되는 것이 아니라, 공공성을 갖고 또 보편적인 것이라고 주장된다면 문제는 더욱 어렵게 된다. 종교 간의 갈등이나 문명의 충돌로 인한 인류 사회의 위협은 물론이고 ─ 혹시 피할 수 있다 해도 ─ 상대주의나 혼합주의로 인해 기독교의 정체성이 상실될 수도 있기 때문이다. 바로 이러한 이유들로 인해서 신학에서 진리에 대한 물음은 난제에 해당된다.

이로 인해서 신학이 선택해 온 방향을 자세하게 들여다보면 몇 가지로 나눠진다. 첫째, 형이상학적 실재론이다. 이 입장에 따르면, 진리는 하나님의 계시로 이해된다. 즉 진리는 궁극적인 의미를 갖는 것으로서 초월적이며 오직 하나님의 계시를 통해서만 나타난다고 보는 것이다. 이것의 진위를 검증할 만한 도구가 피조물인 인간에게 결여되어 있다는 생각 때문에, 신학은 단순히 일관된 의미를 드러내는 작업에 만족하면서 전통적인 기독교 가르침을 설명해 왔다. 이러한 신학적 노력은 특별히 정통주의 시대(Orthodoxie)에서 두드러지게 나타났다. 이성의 유용성은 진리를 판단하는 데에 있지 않고 오직 진리를 설명하는 데에 있다고 보았다.

둘째, 성서적 실증주의다. 18세기까지 종교개혁 전통에 선 모든 개신교 신학은 신학에 있어서 진리를 보장해 주는 것은 하나님의 말씀으로 믿어진 성서라고 보았다. 그래서 어떠한 주장이나 생각이든 성서와 일치될 때 비로소 참이라고 여겨졌고 이것은 성서 원리(Schriftprinzip)라는

---

143) 참고: 판넨베르크, 『신학과 철학』(정용섭 역, 한들, 2001), 153ff.

개념으로 표현되었다. 성서 원리는 문자적 영감설(Verbalinspiration)에 기초해서 형성되어 종교개혁 이후에 개신교신학의 기초와 내용을 제공하는 데 결정적인 영향을 끼쳤다. 그러나 역사 비평적인 성서 이해를 통해 성서가 초대교회의 신앙의 결과물이라는 인식이 광범위하게 확산되면서 성서 원리는 위기를 맞게 되었다.[144] 성서 원리의 위기는 그동안 교회적으로 그리고 보편성을 갖는 것으로 인정된 신학적 진술(교리)이 성서에 기초한다고 해서 그 진리성이 보장될 수는 없게 되는 현실로 이어졌다.

셋째, 보편적으로 이해된 하나의 교회가 서로 다른 교파로 나눠지게 되면서 신학의 기능은 보편적인 것을 추구하기보다는 각 교파의 고유한 가르침에 제한될 수밖에 없게 되었다. 그럼으로써 '진리'에 대한 주장을 더욱 어렵게 만들었다. 신학이 단순히 일정한 교회를 위해 유용하게 사용되는 기능으로 전락한 것이다. 이것을 우리는 기능주의라고 명명할 수 있을 것이다.

마지막 넷째[145]는 진리와 힘, 진리와 역사의 상관관계에 대한 인식이다. 이는 이미 고대교회에서부터 문제로 인식되어 왔지만 그 인식의 정도와 범위에 있어서는 오늘날 종교 다원주의적 혹은 상대주의적 주장을 통해서 더욱 부각되었다. 서로 다른 혹은 서로 상반되는 주장이 교회 공의회의 결정에 따라 '진리'로 인정됨으로써 '진리' 자체가 절대적 영향력을 갖기보다는 오히려 진리가 교권에 좌우될 수 있다는 혐

---

144) 참고: Die Krise des Schriftprinzips(1962), in: *Grundfragen 1*, 11–21.

145) 참고: Die Religion als Thema der Theologie(1989), in: *Beiträge zur Systematischen Theologie* Band 1[이하 *Beiträge 1*], Göttingen 1999, 160 –172; Religious Pluralism and Conflicting Truth Claims. The Problem of a Theology of the World Religions, in: Cavin D'Costa(Ed.): *Christian Uniqueness Reconsidered–The Myth of a Pluralistic Theology of Religions*, New York: Orbis Books 1990, 96–106.

의를 받게 된 것이다. 교회사를 포함한 인류의 역사는 이러한 혐의를 확증해 주는 증거를 많이 제공해 주고 있다. 진리가 시대적인 상황이나 힘의 균형에 따라 달리 인식된다는 생각 때문에 '진리' 문제에 있어서 배타적인 태도는 오늘날 더 이상 설득력을 가질 수 없게 되었다. 특히 다원주의적인 경향으로 지향해 나가는 현대 사회에 있어서 어느 한 가지 진리 주장은 다른 것에 대해서 결코 '절대적'일 수 없다는 생각을 갖도록 만들었다. 다시 말하면 다양한 '진리' 이해와 '진리'의 복수성에 대한 주장이 한 사회 안에서 인정되고 또 공존하면서 실제적으로 상호 영향력을 행사하고 있다.

전통적인 진리 개념으로는 더 이상 이런 현상을 설명할 수 없기 때문에 소위 '다원주의' 개념은 현대 혹은 현대 이후의 시대를 이해하는 열쇠이다. 그러나 진리 이해에 있어서 다원주의적 경향이 강해지면 강해질수록 기독교가 직면하게 되는 어려움은 더욱 커질 수밖에 없다. 기독교는 오직 한 분 여호와 하나님이 창조주이시고 또한 심판자요 새로운 창조주로서 나타나실 것이라는 신앙을 본질로 하고, 또 그것은 오직 예수 그리스도를 통해서만 계시되었다고 믿고 있기 때문이다. 뿐만 아니라 기독교가 그동안 보여 준 배타적 태도에 대한 내부로부터의 비판은 기독교가 진리 문제에 대한 판단에 있어서 신중한 태도를 갖도록 만들었다.

그렇다고 해서 기독교는 다원주의를 긍정할 수 있는가? 아니면, 단지 시대적 대세 앞에서 잠시 주춤하는 것일 뿐, 기독교는 궁극적으로 오직 하나인 진리가 나타나기를 소망하며 기대하는 것인가? 아니면, 기독교 진리의 보편성이 다원주의적 사회 속에서도 입증될 수 있는 노력을 기울여야 하는 것인가? 이 질문은 다음과 같은 질문으로 바꾸어 볼 수 있다. 즉 모든 사람들의 동의를 이끌어낼 수 있는 진리를 결정하는 판단의 기준을 기독교는 제시할 수 있는가? 아니면 그것은 마지막 때까지 유보되는 것인가?

판넨베르크가 진리의 문제를 신학의 주제로 삼게 된 것은 바로 앞에서 제기한 질문들에 대답하기 위함이었다. 진리 자체를 새롭게 정의하기보다는 오히려 기독교에서 주장되는 진리가 어떤 의미에서 교회 밖에서도 유효한지를 시대정신과의 논의를 통해서 분명하게 밝혀 보이려는 의도에서 비롯되었다. 이런 점에서 진리 이해를 위한 그의 노력은 주로 '진리'를 주제로 삼는 철학적 전통과의 대화를 통해서 이루어진다. 그러나 세상 안에서 기독교 진리의 타당성을 보여 주기 위한 노력은 과학과 종교와의 대화 속에서도 나타난다.[146] 더욱이 진리 문제와 관련해서 신학에 관심을 갖게 되는 이유에 대해 언급하면서, 그는 진리에 대한 주장을 비판적인 논의 과정 속에서 음미하는 학문적 노력이 바로 신학이라고 보았다.[147] 진리 문제가 자신의 신학함에 있어서 기본 동기임을 밝힌 것이다. 그에게 있어서 '신학', 특히 '교의학'은 그 자체로 이미 진리의 문제를 다루는 것이기 때문에, 이 문제를 다룸에 있어서 그는 신학(교의학)에 대한 이해로부터 출발한다. 그러나 그에게 있어서 진리의 문제가 신학 내적인 문제에만 제한될 수 없는 것은 '진리' 개념 자체가 이미 현실[148] 전체와 관계하고 있다고 생각하기 때문이다.

---

146) 다음을 참고: 신재식, 신학과 자연과학의 대화를 통해서 본 판넨베르크의 자연의 신학. 『신학이해』 22집(2002), 117-141; 최성수, "판넨베르크 신학의 주제로서 종교", 『신학이해』 22집 호남신학대학교, 2002, 84-116.
147) SysTh 1, 60.
148) '현실' Wirklichkeit 개념은 그가 성서에서 이끌어낸 것으로 그의 신학, 특히 진리 이해에 있어서 매우 중요한 역할을 한다. 독일어가 영어 reality로 번역되면서 한국어로 '실재'라는 말로 번역되는 경우를 본다. 그러나 '실재'는 독립적인 실존을 갖는 것으로 철학에서 존재론적으로 이해되는 개념이다. 이에 반해 독일어 'Wirklichkeit'는 단순한 있음의 차원만이 아니라 그것의 작용으로 나타난 결과까지도 포함하며, 인간이 관계하고 있는 모든

Exkurs: '진리'에 대한 다양한 이해

판넨베르크의 신학적 주제로서 진리를 상술하기 전에 우리는 먼저 다양한 진리 이해를 간략하게나마 정리해 볼 필요가 있다.[149] 그럼으로써 판넨베르크가 이해하는 진리 개념에 보다 쉽게 접근해 갈 수 있고 또한 그의 사상적 배경과 맥락을 살펴볼 수 있을 것이라고 생각한다. 지금까지 철학에서 시도된 '진리' 이해는 다음과 같이 다섯 가지로 정리된다. 진리대응설(Korrespondenztheorie), 진리정합설(Kohärenztheorie), 실용주의(the pragmatic theory), 수행론(Performativtheorie), 동의론(Konsensustheorie).

a. 진리대응설

진리대응설은 아리스토텔레스가 그의 형이상학에서 "존재하는 것은 있고 존재하지 않는 것은 있지 않다고 말하는 것은 참이다"라고 말한 것으로부터 유래하고, 스콜라 철학에서 대상(res)과 지성(intellectus) 혹은 대상과 대상에 대한 진술 간의 대응관계를 통해 이루어진다는 것

것에 적용된다. 그것은 '역사'요 끊임없이 새롭게 나타나는 사건으로 이해된다. 존재의 영역이기도 하지만 의미의 세계이기도 하다. 그러므로 Wirklichkeit는 독립적인 실존을 지시하는 '실재'보다는 '현실'로 번역되는 것이 바람직하다. 이 개념에 대한 상세한 이해에 대해서는 다음을 참조: W. Pannenberg, *Faith and Reality*, trans. John Maxwell, Philadelphia: Westminster, 1977(독일어 본문은 1975), 8–19.

149) 이에 대해서는 다음을 참고: Dalferth, Ingolf U., Wahrheit, Glaube und Theologie. Zur theologischen Rezeption zeitgenössischer wahrheitstheoretischer Diskussionen, in: ThR 66(2001), 36–102. 이곳에서 제시된 문헌 이외에 다음을 참고: U. Köpf, *Die Anfänge der theologischen Wissenschaftstheorie im 13. Jahrhundert*, 1974; W. Kamlah, *Wissenschaft, Wahrheit, Existenz*, Kohlhamer Verl. Stuttgart 1960.

으로(adaequatio rei et intellectus) 정식화된 진리 개념이다. 특히 플라톤(Platon), 아리스토텔레스(Aristoteles), 아퀴나스(Thomas Aquinas), 무어(G.E.Moore), 럿셀(Betrand Russell), 하이데거(Martin Heidegger), 탈스키(Alfred Tarski) 등으로 이어지면서 계속적으로 주장되고 있다. 한편, 진리대응설은 칸트 이후로 계속해서 심각한 도전을 받게 되었다. 그러나 탈스키는 진리대응설의 의미를 전통적인 의미를 넘어서서 의미론적으로(semantisch) 새롭게 밝혀 주었다.150)

b. 진리정합설

어떤 진술이 이미 알려진 이론 체계의 다른 진술들과 일치 혹은 조화되거나 일관성이 있게 될 때 그 진술을 참 혹은 진리로 보는 입장이다. 이러한 주장은 인간의 판단이 일어나기 이전에 진리가 이미 선재되어 있는 것으로 파악하며 또한 부분들로서 이루어진 어떤 체계 안에는 반드시 부분들 간의 내적인 관계가 존재한다는 것을 전제한다. 그러므로 흔히 이러한 진리 개념은 '내적 관계들의 교리'(the doctrine of internal relations)라고 불리기도 한다. 이러한 이론을 주장하는 대표적인 학자들로는 스피노자(Spinoza), 라이프니쯔(Leibniz), 헤겔(Hegel), 브래들리(Bradley), 노이라트(Neurath) 등이 있다. 판넨베르크 역시 이 입장에 속해 있다.

150) 탈스키는 어떤 진술이 참이라고 말하는 것은 그 진술을 단언하는 것과 같다고 하는 등치원리(equivalence principle)에 근거해서, 사실상 P인 경우 그리고 오직 그 경우에만 'P는 참이다'라는 형식을 갖는 모든 문장들을 메타언어의 정리로 삼아야 한다고 주장했다. 이것이 바로 '참'을 바르게 정의하기 위한 기준으로 탈스키가 제시한 것이다.

c. 실용주의

20세기에 미국의 철학계와 미국 사회에 큰 영향력을 행사한 것으로, 진리란 실천적인 차원에서 그 유효성과 실효성을 바탕으로 판단될 수 있다는 입장이다. 이들의 입장은 흔히 고대 그리스에서 나타났던 소피스트들과 비교되기도 한다. 실용주의를 대표하는 철학자들로는 퍼스(Charles Sanders Peirce), 제임스(William James), 듀이(John Dewey) 등을 들 수 있다. 그러나 퍼스가 실용주의의 이념을 제공하면서 실용주의를 철학적 방법론이나 의미론적으로 전개한 것에 반해, 실용주의적 진리관을 체계화시킨 인물은 제임스였다. 그러므로 진리에 관한 한 제임스의 사상이 큰 흐름을 좌우한다.

d. 수행론

영국 철학자로서 일상 언어철학을 개척한 스트로슨(P.F.Strawson)에 의해서 주장되고 언어철학적 맥락에서 전개된 것이다. 그는 진리를 설명하기 위해서 진술과 사실들 사이에서 일치라는 개념을 사용하는 것은 실패할 수밖에 없다고 본다. 왜냐하면 '사실'(fact)과 같은 개념은 이미 이 개념들을 위해 사용된 '언어-세계 관계'(word-world relationship)를 가지고 있기 때문이라는 것이다. 스트로슨에 따르면, '참'이라는 말은 무엇인가를 기술하기 위한 것이 아니라 오히려 여러 가지 종류의 행위들, 예컨대 동의, 수용 혹은 시인하는 행위들을 수행하는 데 사용되어진다.

e. 동의론

이 입장에서 진리는 동의에 의해서 성립되는 것으로 주장된다. 여기서 말하는 '동의'(consensus)란 규약이나 협약과 같이 사회적 동의로 이해하는 하버마스(Jürgen Habermas)가 있지만, 신학에서 '동의'는 계시에 대해 그것이 참임을 인정한다는 의미에서 '고백'(homologia)으로 이해된다. 진리에 대한 무한한 접근적 태도만을 강조하고 있고, 진리란 오직 궁극적인 계시를 통해서 드러나게 될 뿐이라고 본다. 이러한 이론을 수용하는 입장에서는 기대와 소망이 중요한 덕목으로 작용한다. 최근에 WCC가 의사결정 과정에서 '동의'를 채택한 것은 이러한 의미에 바탕을 둔 것이지, 쌍방 간의 협약의 의미를 말하는 것은 아니다.

2) 세속적·다원주의적 경향의 사회에서 신학적 과제로서 진리에 대한 질문

판넨베르크에 따르면, 기독교 신앙의 진리를 묻는 것은 "기독교 신앙이 오늘 우리에게 우리가 살고 있는 현실의 통일성을 여전히 해명해 줄 수 있는지"[151]를 묻는 것이다. 그는 이 질문에 대한 대답이 단순히 예수 그리스도가 진리라고 하는 주장을 반복한다고 해서 이루어지는 것은 아니고, 오직 '우리가 경험하는 현실 전체를 고려'[152]하게 될 때 가능하다고 본다. 이는 '진리의 통일성'(die Einheit der Wahrheit)이 보존되기 위해서다.[153]

기독교 신학이 마땅히 현실 전체를 고려하며 질문을 제기하는 이유는 "신앙이 없는 자들과 암묵적으로 맺어져 있는 기독교적 연대성"을 갖고 또한 "절대적인 진리를 말할 권리, 즉 정당한 근거를 갖고 주장할 수 있는 권리"를 확보할 수 있기 위함에 있다. 만일 그렇지 않을

---

151) Was ist Wahrheit?, *Grundfragen 1*, 202.
152) Ebd.
153) Ebd.

경우에는 기독교 선포 자체가 박물관에 소장되는 구시대 유물로밖에는 달리 인식되지 않는 결과가 나타날 것이기 때문에 판넨베르크는 "만일 기독교 선포의 진리를 생각하려고 한다면, 신학은 반드시 진리에 대한 질문을 제기해야만 한다."고 주장한다.[154]

위의 주장에서 볼 수 있듯이 판넨베르크의 신학에서 진리 문제는 그의 신학함의 기본적 성격과 방향을 형성한다. 다시 말해서 기독교 케류그마의 진리성을 시대정신과의 대화를 통해서 드러내려는 변증의 노력으로 이해될 수 있다. 그의 신학함의 특징을 '학문적 변증'으로 규정할 수 있다면, 그의 신학함의 처음과 마지막은 진리를 묻는 질문과 그에 대한 대답을 통해서 전개된다.[155]

'진리' 이해를 위해 판넨베르크는 전통적인 견해로부터 출발하는데, 곧 진리란 '현실 전체'(das Ganze der Wirklichkeit), 즉 세계를 '통일'(Einheit)로 경험하게 하는 것이라고 본다. 진리란 여러 가지가 아니라 오직 하나라는 것이며, 그것은 현실 전체인 세계를 규정해 줄 수 있는 힘으로 이해된 것이다.[156] 그렇기 때문에 진리를 묻는 질문은

154) Was ist Wahrheit?, *Grundfragen 1*, 202f.
155) 정용섭은 『말씀신학과 역사신학』 120ff에서 판넨베르크 해석학의 동기로서 '학문성과 진리에 대한 물음'(120)을 거론했다. 그러나 판넨베르크의 신학이 해석학이라고 규정될 수 있다고 한다면, 그의 해석학적 동기는 세속화된 사회에서 기독교적 진리가 어떻게 유효하게 입증될 수 있는가라는 질문으로 표현될 수 있다. 다시 말해서 학문성이 동기라기보다는 세속화된 사회로부터의 도전에 대한 반응으로 신학의 보편성을 기초하기 위한 학문성을 문제로 삼게 된 것이라 볼 수 있다. 학문성 자체는 동기라기보다는 목적에 해당된다고 보겠다. 이러한 점은 그의 논문 'Wie wahr ist das Reden von Gott?'에서 확인할 수 있다. 뿐만 아니라 판넨베르크가 '신학을 해석학적으로 접근'하는 것은 '신학의 학문적 성격을 강화'시키기 위한 것이라고 보았는데(122), 신학의 학문적 성격을 강화시키기 위한 것이라기보다는 신학의 학문적 보편성을 추구하다가 보편사적 해석학에 이르게 되었다고 보는 것이 더 정확할 것 같다.

단순히 기독교와 같은 어떤 특정한 현실에 제한되지 않고 모든 현실 영역에 미치게 된다. 신학 안에만 제한되는 것이 아니라 진리 그 자체에 대한 물음을 제기하는 것이다.

기독교가 보편적으로 인정되던 중세에는 현실과 기독교 세계를 구별한다는 것이 쉽지 않았다. 그러나 세속화 과정이 빠르게 이루어지면서 기독교는 세계의 현실로부터 독립된 영역을 차지하는 것으로 만족하게 되었다. 르네상스와 같은 인문 정신의 새로운 발견과 과학의 발달로 인해 나타나는 갈등을 피하려는 의도였다. 이러한 경향에 판넨베르크는 강한 이의를 제기한다. 왜냐하면 그는 인간이 비록 하나님을 떠나 인간 중심적인 삶의 양식을 통해 세계를 구성해 나간다고 해도 기독교의 가르침 자체는 하나님을 창조주이시며 또한 종말론적인 완성을 이루실 존재로 인식하기 때문에 보편성을 갖는다고 믿기 때문이다.

판넨베르크가 역사적으로 시대정신을 주도하거나 혹은 대변하는 분야인 역사와 철학 그리고 종교와 과학과 같은 분야와 더불어 변증적인 대화를 시도하는 것은 바로 통일성과 보편성을 갖는 그의 진리에 대한 이해의 맥락에서 비롯된 것이다.[157] 다시 말해서 기독교가 '모든 것을 규정하는 현실 혹은 힘으로서의 하나님'(alles bestimmende Wirklichkeit bzw. Macht)에 대한 신앙을 진리로 인정하는 한, 진리에 대한 물음은 결국 기

---

156) Was ist Wahrhheit?, *Grundfragen 1*, 202.
157) 이 주제와 관련해서는 다음의 글들을 참조: Die Erfahrung der Abwesenheit Gottes in der modernen Theologie, in: Ders.(hg.), *Die Erfahrung der Abwesenheit Gottes in der modernen Kultur*, Göttingen 1984, 9–38; *Christentum in einer säkularisieten Welt*, Freiburg · Basel · Wien 1988; Die Krise des Schriftprinzips(1962), in: *Grundfragen 1*, 11–21; Typen des Atheismus und ihre theologische Bedeutung, *Grundfragen 1*, 347–360; Wie wahr ist das Reden von Gott?, 특히 33ff.

118

독교의 선포가 진리라고 주장할 수 있는 이유를 묻는 것이 된다.[158]

즉 진리에 대한 질문과 관련해서 판넨베르크는 여러 가지 질문들을 다룬다. 무엇에 근거해서 기독교는 자신의 믿음을 진리라고 주장할 수 있는가? 모든 현실이 아직 드러나 있지 않은 상황에서 진리에 대한 인식은 어떻게 가능한가? 무엇에 근거해서 진리라고 주장될 수 있는가? 등 이 질문들에 대답하면서 단순히 성경의 진술을 반복하거나 그것을 진리로 전제하고 그것을 설명하거나 선포하는 것으로 만족했던 정통주의적 태도나 바르트를 비롯한 변증법적 신학의 입장에 대해 판넨베르크는 강한 이의를 제기한다. 세속화된 사회 속에서 기독교의 주장은 의심의 여지가 없는 진리로 더 이상 인정되지 않는다고 보기 때문이다.

그가 말하는 세속화란 이미 '하나님관념(Gottesgedanke)'이 사회 안에서 아무런 기능을 수행하지 못하고 또 의미를 갖지 못하게 된 현실을 가리킨다.[159] 기독교의 가르침이 아무런 의심 없이 진리로 여겨지는 시대는 지나갔다는 것이다.

그러나 판넨베르크는 하나님관념이 없이는 나사렛 예수에 대한 믿음을 촉구하는 노력은 그 기반을 상실하게 된다고 본다.[160] 그렇다면 하나님관념을 기초로 하고 있는 기독교의 가르침이 진리로 받아들여질 수 있기 위해서는 그 시대의 사람들을 납득시킬 수 있는 합리적인 근거가 제시되어야 하는 것은 당연하다. 역사비평적 방법이 판넨베르크 신학의 전개를 위한 기본적 틀을 형성하게 되는 이유를 우리는 여기서 발견하게 된다.[161]

---

158) Was ist Wahrheit?, 215: 그리고 SysTh 1, 18.
159) SysTh 1, 73ff. 형이상학과 하나님관념의 위기에 대한 상세한 논의는 다음을 참조: *Metaphysik und Gottesgedanke*, Göttingen 1988, 7–19.
160) SysTh 1, 74.
161) Die Erfahrung der Abwesenheit Gottes in der modernen Theologie, in:

뿐만 아니라 그에 따르면, 하나님관념에 대한 회의나 기독교에 대한 비판 속에[162] 그리고 인간의 의식 발달 단계에서도 하나님관념은 '암묵적인 지식'[163](unthematisches Wissen)의 형태로 전제되어 있어서, 기독교 신학은 하나님관념이 인간의 사고에 있어서 어떠한 의미와 역할을 하고 있는지를 드러낼 수 있어야만 한다. 왜냐하면 하나님은 창조 이후로 명시적으로든 혹은 암묵적으로든 모든 인간들에게 알려져 있기 때문이라는 것이다.[164] 따라서 그는 보편사적 해석을 통해 진리가 역사적 사건들의 통일체인 '의미'(Sinn)로 나타남을 보여 주고자 한다. 의미를 파악하는 기술로서 해석학이 그의 신학함에서 중요하게 여겨지는 이유는 바로 여기에 있다.

판넨베르크가 진리를 신학의 주제로 삼는 이유는 이처럼 합리적인 근거를 제시함으로써 진리에 대한 질문에 대답하고, 그럼으로써 모든 현실 속에서 하나님의 의미를 회복할 수 있다고 믿기 때문이다. 이것

Ders.(hg.), *Die Erfahrung der Abwesenheit Gottes in der modernen Kultur*, Göttingen 1984, 9-38, 특히 13f: "신학은 항상 현대적인 의식세계에 관심을 가지면서 그것과 비판적으로 씨름해 왔다. 만일 그렇지 않았다면 신학은 현대 상황 속에서 제기하는 기독교 메시지가 보편적인 진리라고 하는 주장을 제대로 인식할 수 없었을 것이다. 신학은 종교와 기독교 신앙이 인간의 본질적인 것임을 드러냈던 바로 그곳에서 기독교 메시지가 진리라고 하는 주장을 옹호해 왔다. ……이렇게 시도되는 가운데 적어도 일반성을 갖는다고 주장될 수 있는 종교적 전승의 진리를 얻기 위한 노력이 나타난다".

162) SysTh 1, 75.

163) SysTh 1, 129.

164) SysTh 1, 121. 판넨베르크는 이러한 지식을 '자연신학'이라는 이름하에서 다루어지는 것을 비판하면서, 이러한 지식은 오히려 예수 그리스도 안에서 나타난 하나님의 계시의 빛 아래에서 제기된, 인간에 대한 하나의 주장이라고 보았다. 이렇게 말함으로써 그는 바르트와 부룬너 사이에 전개된 자연신학 논쟁에서 벗어날 수 있었다. 양자의 논쟁에 대해서는 다음을 참고: 『자연신학』(김동건 역, 한국장로교출판사, 1997, 영어 원본은 1946).

120

은 신학과 세계와의 관계를 고려해 볼 때 신학에 요구되는 과제로 인식된다.165) 바로 이러한 과제 인식을 바탕으로 판넨베르크는 '진리란 무엇인가?'라는 질문을 제기한다.

(2) 진리 이해의 과정

1) 성서 원리의 위기와 신학의 과제로서 보편성

판넨베르크는 1962년에 쓴 한 논문에서 당시의 신학이 직면하고 있는 두 가지 문제점을 지적하는데,166) 이것은 그의 신학적 상황을 잘 말해 준다. 하나는 사실과 의미, 역사와 케류그마 그리고 역사적 예수와 신약에서 전해 주고 있는 그에 대한 여러 가지 고백적인 증거들 사이에 놓인 간격이다. 판넨베르크는 이것을 성서 이해에 있어서 역사비평적 방법이 도입됨으로써 야기된 문제로 보았으며, 이 문제로 인해 성서가 위기에 직면하게 되었다고 본다. 성서가 더 이상 문자적으로 이해되지 않게 됨으로써 결국 성서의 진리성이 문제가 되었다는 말이다. 다른 하나는 신약시대의 사고를 형성한 세계와 오늘 우리들의 현재 사이에 놓인 간격이다. 이것은 해석학적인 문제로 인식된다. 다시 말해서 역사비평학의 출현으로 성서 원리가 위기에 봉착하게 된 것은 이 두 간격을 극복할 해석학이 결여되어 있었기 때문이라는 것이다.

---

165) 신학 내부에서 요구되는 과제에 대한 인식은 이미 '신학'이라는 개념 안에 전제되어 있고(SysTh 1, 17: "Im Begriff der Theologie wird die Wahrheit theologischen Redens als eines durch Gott selbst autorisierten Redens von Gott immer schon vorausgesetzt") 또 교의학의 내용과 관련해서 이루어진다(SysTh, 1, 58).

166) Die Krise des Schriftprinzips, in: Grundfragen 1, 16.

그러나 판넨베르크는 서로 다른 간격이기는 하지만 두 가지는 서로 밀접한 관계를 갖는다고 본다.

판넨베르크는 이 두 가지의 간격을 메우는 것을 자신의 신학적 과제로 삼고, 어떠한 시대사상이라 할지라도 그것은 기독교 전승과 연속적인 관계 속에서 파악될 수 있음을 입증해 보이고자 한다.[167] 그는 차이를 제거하기 위해서는 가다머(Georg Gadamer)가 시도한 지평의 융합(Horizontverschmelzung)을 지향하는 해석 방법만으로는 한계가 있다고 본다. 판넨베르크에게 있어서 이 두 간격을 메운다는 것은 시대정신의 형성 과정에서 이미 행사된 기독교의 영향력을 새롭게 부각시키려고 노력하면서, 시대정신과의 관계에서 갖는 의미나 혹은 그것을 주도하는 기독교의 권리를 신학적, 합리적인 논의 과정을 통해 다시금 회복하는 것을 의미한다.[168] 그가 이러한 노력을 신학 안에서 기울이는 중요한 이유는 그의 하나님관념 때문이다.[169] 즉 하나님이 창조주이시면서 또한 마지막 심판주로서 이해되는 한에 있어서 그는 '모든 것을 규정하는 힘 혹은 현실'로 이해된다. 그렇다면 시대정신 역시 하나님과 결코 무관할 수 없게 되는 것은 당연하다.

시대사상 안에 내포된 하나님관념을 발견하려는 것 이외에 판넨베르크의 중요한 관심은 신학의 보편성을 드러내는 데에 있다. 원래 내

---

167) Die Krise des Schriftprinzips(1962), in: *Grundfragen 1*, 11-21, 18: Dieser Situation kann die Theologie nur gerecht werden, wenn es gelingt, das neuzeitliche Denken in den Zusammenhang der christlichen Überlieferungsgeschichte einzuholen.

168) Ebd.

169) 참고: W. Pannenberg, Antwort als G. Sauters Überlegungen, in: EvTh40 (1980), 180: "필자가 이러한 보편적 의미 지평, 곧 앞서 말한 대로 일상 경험 안에서 내포적으로 아직 규정되어 있지 않은 상태로 있는 보편적 의미 지평에 지향하는 것은 '보편학문'Universalwissenschaft을 위해서가 아니라 하나님관념Gottesgedanke으로 인해서이다."

122

용적으로 볼 때 마땅히 가져야 할 신학의 보편성은 13세기의 신학이 당시의 시대정신이었던 아리스토텔레스 사상과 담합(Kompromiß)하게 됨으로써 사라지게 되었다고 한다.[170]

　판넨베르크는 이 두 간격이 극복되고 또한 신학의 보편성이 회복되기 위해서는 오직 역사 과정 자체라는 지평(Horizont des Geschichtsprozesses selbst)을 통해서만이 가능하다고 보는데,[171] 이것은 후에 소위 보편사적 해석학(Hermeneutik der Universalgeschichte)으로 결실되었다. 판넨베르크는 근대에 나타난 역사주의의 사고는 보편사적인 이해지평(der universalgeschichtliche Verstehenshorizont)을 가능하게 했던 성서의 하나님관념과 분리된 결과라고 보고, 하나님관념을 회복하는 것을 신학의 과제로 삼은 것이다.[172] 그러나 그의 신학함은 단순히 시대정신과 하나님관념이라는 양자의 관계를 드러내는 데에만 제한되지 않는다. 만일 시대정신이 하나님관념을 통해 구성되는 현실을 이해하는 데에 있어서 제한되어 있다면, 그것을 비판하는 작업 또한 하나님의 현실을 온전히 드러내는 데 큰 역할을 하기 때문에 판넨베르크의 보편사적 해석학은 역사 혹은 현실 비평적 노력으로도 나타난다. 판넨베르크가 역사를 도외시하고 케류그마만을 지향하는 변증법적인 신학, 특히 바르트와 불트만을 비판하는 이유는 바로 여기에 있다. 그들의 신학은 하나님의 현실을 오직 신학이 제공해 주는 현실에만 제한시키고 있다고 보는데, 판넨베르크의 분석에 따르면, 이러한 경향은 이미 13세기 전부터 신학사 안에서 계속적으로 관찰될 수 있는 것으로 자연신학에 대해 초자연적인 인식 영역을 확보하려는 노력에 해당한다.[173] 이 두 가지 신학적 과제

---

170) Die Krise des Schriftprinzips, 20.
171) Die Krise des Schriftprinzips, 19.
172) Ebd.
173) Die Krise des Schriftprinzips, 20.

는 다음의 질문을 통해서 분명하게 나타나고 있다.

"현재와 초대 기독교가 서로 역사적으로 관계를 갖고 있다는 의식
과 또한 동시에 "오늘 우리의 현실 경험을 밝혀 주고 또 통일시켜주
는 진리를 매개해 줄 수 있느냐?" 하는 질문은, 다음의 질문에 어떻
게 대답하느냐에 따라 결정된다. 즉 현실 자체는 그 근본적인 측면에
서 살펴볼 때 역사적으로 이해될 수 있는가? 자연과 인간의 역사가
통일된 형태로 나타나 마침내 하나님의 역사로서 이해될 수 있는가?
[역주: 원문은 간접의문문으로 되어 있지만 이해를 위해 직접의문문
으로 번역했다]"174)

지금까지의 내용을 간단하게 요약해 보자. 성서의 위기에 대한 인
식을 통해서 판넨베르크는 신학이 다른 학문 혹은 다른 현실과 구별
되어 특별한 작업이나 특정한 현실만을 문제로 삼아서는 안 된다는
것을 분명하게 보여 주었다. 성서 위기를 극복하기 위해서는 성서 이
해에 있어서 역사와 그것의 의미를 묻는 질문이 제기돼야 하고, 이 질
문에 대답하기 위해서는 보편사적 해석이 이루어져야 한다고 주장한
것이다. 뿐만 아니라 이러한 작업을 통해서 역사 신학적 의미에서 신
학의 보편성이 더욱 새롭게 정립될 수 있다고 보았다.175)

---

174) Die Krise des Schriftprinzips, 19.
175) Die Krise des Schriftprinzips, 20: Sie [Die Theologie] wird gerade beim
     Bemühen um das Verständnis der biblischen Schriften hinter diese
     zurückgeführt auf die Frage nach den Ereignissen, von denen da
     berichtet wird, und nach der ihnen zukommenden Bedeutung. Sie kann
     dabei die Bedeutung dieser Ereignisse als ein Handeln Gottes wohl nur
     im Zusammenhang der Universalgeschichte verstehen, weil nur im Blick
     auf die Gesamtheit alles Geschehens Aussagen über den einen Ursprung
     alles Geschehens zu verantworten sind. ······Die Universalgeschichte
     vermag aber auch den Abstand zwischen der Zeit des irdischen

2) 진리 이해에 있어서 두 가지 사고:
히브리적 사고와 그리스적 사고

진리 이해에 있어서 성서적인 측면, 즉 진리의 역사성을 정당화하기 위한 판넨베르크의 시도는 두 가지 방향에서 나타난다. 하나는 계시의 역사성을 드러내는 것이고, 다른 하나는 그리스적 진리 이해에 있어서 이미 제기되고 있기는 하지만 여전히 해결되지 못하고 있는 진리의 역사성과 통일성의 관계를 묻는 질문과 관련해서, 이 질문이 성서적 사고에 바탕을 둔 진리 이해를 통해 대답될 수 있다는 가능성을 보여 주는 것이다.

다음에서 필자는 우선 계시의 역사성에 대한 그의 주장을 살펴보고, 그 후에 철학에 대한 그의 역사 비판적 견해와 또 교의학적인 과제와 관련해서 진리의 문제를 다루면서 그의 조직신학 안에서 다루어진 내용을 기술해 볼 것이다.

a. 역사로서 계시[176)

"하나님에 대한 인간의 지식이 하나님의 현실에 상응하는 인식으로서 참이기를 원한다면 지식은 하나님의 하나님 됨(혹은 영광, die

Auftretens Jesu und unserer eigenen Gegenwart zu übergreifen und so den Boden für eine Lösung des hermeneutischen Problems abzugeben. Die Problematik der Schrifttheologie als positiver Offenbarungswissenschaft drängt also auf die Erneuerung der Universalität der Theologie im Sinne einer umfassenden Theologie der Geschichte hin.

176) 판넨베르크의 계시 이해는 다음의 글에서 전개되고 있다. *Offenbarung als Geschichte(1961)*, *Systematische Theologie 1*(1988, 207 – 281), Offenbarung und „Offenbarungen" im Zeugnis der Geschichte(1985), Offenbarung als Kategorie philosophischer Theologie(1994).

Herrlichkeit Gottes) 그 자체 안에 기원을 두어야 한다. 하나님은 오직
자기 자신을 인식의 대상으로 드러내 줄 경우에만 인식될 수 있다."[177]
진리 자체이신 하나님은 오직 계시를 통해서만 알려진다는 말이다.
다른 말로 표현한다면, 진리는 초자연적인 것으로서 스스로 그 모습을
드러낼 때 비로소 이해될 수 있음을 말한다.[178] 판넨베르크에 따르면,
진리는 계시를 통해서 드러나고, 또 오직 그것을 통해서만 진리 인식
이 가능하다고 생각되기 때문에 그동안 계시는 신학의 전제일 뿐, 결
코 문제로 파악되지 않았다. 현대에 와서야 비로소 계시는 신학의 주
제로 다루어지게 되었는데, 진리를 신학의 주제로 삼는 한에 있어서
계시 그 자체에 대한 질문은 곧 진리의 문제가 된다.[179]

> "역사적 행위 속에서 이루어지는 하나님의 모든 계시는 역사가 완
> 성될 미래를 선취[180]하고 있지만, 창조주요, 화해자요 세상의 구원자
> 이신 유일하신 하나님의 하나님 됨을 계시한다고 하는 주장은, 여전
> 히 완성되지 않은 역사와의 관계에서 볼 때, 먼 미래에 장차 입증될
> 것이고 또한 그것의 진리에 대한 물음은 아직 완전히 해결되지 않은
> 채 열려져 있다."[181]

이처럼 판넨베르크의 계시 이해는 진리와의 관계 속에서 고찰된다.

---

177) *Systematische Theologie Bd. 1*[이하 *SysTh 1*로 약함], Göttingen 1988, 207.
178) 참고: SysTh 1, 12. 이곳에서 판넨베르크는 하나님 지식을 계시에 근거
하는 것은 신학의 본질에 있어 외적인 규정이 아니라, 오히려 신학이라
는 개념이 가능하게 되는 기본 조건을 형성한다고 보았다.
179) SysTh 1, 212f.
180) 독일어 Antizipation은 흔히 예료, 예기, 선취(앞서 가짐) 등으로 번역된다.
아직 현실이 아니고 미래에 나타날 것을 개념적인 사고나 혹은 기대를 통해
현실 속에서 마치 있는 것과 같이 간주되는 것을 일컫는다. 다음을 참고: W.
Pannenberg, *Metaphysik und Gottesgedanke*, Göttingen 1988, 66–79.
181) SysTh 1, 281.

뿐만 아니라 그의 계시 이해는 그의 신학 전체를 위해 매우 중요한 단서를 제공해 준다. 계시를 이해함에 있어서 그의 핵심적인 질문은, 만일 예수 그리스도의 사건이 유일하고 궁극적인 하나님의 자기 계시라면 예수 그리스도 이후의 역사는 무엇을 의미할 것이며 그것은 예수 그리스도의 사건과 어떠한 관계를 갖는가이다.

이 질문에 대답하는 과정에서 판넨베르크는 우선적으로 개념의 다양한 이해와 혼돈을 지적한다. 그리고 계시의 문제를 계시는—특별히 변증법적 신학의 계시 이해에서 나타나는 것과 같이—하나님의 말씀을 통해 이루어지는 것이냐, 아니면 역사적 행위를 통해서 이루어지는 것이냐는 질문으로 파악한다.[182] 계시는 하나님의 역사적인 행위와 관련해서 이해될 수 있으며, 하나님의 말씀이란 계시 사건을 총괄적으로 특징짓는 개념으로 이해하는[183] 판넨베르크는 자신의 이러한 결론적 견해를 재구성하면서, 우선적으로 계시에 대한 성서적 이해와 신학적 이해에 대해서 비판적으로 고찰해 나간다.[184]

그는 계시 이해의 명료함을 위해 '계시'(Offenbarung)와 '현시'(Manifestation)를 구분한다. 그는 '현시'를 하나님의 하나님 됨이 아닌 다른 형태로 하나님이 나타나시는 것(Erscheinung Gottes)을 가리키는 것으로[185] 이해하는 데 반해, 계시란 하나님의 본질이 드러나는 사건으로 이해한다. 그것이 매개가 되었든 아니면 하나님이 직접 말씀하시거나

---

182) SysTh 1, 217.

183) Ebd.

184) SysTh 1, 217ff. 성서적 이해에 대해서는 217–234, 신학적 이해에 대해서는 234–251을 참조.

185) *Offenbarung als Geschichte*, 12: Unter Manifestation verstehe ich also eine Erscheinung Gottes, die aber nicht Wesenserschließung (revelation; Enthüllung) vom bloßen Handgreiflichwerden der Manifestation unterscheiden.

행위 하시는 것이든 계시의 본질은 '하나님의 하나님 됨'(die Herrlichkeit Gottes)이 온전하게 알려지게 되는 사건이라는 것이다.[186] '온전하다' 함은, 계시란 종말에 완전하게 일어나는 것인데, 볼 수 있는 눈을 가진 모든 사람들에게 열려져 있으며, 그것의 확실성을 위해 어떠한 추가적인 혹은 영적인 해석(inspirierte Deutung)도 더 이상 필요로 하지 않는다는 것을 말한다.[187]

공동 연구를 기반으로 해서 출판되어 당시의 신학계에 많은 논쟁을 불러일으켰던『역사로서의 계시』에서 판넨베르크는 렌토르프(R. Rendtorff)와 빌켄(U. Wilcken)의 성서신학적인 연구결과를 바탕으로, 계시는 신의 현현과 같은 직접적인 의미에서의 계시가 아니라 역사적 행위를 통해 간접적인 방식으로 이루어졌다고 주장한다.[188] 예컨대, 이스라엘은 바벨론 포로생활을 경험하면서 여호와 신앙의 진리성, 즉 여호와의 참하나님 됨에 대한 물음에 직면하게 되었다는 것이다. 이 질문에 대해, 판넨베르크에 따르면, 이스라엘 백성들은 지역 신 신앙에서 벗어나 유일신 신앙을 갖는 것으로 대답한다.[189] 이 과정에서 여호와의 참하나

---

186) SysTh 1, 211f.
187) *Offenbarung als Geschichte*, 98ff.
188) *Offenbarung als Geschichte*, 91: Die Selbstoffenbarung Gottes hat sich nach den biblischen Zeugnissen nicht direkt, etwa in der Weise einer Theophanie, sondern indirekt, durch Gottes Geschichtstaten, vollzogen.
189) SysTh 1, 208f, 더욱 분명하게는 215에서: Während die Darstellung zunächst mit dem Gottesgedanken als einem Befund menschlicher Sprachgebrauchs, menschlicher Gedankenbildung einsetzte, ······führt die Entwicklung der biblischen Offenbarungsvorstellungen auf einen Punkt, an dem die geschichtliche Erfahrung der Menschen als Erweis der Macht und Gottheit der Götter ausdrücklich thematisch wird und in Verbindung damit der Anspruch erhoben wird, daß der Gott der Bibel sich als der eine aller Menschen erweisen werde bzw. sich als dieser eine Gott in Jesus Christus bereits erwiesen habe. Die Frage nach der

님 됨이 이스라엘 백성들에게 인정되는 데 있어서 결정적인 역할을 한 것은 역사적 사건들뿐만 아니라 하나님의 미래적인 행위에 대한 신앙이었다고 한다.190) 특히 예언자들과 성서적 인물들의 소명 사건들과 관련해서 그동안 하나님의 자기 계시로 알려져 왔던 일들조차도 자세히 들여다보면, 역사적 맥락에서 전적으로 벗어나 있거나 또 그것과 전혀 무관하지 않고 역사적 사건 속에서 알려진 하나님과의 관계 속에 이루어지고 있다고 본다.191)

판넨베르크에게 있어서 계시의 간접성은 하나님의 직접적인 계시로 이해되어 온 예수 그리스도의 사건에도 해당된다.192) 그동안 진리의 원천으로 인식되어 오던 계시가 역사성을 가질 뿐만 아니라, 유일한 계시의 원천으로 인식되어 온 하나님의 말씀(das Wort Gottes)으로서 예수 그리스도마저 간접계시로 여겨지게 된다. 그렇다면 신학적 진술의 진리성을 위해서는 계시로서 하나님의 행위, 즉 역사적 사실을 포기할 수 없다고 보기 때문에193) 판넨베르크에게 있어서 진리는 역사

Wahrheit der christlichen Botschaft wird daher an diesem Punkt die Gestalt der Frage annehmen müssen, ob dieser Anspruch kohärent durchführbar ist, und die Prüfung dieses Anspruchs wird sich von da an in der Form einer systematischen Rekonstruktion der christlichen Lehre von ihrem Ausgangspunkt in der von ihr behaupteten geschichtlichen Offenbarung Gottes aus vollziehen.

190) SysTh 1, 211.
191) SysTh 1, 224.
192) *Offenbarung als Geschichte*, 94: Im Geschick Jesu ist also indirekt Gott offenbar. Die apokalyptische Enthüllung seiner Herrlichkeit im Ergehen des Endgerichtes ist hier vorweggenommen.
193) SysTh 1, 254: Wenn die Theologie an der Berufung auf Gottes geschichtliches Handeln, auch auf der Ebene der Faktizität festhalten muß, dann darf sie den Begriff der Geschichte nicht aufgeben. Daran hängt der Wirklichkeitsgehalt der Rede von einer Offenbarung Gottes in Jesus Christus und damit auch die Nüchternheit und der Ernst des

적이고 임시적인 것으로 이해될 수밖에 없게 된다. 계시는 역사 속에
서 하나님이 스스로 당신이 하나님 됨을 드러내시는 사건으로서 그것
의 규범성이 갖는 범위와 관련해서 본다면 시간과 공간에 제약된다.
이에 반해 직접계시는 모든 사람들이 하나님 됨을 인정하지 않을 수
없도록 하나님이 스스로를 드러내는 보편적인 사건이며[194] 종말에 가
서야 일어날 것이다.[195] 이 말은 진리 이해와 관련해서 볼 때, 현재의
사건들이 갖는 의미는 감추어져 있다는 것[196]을 암시한다.

계시 및 진리의 종말론적 본질을 인정한다면 오늘 우리에게 진리에
대한 인식은 전혀 불가능한 것인가? 판넨베르크에 따르면, 종말에 일
어날 사건이 이미 역사 속에서 일어나야 진리에 대한 현재적 이해는
가능하다. 그 사건이 바로 예수의 부활 사건이다.[197] 예수의 부활을

Glaubens an den Gott der Bibel selber.
194) *Offenbarung als Geschichte*, 98: 3. These: Im Unterschied zu
besonderen Erscheinungen der Gottheit ist die Geschichtsoffenbarung
jedem, der Augen hat zu sehen, offen. Sie hat universalen Charakter.
195) *Offenbarung als Geschichte*, 95: 2. These: Die Offenbarung findet nicht
am Anfang, sondern am Ende der offenbarenden Geschichte statt. 97:
Das[역주: 이스라엘의 하나님만이 아니라 모든 세상의 하나님이라고 하는
주장] bedeutet aber zugleich, daß nur das Ganze des Weltgeschehens die
Gottheit Jahwes endgültig erweisen konnte. Erst am Ende alles
Geschehens kann Jahwe als der eine, einzige Gott endgültig offenbar sein.
196) *Offenbarung als Geschichte*, 96: Der Sinn des gegenwärtigen Geschehens
überhaupt ist schlechterdings verborgen.
197) *Offenbarung als Geschichte*, 97: Erst im Laufe der Geschichte, die von
Jahwe her erfahren wird, erweist sich dieser Stammesgott als der eine,
wahre Gott. Genaugenommen und endgültig resultiert dieser Erweis erst
am Ende aller Geschichte. Aber im Geschick Jesu ist das Ende aller
Geschichte im voraus, als Vorwegnahme ereignet. Nur darauf hin kann
gesagt werden, daß der Gott Israels sich im Geschick Jesu……als der
eine wahre Gott erwiesen hat. 그리고 103쪽에서의 네 번째 These: Die
universale Offenbarung der Gottheit ist noch nicht in der Geschichte

이해할 수 있도록 돕는 어떠한 유비적인 사건도 역사 속에서 발견할 수 없는 현실 속에서. 판넨베르크는 묵시문학적 전통 속에서 예수의 부활이 이해되어야 한다고 주장한다.[198] 즉 예수 부활 사건은 묵시문학에서 종말에 일어날 것으로 기대되었던 일이 앞서 일어난 사건으로 진리가 선취적 성격(prolepsis)을 갖는다는 주장의 근거를 제공해 주기 때문이다. 이렇게 되면 진리는 비록 진술의 형태로 주장되기는 하지만 가설의 성격을 갖게 된다.[199] 진술의 정당성은 오직 전체 현실과의 관계 속에서 보다 적합한 의미를 지시해 주느냐에 따라 결정되기 때문이다.[200] 이러한 생각 속에는 전체 현실이 서로 독립적으로 존재하지 않고 각각의 현실이 의미를 통해 서로 내적인 관계를 형성할 뿐만 아니

Israels, sondern erst im Geschick Jesu von Nazareth verwirklicht, insofern darin das Ende alles Geschehens vorweg ereignet ist.

198) *Offenbarung als Geschichte*, 92: Nur im Horizont der Tradition prophetischer und apokalyptischer Erwartung konnte die Auferstehung Jesu und in ihrem Licht auch sein vorösterliches Geschick als eschatologischer Selbsterweis Gottes verstanden werden.

199) 판넨베르크는 하나님에 대한 고백의 합리성은 그것이 신학적 주장으로서 합리성에 근거하고 있기 때문에 가능하다고 보는데, 신학적 주장이 진리인가 그렇지 않은가에 대한 판단은 그것이 오직 가설의 형태를 갖게 될 때 가능하다고 한다. Wie wahr ist das Reden von Gott?, 31: "가설의 성격은 이미 모든 주장들의 논리적인 구조 안에 있다. 어떤 한 주장이 참 혹은 거짓일 수 있지만, 사실이 그러한지에 대해서 아직 결정되지 않는 한, 모든 주장들은 현실에 대한 가설의 성격을 갖는다. 주장이 참인가 거짓인가라는 질문이 제기될 수 있다는 것. 즉 주장을 검증할 수 있는 가능성은 주장의 가설적 성격 안에 기초되어 있다."

200) Wie wahr ist das Reden von Gott?, 34: "그[하나님]의 행위 혹은 계시된 것에 대한 주장은 직접적으로 그의 대상을 두고 검증될 수 있는 것은 아니다. 다시 말해서 그러한 주장은 그것이 갖는 내포적인 의미와 관련해서 검증될 수 있다. 하나님의 현실이나 하나님의 행위에 대한 주장은, 하나님이 모든 것을 규정하는 현실로 주장되는 한, 유한한 현실의 의미를 통해서 검증될 수 있다."

라, 하나에로 수렴된다는 생각이 전제되어 있다. 이 전제는 바로 '모든
것을 규정하는 현실로서의 하나님'이다. 바로 이러한 전제를 통해 그는
진리 이해에 있어서 정합설을 주장하고 또한 보편사적인 해석학, 특히
역사에 대한 해석학적 비평을 신학의 방법론으로 사용할 수 있었다.
왜냐하면 하나님과의 관계가 없이 이루어지는 어떠한 주장도 현실에
대한 올바른 이해를 제공해 주지 못한다고 보기 때문이다.[201]

판넨베르크에 따르면 이 하나님관념이 역사적 사건으로 선취되어
나타난 것이 예수 그리스도의 숙명(Geschick)[역주: 그의 나심에서부
터 그의 부활과 승천에 이르기까지의 삶]이다. 그러므로 모든 신학적
진술은 예수 그리스도의 나심과 사역 그리고 그의 죽으심과 부활을
포괄하는 기독론적 진술과 일치해야만 비로소 진리로 판명된다.

문제는 예수 이후의 역사가 갖는 의미는 무엇이며 진술의 일치를
결정할 수 있는 것은 무엇인가이다. 판넨베르크는 종말 사건으로서의
부활이 선취적으로 예수에게서 나타난 것은 예수 이후에 전개되는 사
건의 의미는 예수 사건의 의미와의 일치를 통해서 결정될 수 있게 되
었음을 말한다고 주장한다. 다음의 인용은 그의 신학적 정당화 과정을
이해하는 데 매우 중요하다.

"만일 예수 그리스도의 숙명이 종말의 선취된 사건이고 그럼으로
써 하나님의 계시라면 그 이후에 전개되는 역사나 미래의 역사 속에
서 하나님이 당신 자신의 본질을 드러내는 일은 더 이상 일어나지 않
게 될 것이다. 하나님은 그리스도 이후의 사건을 계속 일으키시기는

---

201) Wie wahr ist das Reden von Gott?, 35: "······현실적인 어떠한 것도 하
나님과 관계되지 않고는 완전하게 이해될 수 없게 된다. 그 반대로 모든
현실에 대해 깊이 있는 이해는 하나님의 현실로부터 밝혀질 것이라고 기
대돼야만 한다."

하지만 그리고 그런 방식으로 자신을 계속해서 입증하게 될 것이지만, 그는 근본적인 측면에서 생각해 볼 때 더 이상은 새로운 방식이 아니라 예수 그리스도의 숙명 속에서 이미 계시된 그런 존재로 자신을 입증할 것이다. 이것은 그리스도 이후에는 본질적으로 더 이상 새로운 것이 일어나지 않는다는 것을 의미하지는 않는다. 그리스도 이후의 역사는 예수 그리스도의 사건에서 나타난 의미와의 관계 속에서 이해될 수 있다는 말이다. 사건들이 갖는 독특함은 그리스도 사건 안에 포함된 특징에 주목하게 만들어 준다. 그리스도 이후의 역사는 본질적으로 그리스도 계시의 선포를 통해 규정되었다."202)

판넨베르크는 심지어 세계사 안에서 일어나는 반그리스도적인 경향들마저도 바로 예수 그리스도의 계시 사건과의 관계를 통해서만 역사의 통일성에 참여하게 된다고 말할 정도로,203) 예수 그리스도의 부활 사건이 역사적 사건의 통일성을 이해함에 있어서 결정적이고도 미래적인 의미를 열어주는 보편사적 의미를 갖는 것으로 본다.204)

b. 철학적 진리 이해의 역사에 대한 비판적 고찰

진리의 본질을 묻는 질문은 원래 철학의 문제이다. 그러므로 진리를 신학의 주제로 삼게 됨에 있어서, 다시 말해서 어떠한 의미에서 진

---

202) *Offenbarung als Geschichte*, 106: ······Die Geschichte nach Christus ist wesentlich bestimmt durch die Verkündigung der Christusoffenbarung.

203) *Offenbarung als Geschichte*, 106: Aber auch sie[예수 이후의 반그리스도적인 경향들] haben nur in der Beziehung zum Christusgeschehen an der Einheit der Geschichte teil.

204) *Offenbarung als Geschichte*, 107: Die Auferweckung Jesu ist nicht nur göttlicher Beglaubigung des vor Ostern erhobenen, jede menschliche Autorität unter sich lssenden Vollmachtsanspruch Jesu. Sie bedeutet auch, daß das Ende im Geschick Jesu schon angebrochen und also Gott in ihm offenbar ist.

리가 신학적 주제가 되는지를 밝히는 데 있어서 철학과의 대화는 불가피하게 된다. 판넨베르크는, 다른 경우와 마찬가지로, 철학사에 대한 비판적인 시도를 통해서 철학과 대화해 나간다. 즉 다음의 질문에 대답하려고 한다. "진리 이해의 역사는 진리 자체의 본질과 어떠한 관계를 갖는가?"[205][원문은 간접의문문으로 되어 있지만 필자에 의해 직접의문문으로 표현됨]

판넨베르크는, 진리 이해의 역사는 그리스적 이해로부터 출발해서 히브리적 진리 이해의 방향으로 진행됐는데, 이러한 과정에서 그리스적 진리 이해에 수정이 가해지고 결국 히브리적 진리 이해를 지향하는 쪽으로 진행됐다고 주장한다.[206] 이를 보여 주기 위해서 판넨베르크는, 먼저 서구의 진리 이해의 역사는 두 가지 이해가, 즉 히브리적 사고에 따른 진리 이해와 그리스적 사고에 따른 진리 이해가 서로의 갈등관계 속에서 전개되어 왔고 오늘날까지 계속되고 있다고 주장하는 폰 조덴(Hans von Soden)의 견해를 검토한다.[207] 그 후에 철학에서 이루어진 진리 이해의 역사를 비판적으로 검토해 나갔다.

① 폰 조덴의 주장을 판넨베르크는 자신의 진리 이해의 맥락 안으로 수용한다. 왜냐하면 진리는 미래에 가서야 분명하게 드러나게 될 것으로서 세계 안에서는 역사적 변천 과정을 겪을 수밖에 없다고 보는 히브리적 이해와 무시간성(Zeitlosigkeit)을 특징으로 하는 그리스적 이해로 파악할 수 있다는 폰 조덴의 견해를 그가 수용하기 때문이다. 다른 말로 표현한다면, 히브리적 진리 개념은 '사건'(Geschehen)으

---

205) Was ist Wahrheit?, 203.
206) Was ist Wahrheit?, 209.
207) Was ist Wahrheit?, 203ff. 판넨베르크는 이곳에서 폰 조덴의 견해를 통해서 자신의 견해를 피력해 나가고 있다.

로 이해되고 있는 데 반해, 그리스적 사고에서는 존재론적 의미에서
이해되었다는 것이다. 또한 폰 조덴은 양자 사이에서 발견될 수 있는
공통점으로 지속성(Beständigkeit), 신뢰성(Verläßlichkeit), 또 경험가
능성(Erfahrbarkeit) 등을 들기도 했다.[208]

기본적인 분류와 개념 파악에 대해서는 동의를 하면서도 판넨베르
크는 폰 조덴의 주장 가운데서 몇 가지에 대해 이의를 제기한다. 그
하나는 진리의 문제를 지식 혹은 앎과의 관계 속에서 생각하는 것은
그리스적인 진리 이해의 특징이라는 폰 조덴의 주장이다. 이에 대해
판넨베르크는 이스라엘 역사 속에서도 앎과 진리의 관계가 나타나고
있다고 본다. 그에 따르면, 히브리적 사고에 있어서 앎은 하나님의 신
실하심에 대한 신뢰, 곧 믿음을 통해 이루어지는 것으로 그것은 미래
의 것에 대한 선취의 형태로 나타난다.[209] 그러므로 믿음을 통해 나
타나는 지식은 오히려 전체를 바라보게 한다고 본다.[210]

다른 하나는 폰 조덴이 이스라엘에게 있어서 진리는 이성적 사유에
비추어서 생각해 볼 때 우연적(kontingent, 창발적)이라고 본 것에 대
해 이의를 제기한다. 폰 조덴은 이러한 견해를 통해서 히브리적 진리
개념이 비합리적임을 말하려고 했다. 이에 대해 판넨베르크는 진리가
'우연적'이라고 하는 것이 곧 비합리적인 것을 의미하는 것은 아니라
고 본다. 그에 따르면 우연적 사건들은 하나님의 과거 행위에 대한 오
래된 기억에, 또 전체를 바라보는 시각에 의미를 밝혀 주는 역사적 경
험의 기초를 제공해 주기 때문에 이것은 그리스인에게 있어서 존재의
지속성과 충분히 비교될 수 있다는 것이다.[211] 이러한 맥락에서 함께

---

208) Was ist Wahrheit?, 205f.
209) Was ist Wahrheit? 206.
210) Was ist Wahrheit? 207.
211) Ebd.: Aber kontingent, "heißt nicht unbedingt „irrational", sondern

이해될 수 있는 것으로 판넨베르크는 진리의 통일성(die Einheit)을 말한다.[212]

판넨베르크는 서구의 진리 이해에 있어서 기본적인 구조를 형성하고 있는 히브리적 진리 이해와 그리스적 진리 이해의 차이에 대해 말하면서, 이 두 가지는 현실에 대한 상이한 이해의 차이에서 비롯된 것으로 양자 사이에 긴장 관계가 있다고 본다.[213] 히브리적 개념인 역사성[214]과 그리스적 개념인 무시간성[215]이 그것이다.

판넨베르크는 현실 이해에 있어서 그리스적 사고보다는 히브리적 사고가 더 깊고 포괄적이라고 주장하는데, 이는 진정으로 존재하는 것과 가변적인 것을 구분하는 그리스의 이원론적 사고에 반해, 히브리적 사고는 진정한 존재 자체가 역사성을 갖는 것으로 파악하려고 보았기 때문이다.[216] 그리스적인 사고가 진리 이해에 있어서 배제하고 있는 역사성을 히브리적 이해가 갖고 있음으로 인해, 진리에 대한 그리스적 이해는 히브리적인 이해 안에서 지양된다고 판넨베르크는 주장한다.[217] 이를 입증하기 위해서 그는 그리스인들이 자신의 경험 속에서

kontingente Ereignisse begründen eine geschichtliche Erfahrung, die gerade einem langen Gedächtnis, einem die großen Zusammenhänge erkennenden Blick ihren Sinn erschließt. Die Beständigkeit seines Gottes ist also für Israel auch bisher schon in Erscheinung getreten, darin nichts anders als die Beständigkeit des Seienden bei den Griechen.

212) Was ist Wahrheit?, 208.
213) Was ist Wahrheit?, Grundfragen 1, 203. 물론 이러한 차이를 넘어서서 존재하는 두 가지 사고에 있어서 공통점을 간과한 것은 아니다. 판넨베르크는 양자가 주장하는 진리 이해에는 지속성(Beständigkeit)과 신뢰성(Verläßlichkeit) 그리고 경험가능성(Erfahrbarkeit)을 공통으로 하고 있음을 지적한다(205f).
214) Was ist Wahrheit?, Grundfragen 1, 204.
215) Was ist Wahrheit?, Grundfragen 1, 205.
216) Was ist Wahrheit?, 208f.

바라보는 현실이 성서적으로 기초된 현실 이해 안에서 결코 배제되지
않고 오히려 함께 지향되고 있음을 보여 주고자 했는데, 그는 히브리
적 진리가 역사적인 것으로 이해되었다는 점이 결정적이라고 본다.[218]
  여기서 우리는 판넨베르크가 역사성을 진리 이해에 있어서 우열을
판단하는 기준으로 삼고 있음을 알게 된다. 이는 그가 진리를 존재론
적인 의미에서 이해하면서도 그것과 인식 주관과의 차이를 강조할 뿐
만 아니라 진리의 인격성을 전제했기 때문이다. 이 말은 판넨베르크가
무시간적 존재를 진리로 이해하는 그리스적 사유에서 진리는 인간에
의해서 임의로 사용될 수 있는 데 반해, 역사성을 갖는 진리는 늘 새
롭게 나타나게 됨으로써 그것을 불가능하게 만든다고 말한 점에서 잘
나타난다.[219] 판넨베르크에게 있어서 진리의 역사성은 하나님의 인격
성과 관계하고 있음을 알게 된다.

  ② 그리스적 진리 이해에는 두 가지 측면, 진리의 통일성과 그것의
경험 가능성이 있다고 본 판넨베르크는 이 두 가지를 비판적으로 검토
하면서 앞서 말한 대로 성서적 진리 이해가 그리스의 그것보다 어떤 점
에서 우월한지를 보여 주고자 한다. 첫 번째 경험 가능성에 관한 한, 판
넨베르크가 서술하는 바에 따르면, 철학에 있어서 진리 이해의 변천은

---

217) Was ist Wahrheit?, 209: Die Griechische Wahrheit ist also in der
    biblischen Wahrheit im Prinzip aufgehoben, sofern die letztere diejenigen
    Züge der Wirklichkeit miteinschließt, die der griechische Wahrheitsgedanke
    von sich ausschließt, ohne daß das Interesse am Bleiben und Dauernden
    etwa weniger entschieden festzuhalten.
218) Was ist Wahrheit?, 208.
219) Was ist Wahrheit?, 209: Die Unverfügbarkeit der Wahrheit Gottes
    hängt also damit ihrer Geschichtlichkeit zusammen. Eben darin gründet
    auch ihre personale Art, im Unterschied zur Unpersönlichkeit des
    griechischen wahrhaft Seienden.

인식 주관과 독립적인 영역을 갖는 것으로, 이성에 의해 수용됨으로써 인지될 수 있고 경험될 수 있다는 생각에서부터 인식 주관에 좌우되는, 심지어는 인식 주관에 의해 생산되거나 혹은 표현된다고 이해하는 주관주의적인 견해로 이어졌다.[220] 이러한 과정에서 결정적인 영향력을 행사한 것으로 판넨베르크는 현실에 대한 성서적 이해를 꼽는데, 왜냐하면 철학사에서 발견되는 주관주의적인 구성으로서의 진리 이해는 이성과 현실 밖의 존재, 즉 신을 전제해서만 가능하기 때문이라는 것이다.[221] 신을 전제한다는 말의 의미를 판넨베르크는 인간의 태도가 신의 진리와 일치해야, 즉 세계의 통일성(Einheit der Welt)을 고려해서 이루어져야 비로소 참이라고 판단될 수 있다는 것으로 파악한다.[222]

두 번째, 통일성에 관한 문제에서 판넨베르크는 그리스적인 진리 개념에서는 결코 어떤 변화도 허용되지 않음에도 불구하고, 하이데거가 그리스적 진리 개념을 분석함으로써 진리의 역사성을 주장하게 된 것에 대해 주목한다. 하이데거의 주장을 역사적으로 재구성하면서, 판넨베르크는 그것이 17세기 계몽주의 시대에 활발하게 이루어진 지리상의 발견과 문화인류학적인 연구와 상관되어 있음을 보여 준다. 또한 하이데거의 주장은, 이러한 연구를 통해 드러나는 진리적 주장의 다양성이 확인되었고 또한 전통에 대한 역사적인 비판으로 진리의 개념이 시대에 따라 다르게 이해될 수 있다는 사실이 인식되면서 가능하게 되었다고 해석한다.[223]

---

220) Was ist Wahrheit?, 210ff.
221) Was ist Wahrheit?, 215: Das neutzeitliche Verständnis der Wahrheit von der Subjektivität des Menschen her bleibt also an die Voraussetzung Gottes, wie sie der Kusaner zuerst formuliert hat, gebunden. So betrachtet aber ist die Subjektivierung der Wahrheit als eine legitime Auswirkung biblischen Verständnisses der Wirklichkeit zu beurteilen.
222) Was ist Wahrheit?, 216.

138

판넨베르크는 그렇다고 해서 진리에 있어서 통일성의 문제가 해결된 것은 아니며, 이를 통해 단순히 진리도 역사를 가질 수 있다는 생각이 개진되었을 뿐이라고 본다.224) 판넨베르크는 이 문제 해결의 가장 적합한 철학을 헤겔의 역사철학적 시도에서 발견한다. 즉 그는 헤겔 철학의 특징을 규정하면서, 헤겔도 진리가 이미 완성된 결과로 존재하는 것이 아니라 그 자체로서 역사요 과정으로 이해했다고 해석한다. 전체로서의 진리, 절대정신, 곧 신은 종말에 가서야 경험될 수 있다는 것이다.225) 판넨베르크의 분석에 따르면, 이러한 견해는 두 가지 점에서 성서적인 진리 이해와 공통된다. 하나는 진리가 역사 속에서 변화의 과정을 겪는다는 것이고, 다른 하나는 이 과정의 통일성은 종말에 가서야 인식된다는 것이다. 결국 궁극적인 판단은 마지막에 가서야 이루어지게 된다는 말이다.226)

그럼에도 불구하고 판넨베르크는 헤겔에게서 극복돼야 할 점이 있다고 본다. 헤겔에게는 미래라고 하는 지평이 상실되어 있다는 점이다. 왜냐하면 헤겔의 철학적 주장이 성립되기 위해서는 자신의 입장을 역사의 마지막에 제시될 수 있는 것으로 이해해야 하기 때문이라는 것이다. 이것은 신학적인 의미에서 더 이상의 종말론이 가능하지 않다는 것을 의미할 뿐만 아니라, 결국에는 미래적인 의미에서 드러나게 될 진리가 자신의 철학 체계 안에서 배제됨으로 인해 진리의 통일성을 생각하려

223) Was ist Wahrheit?, 216f.
224) Was ist Wahrheit?, 217: In dieser Situation kann die Einheit der Wahrheit nur noch gedacht werden als eine Geschichte der Wahrheit, und zwar so, daß die Wahrheit selbst eine Geschichte hat und daß ihr Wesen der Prozeß dieser Geschichte hat und daß ihr Wesen der Prozeß dieser Geschichte ist.
225) Was ist Wahrheit?, 218.
226) Was ist Wahrheit?, 218f.

는 자신의 철학적 과제와 모순에 빠지게 되었음을 말한다.[227] 간단히
말해서 헤겔은 역사에서 일어나는 우연적인 사건(Kontingenz)을 진지
하게 고려하지 않았다는 것이다.[228]

　철학사적으로 헤겔 이후로 진리의 통일성을 진지하게 생각하지 않
았다고 본 판넨베르크는 바로 이러한 문제점에 대해 성서적인 진리
이해가 통일성 문제를 해결하는 데에 어떻게 작용할 수 있는지를 보
여 주려 한다. 여기서 그는 앞서 인용한 질문을 제기하며 문제의 해
결을 예수 그리스도 사건이 갖는 예료적인 성격에서 발견할 수 있다
고 주장한다.[229] 이러한 주장을 통해 판넨베르크는 결국 기독교 신학
은 철학이 해결하지 못하는 진리의 문제에 있어서 보다 더 근본적인

---

227) Was ist Wahrheit?, 219: Ernster zu nehmen ist der Hinweis auf den
　　 Verlust des Zukunftshorizontes im Denken Hegels. Er hat seinen eigenen
　　 Standpunkt als das Ende der Geschichte verstehen müssen, um die
　　 Einheit der Geschichte denken zu können. Die Einheit der Geschichte –
　　 und also die Wahrheit – kommt ja erst vom Ende her in den Blick. Das
　　 bedeutet theologisch, daß Hegel keine offene Zukunft, keine Eschatologie
　　 mehr vor sich hatte.
228) Ebd.
229) Was ist Wahrheit?, 220: Das begründet im proleptischen Charakter des
　　 Christusgeschehens. Das heißt: Die Auferweckung Jesu ist zwar für die
　　 Menschen, die – wie auch Jesus selbst – in der apokalyptischen Enderwartung
　　 lebten, unfehlbar der Anbruch des Endes. Aber Anbruch des Endes ist
　　 sie vorläufig nur an Jesus selbst, der durch dieses Geschehen in seinem
　　 Anspruch, daß sich an der Stellung zu seiner Botschaft das endgültige
　　 Geschick der Menschen entscheide, bestätigt ist. Für uns andere steht
　　 das an Jesus schon geschehene Ende, die Auferstehung der Toten, noch
　　 aus. Insofern ist es vorläufig nur ihm vorwegnehmend zuteil geworden.
　　 Gerade dadurch aber ist allen anderen Menschen die Möglichkeit
　　 eröffnet, durch Gemeinschaft mit Jesus, mit dem vorösterlichen Weg
　　 seiner Verkündigung und seines Kreuzesgeschicks, die bebegründete
　　 Hoffnung auf einstige Teilhabe an seiner Auferstehung zu erlangen.

해결책을 제시한다고 본다. 더 근본적인 해결책이란 기독교의 진리 이해가 미래개방성(Offenheit der Zukunft)과 역사적 사건의 우연성 (Kontingenz)을 보존해 주면서도 또한 예수 안에서 나타난 사건의 궁극성(Endgültigkeit)을 고수함으로써 진리의 통일성이 가능하도록 해준다는 것을 가리킨다.[230] 이러한 역사해석학적 비판의 결과를 통해서 기독교 선포의 진리가 입증되는 것으로 생각한 판넨베르크는 오직 기독교 선포만이 진리의 통일성을 세운다는 주장에 이르게 된다.[231]

3) 교의학의 과제에 대한 이해

"하나님은 신학에 있어서뿐만 아니라 믿음의 문제에 있어서도 가장 포괄적이면서 또한 유일한 주제이다."[232]

이 명제는 모든 현실은 신학적 연구의 대상이 될 수 있지만, 어떠한 연구도 만일 하나님 혹은 하나님의 행위와 주제적으로 관련되어 있지 않다면, 그것은 신학이 될 수 없다는 의미이다. 그런 한에서 하나님은 신학에서 다루어지는 모든 대상과 주제들에 통일성을 부여해 주는 준거(Bezugspunkt)가 되고 또한 신학의 가장 본래적이고 포괄적인 대상이 된다.[233] 신학을 하나님 지식과 계시의 관계 속에서 이해

---

230) Was ist Wahrheit?, 222. 예료적 진술로서 진리 이해를 오늘 우리에게 해당되는 것으로 받아들일 수 있기 위해서 판넨베르크는 두 가지를 전제하고 이를 '역사로서의 계시' 안에서 다룬다. 그 하나는 묵시사상적 부활 소망이 오늘 우리에게도 여전히 진리를 갖는다는 것이다. 다른 하나는 예수의 부활은 역사적 사건으로 단순한 환영이 아니라는 것이다.
231) Ebd.: Das aber bedeutet den Erweis der Wahrheit der christlichen Botschaft selbst, daß sie allein die Einheit der Wahrheit stiftet.
232) SysTh 1, 69: Gott ist das umfassende und einzige Thema der Theologie wie des Glaubens.

한다면 교리를 조직적으로 설명하는 과제를 갖는 신학은 진리 문제를
결코 우회할 수 없게 되는데, 판넨베르크에 따르면, 이는 신학이 교리
의 진리와 그 진리에 대해 확신하는 것을 주제로 삼기 때문이다.[234]
그는 심지어 '신학' 개념 안에 이미 하나님에 대한 신학적 진술, 즉 하
나님 스스로에 의해 그 권위가 부여된 진술의 참됨이 이미 전제되어
있다고 본다.[235]

하나님에 대한 진술과 그것의 진리성에 대한 물음의 관계에서 신학,
교의학이 자신의 과제를 인식하면서 판넨베르크는 다음의 질문을 제
기한다. "교의학은 하나님에 대한 기독교적 진술의 진리성을 어떻게
옹호할 수 있는가? ……또 그것은 어떻게 일어나는가?"[236] 진리를 조
직신학의 주제로 삼아야 한다고 주장함에 있어서 판넨베르크는 우선
적으로 신학적 진술이 수행적이고 인지적인 것으로서 그 자체가 이미
진리를 주장하는 성격을 갖고 있다고 말한다.[237] 뿐만 아니라 진리의

---

233) SysTh 1, 15.
234) SysTh 1, 28-29: Die systematische Darstellung des Inhalts der
christlichen Lehre steht also bereits als solche in einer Beziehung zu
ihrem Wahrheitsanspruch. ……Insofern get es bei der systematischen
Darstellung der Glaubensartikel unmittelbar um deren Wahrheit und um
die Vergewisserung ihrer Wahrheit이다. ……die Frage nach der
Wahrheit des Inhalts ist mit der systematischen Darstellungsform selber
verbunden. Damit hängt auch der Dienst zusammen, den die syste-
matische Theologie der Verkündiung der christlichen Botschaft leistet:
Diese soll ja so geschehen, daß sie ihren Inhalt als wahr vorträgt.
235) SysTh 1, 17: Im Begriff der Theologie wird die Wahrheit theologischen
Redens als eines durch Gott selbst autorisierten Redens von Gott
immer schon vorausgesetzt.
236) SysTh 1, 18.
237) Wie wahr ist das Reden von Gott?, 32: "그러므로 모든 신앙적 진술
안에는 수행적일 뿐만 아니라 인지적인 진술의 성격, 즉 주장의 성격을
갖는 핵이 들어 있다. 하나님에 대한 신학적인 진술은 이처럼 이미 주장

문제와 관련해서 인식되는 교의학의 과제를 두 가지 방향에서 제시하면서 논증해 나간다. 하나는 교리에 대한 개념사적 이해와 교의학의 역사에 대한 비판적 고찰이다.

① 교리에 대한 개념사적 이해: 기독교에서 교리(Dogma)는 하나님의 행위를 단언적으로 진술한 것으로, 진리라고 고백된 것이며 구속력을 갖는다. 전통적으로 이렇게 이해된 교리는 교회사 안에서 공의회의 결정(Beschluß des Konzils), 즉 동의(Konsensus)와 깊은 관계를 갖는다. 그러나 판넨베르크는 전통적으로 공의회의 결정(Konsensus)에 따라 교리를 진리로 인정하는 관점을 비판한다.

그것은 먼저, 교리에 대한 평판을 나쁘게 만드는 결과를 가져왔다는 것이다.[238] 교리가 동의에 따라 결정된다고 볼 때 제기되는 또 다른 문제는 공동체의 동의에 기반을 둔 이단적인 의견의 출현에 대해 방어하기가 쉽지 않다는 것이다.[239] 뿐만 아니라 공의회의 결정이 비록 개인이나 혹은 크고 작은 규모에 상관없이 어떤 한 공동체의 자의적인 수준을 넘어서 진리의 보편성을 말해 주는 것이라 할지라도, 경우에 따라서는 보편적으로 인정되고 있는 것이 진리가 아님에도 불구하고 인간의 구조적인 본성으로 인해 결코 극복될 수 없는 사고나 신념에 따라 진리로 믿어질 수도 있다는 염려도 작용되었다.[240]

판넨베르크는 동의를 합의나 협약의 의미로 이해하기 때문에, 그에 따르면 교리의 내용이나 진리성은 공의회의 동의에 정초되는 것이 아

이라고 하는 구조 안에서 이루어지기 때문에 합리적인 방법을 통해 검증을 받을 수 있어야만 한다."
238) SysTh 1, 20.
239) SysTh 1, 21.
240) SysTh 1, 22f.

니라, 오히려 성서가 말하고자 하는 본질, 즉 예수 그리스도 안에서
이루어진 하나님의 행위에 대한 인식에 근거하며, 이것이 신조와 교리
의 내용이다.241) 교리 이해에 있어서 판넨베르크는 그것이 성서의 중
심 내용을 요약한 것이기 때문에 그것으로 기독교 믿음의 전체가 표
현되는 것은 아니며, 그러한 진술을 통해서는 단지 진리적인 면을 일
시적으로 나타내는 것이고 이것은 해석의 역사 속에서 계속 유동적임
을 강조한다.242) 따라서 그는 교리(Dogma)는 종말론적인 개념이라고
본다.243) 교회 안에서 구속력이 인정된 모든 교리는 성서의 전체적
내용과 관련해서 진리이기를 주장하는 진술이기 때문에 역사가 아직
종결되어 있지 않는 한 열려 있어야 하며, 이는 해석의 과정을 통해서
늘 새롭게 검증될 수 있다는 말이다.244) 판넨베르크는, 이런 의미에서
이루어지는 교의에 대한 해석과 검증이 바로 교의학의 과제를 형성한
다고 주장한다.

> "교의학은 교리의 진리에 대한 물음을 제기한다. 즉 여러 교의들이
> 하나님의 계시의 표현인지, 다시 말해 하나님 자신의 교의인지를 물
> 으며 이러한 질문에 대한 대답을 교리의 해석을 통해 시도한다."245)

② '교리'의 개념사적 이해를 바탕으로 그것의 종말론적 성격을 확
인한 후에 교의학의 과제인식에 이르게 된 판넨베르크는 교의학의 기

---

241) SysTh 1, 25f, 26: Inhalt und Wahrheit des Dogmas sind also nicht
    begründet im Konsens der Kirche. Vielmehr bringt erst die Erkenntnis
    der Sache der Schrift den Konsens über sie hervor.
242) SysTh 1, 25.
243) SysTh 1, 26.
244) Ebd.
245) Ebd.

능을 두 가지로 파악한다. <u>하나는</u> 교회의 가르침이 이해될 수 있도록
전개하는 것이고, <u>다른 하나는</u> 교리가 갖는 구속력과 관계해서 그것이
참인지, 참이라면 어떤 의미에서 그런가라는 물음에 대답하는 것이
다.246) 이러한 교의학의 과제를 상술하면서 그는 '교의학' 개념의 발
생에서부터 그것의 발전 과정의 역사를 고찰해 나간다.

교의학의 두 가지 과제를 보다 명료하게 이해할 수 있기 위해 판넨
베르크는 전통적인 의미에서 교회의 가르침(Lehre)이 교리(Dogma),
교의학(Dogmatik) 그리고 선포(Lehrverkündigung)로 세분되어야 한
다고 본다. 그에 따르면, 교리는 예수 그리스도 안에서 계시된 하나님
의 행위를 진술하는 것이며, 교의학은 그것을 조직적으로 설명하고,
선포는 그것이 진리임을 주장하는 것으로 이 세 가지는 서로 의미적
으로 연관되어 있다.247) 그가 진리정합설을 주장하게 된 것은 바로
이러한 이유에서 비롯된다.248) 진리이기를 주장하는 교회의 가르침을
조직적으로 설명함에 있어서 동일성과 모순의 원리(die Grundsätze
der Identität und Widersrpuch)249)는 항상 전제돼야 한다.250)

교회의 가르침이 갖는 이러한 성격에도 불구하고, 현대사에서 기독

---

246) SysTh 1, 27.
247) SysTh 1, 29.
248) 참고: SysTh 1, 31: ……und darüber hinaus ist in der systematischen
Untersuchung und Darstellung sogar ein ganz bestimmtes Verständnis
von Wahrheit impliziert, nämlich Wahrheit als Kohärenz, als
Zusammenstimmung alles Wahren. Durch Untersuchung und
Darstellung der Kohärenz der christlichen Lehre hinsichtlich des
Verhältnisses ihrer Teile zueinander, aber auch hinsichtlich ihres
Verhältnisses zu sonstigem Wissen vergewissert sich systematische
Theologie der Wahrheit der christlichen Lehre.
249) 동일성의 원리: A는 A이다, 모순의 원리: A는-A가 아니다.
250) SysTh 1, 31.

교 신앙의 진리 문제가 교의학의 연구주제로 인식되기보다는 오히려 그것을 전제하는 태도에 대해 판넨베르크는 만족스럽지 못한 태도를 보인다.[251] 근대에서 보여 주었듯이 교의학은 오직 내용만을 다루고 진리의 문제는 변증학에 위임하거나 혹은 가톨릭의 경우에서처럼 기초신학과 교의학을 구분해 진리를 기초신학의 주제로 삼는 입장에 대해서도 비판적이다. 판넨베르크는 교의학의 내용은 그것의 진리성에 대한 물음으로부터 분리되어서는 안 된다고 보며 다음과 같은 비판적인 질문을 제기한다.

> "기독교 가르침의 내용을 제시하면서, 만일 가르침이 단순한 역사적인 보물일 뿐만 아니라 또한 하나님의 계시로서 보고된다면, 그것의 진리와 그것이 참된 의미에 대한 물음을 제기하는 것이 필연적일 필요는 없는가?"[252]

판넨베르크는 이 질문에 대해 긍정적으로 대답한다. 이는 논증적인 작업에 기반을 둔 교의학 자체에 대한 기대를 반영하고 있을 뿐만 아니라 또한 창조로부터 종말에 이르는 하나님의 사역의 통일성을 드러내기 위한 조직적인 서술 작업 때문에 진리에 대한 물음에 대답하는 것은 교의학의 본질적인 과제라고 주장한다.[253]

---

251) SysTh 1, 57f.
252) SysTh 1, 58.
253) SysTh 1, 58: In aller Regel wurde von der Dogmatik erwartet, daß sie den von ihr entfalteten Lehrinhalt auch argumentativ vertritt und als wahr erhärtet. Schon durch die systematische Form der Darstellung hat die Dogmatik diese Aufgabe faktisch immer wahrgenommen, in Verbindung mit der im Gottesgedanken begründeten Universalität ihres Inhalts, der die Wirklichkeit der Welt von der Schöpfung bis zur eschatologischen Vollendung umfaßt. Indem die Einheit von Schöpfung

교의학의 과제인식을 통한 진리 이해의 과정을 요약해 본다면 다음과 같다. 즉 판넨베르크는 하나님에 대한 진술(Reden von Gott)의 진리성을 묻는 질문에 대한 대답의 과제는 성서해석을 통해 시도하려는 노력에서 교의학으로 이양되었다고 본다.254) 교의학의 이러한 과제인식에 대해 그는 우선적으로 '신학' 개념을 개념사적으로 설명해 나간다. 특별히 그가 신학적 진술에 대한 진리성을 묻는 질문과 교의학의 과제를 고찰하는 것은 신학사 안에서 나타나는 신학 자체에 대한 다양한 이해로 인해 신학의 통일성 자체가 도전을 받게 되기 때문이다. 이러한 통일성이 확보되지 않는 한 신학의 대상인 하나님 이해의 통일성에 대해서도 회의가 나타날 수 있기 때문이다. 결국 판넨베르크에게 있어서 교의란 진리에 대한 다양한 이해의 하나일 뿐이며 해석의 역사를 반영한다. 따라서 해석으로서 신학함을 본질로 삼을 수밖에 없는 교의학의 과제로서 진리의 문제는 하나님의 통일성에 대한 변증의 노력으로 이해될 수 있다.

(3) 나가면서

결론적으로 말해서 신학의 주제로서 '진리' 문제를 다룸에 있어서 판넨베르크는 진리는 반드시 인정되고 받아들여질 것이라는 낙관적인 생각을 가지고 있다. 이러한 생각이 갖는 의미를 좀더 분석해 보면 다음과 같은 두 가지를 확인해 볼 수 있다. 하나는 기독교 진리를 사적

---

und Heilsgeschichte auch angesichts von Sünde und Übel in der Welt zur Darstellung kommt, wird faktisch zugleich die Einheit Gottes als des Schöpfers, Versöhners und Erlösers der Welt und damit auch die Wahrheit Gottes, seine Gottheit, bekräftigt.

254) SysTh 1, 18.

인 혹은 실존적인 의미에 제한하려는 제반 시도에 대한 비판이다. 다른 하나는 성서에서 증명되고 있는 진리의 공공성(Öffentlichkeit)을 확보하기 위한 것이다. 진리는 한 개인이나 단체에 제한될 수 없다고 보는 것이다. 이와 같이 판넨베르크는 성서의 위기와 더불어서 출현하게 된 기독교 진리에 대한 회의를 극복하는 것을 자신의 신학적 과제로 삼으며, 설득력 있는 극복을 위해 '진리'는 조직신학의 주제가 되어야 한다고 주장했다.

이러한 주장에 이르기까지 거쳐 온 과정을 보면, 첫째, 그는 모든 것을 규정하는 힘으로서 혹은 현실로서의 하나님을 전제하고 모든 역사적 사건들과 사상들이 하나님관념을 기초로 해서 이해될 수 있으며, 하나님관념과의 관계 속에서, 즉 전체 안에서 비로소 그 의미가 확인될 수 있다고 보았다. 이런 점에서 그는 진리정합설을 주장하였다. 둘째, 그의 진리 이해의 특징으로서 역사로서의 계시 이해를 바탕으로 해서 성서적 진술 및 진리의 역사성을 인식하게 되었다. 셋째, 교의학 안에서 이루어지는 진술 그 자체에 대한 이해이다. 그에 따르면 교의학적 진술은 진리임을 주장하는 진술(Wahrheitsanspruch)이기 때문에 교의학은 미땅히 진리를 주제로 삼아야 한다고 보았다. 마지막 넷째, 전체로서의 진리는 종말에 가서야 입증된다고 하는 종말론적 지평에 대한 인식이다. 신학적 진술의 종말론적 정당화는 직접계시가 종말에 일어나는 것과 동시에 일어나게 될 것이라고 보았기 때문에 가능했다. 이 일이 있기까지 모든 진술들의 진리 주장은 가설로 이해된다.

방법론적으로 본다면, 판넨베르크의 이러한 인식의 과정들은 역사비평적이면서 보편사적 해석을 통해서 이루어지고 있다. 본고의 연구 범위에서 벗어나는 것이라고 생각해서 다루지는 않았지만, 이러한 인식 과정을 통해 마침내 판넨베르크가 이르게 된 진리 이해 및 진리에 대한 물음이 신학의 주제가 되어야 한다는 그의 주장은 신론과 기독론 그리고 종말론을 통해 논증되고 있다. 이 세 가지 정당화 과정 가운데 다음의 글에서는 특히 진리 이해의 정당화 맥락인 종말론에 대해 살펴보도록 하겠다.

6. 진리이해의 정당화 맥락으로서 종말론

현실주의적이고 과학적 합리주의적인 가치로 무장된 현대 사회는 기독교 소망이 설 자리를 남겨 놓고 있지 않다. 이런 상황에서 기독교 소망이 단지 교회 안에서뿐만 아니라 교회 밖에서도 의미 있는 것이 되기 위해서는 기독교 소망에 대한 진술이 모두에게 인정될 수 있어야 한다. 판넨베르크는 바로 이러한 문제의식에서 기독교 소망의 진리성을 묻는다.[255] 그러나 이 연구의 과제는 종말론적 진술의 정당성을 묻는 데에 있지 않고 진리 이해의 종말론적 근거를 확인하는 데에 있다. 진리 이해에 있어서 구성적 맥락인 미래에 대한 판넨베르크의 생각을 고찰하려는 것이다.

판넨베르크에 따르면, 진리 판단은 현재 속에 비주제적으로 존재하는 전체와의 관계 속에서 이루어진다. 그러나 통일된 것으로서의 전체는 역사의 마지막에 가서야 그 온전한 모습을 드러낼 것이기 때문에 신학적 진술들의 진리 주장은 미래에 대해 개방되어 있고, 따라서 현재 안에서는 단순한 가설의 형태를 갖는다. 이 주장이 종말론적인 근거하에 설명될 때 비로소 진리 이해와 종말론의 관계가 분명해질 것이다. 달리 표현해 본다면, 양자의 관계는 미래의 힘으로서 하나님 통치가 진리 문제[256]에 있어서 구성적 의미를 갖는다는 것이 입증될 때

---

255) 이 주제와 관련해서는 다음을 참고: 정기철, 『시간문제와 종말론』(한들, 2000), 245ff.

256) 진리 문제에는 진리 이해(Wahrheitsverständnis), 진리 정의(Wahrheitsdefinition) 및 진리 주장(Wahrheitsbehautpung)이나 판단의 기준(Wahrheitskriterium)에 대한 문제가 포함된다. 앞 장에서 살펴본 대로 판넨베르크는 진리를 하나님으로 보며, 정합설에 따라서 정의하고, 또 진리는 가설의 형태로 주장된다고 본다. 이러한 진리를 판단하는 기준으로 그가 제시하는 것은 통일성, 보편성, 역사성, 미래개방성이다.

더욱 공고하게 세워진다. 결론을 앞서 말하자면, 판넨베르크의 진리 이해 및 진리정의에는 '미래의 우선성'(Priorität der Zukunft)이 그 바탕을 이루고 있다. 다음의 글에서는 먼저 진리의 종말론적인 규정에 대해 간단하게 살펴보고, 그 후에 미래의 우선성을 주장하는 종말론을 그 주제와 관련해서 기술해 보도록 하겠다.

(1) 진리 문제에 있어서 구성적 맥락으로서 미래

판넨베르크에게 있어서 진리는 모든 것을 규정하는 현실로 이해되는 하나님과 동일하다. 이러한 진리를 판단하는 기준으로 판넨베르크는 통일성, 보편성, 역사성, 미래개방성을 제시하고 있다. 통일성은 다양성을 전제로 하고, 보편성은 특수성을 전제로 하는 개념이지만 종말론과의 관계를 다룸에 있어서 통일성과 보편성, 양자는 같은 맥락에서 다루어질 수 있다. 다양성을 통일하는 힘은 곧 모든 현실 속에서 보편적으로 나타나기 때문이다. 또한 역사성과 미래개방성 역시 동일한 맥락에서 이해될 수 있다. 왜냐하면 전체 현실의 의미로서 진리가 선취된 형태로 역사적 과정 속에서 부분적으로 나타나고, 또 그러한 이유로 인해서 역사의 마지막에 이르기까지 모든 진리 주장은 진리에 부분적으로 참여하는 가설로서 장차 명백하게 나타날 미래를 지향해야만 할 것이기 때문이다.

1) 통일성

다원주의적인 경향으로 인해 쉽게 포기되고 있는 진리의 통일성 문제를 판넨베르크는 결코 포기하지 않는다. 이는 그가 하나님관념에 매우 중요한 의미를 부여하기 때문이다. 그에게 있어서 진리의 통일성은 개별적인 현실을 넘어서 현실 전체를 문제로 삼게 될 때 등장하는 주제이다. 다양한 진리 주장에도 불구하고 전체 현실을 규정해 줄 수 있는 의미인 진리는 이 모든 것을 통일할 수밖에 없다는 말이다. 이것은 '하나님은 세계의 미래로서 모든 것을 통일시키신다.'[257)]는 생각에 근거한다. 이러한 생각이 가능한 이유는 진리 판단에 있어서 최종적인 결정을 미래가 가지고 있다고 생각하기 때문이다.[258)] 그러므로 미래의 힘으로서 '하나님 통치는 통일성을 정초한다.'[259)]는 결론에 이르게 된다. 다시 말해서 과거와 현재에 대해 우선성을 갖는 미래는 역사 과정 안에서 '통일된 힘'(eine einheitliche Macht)으로서 현존하면서 '구체적으로'(konkret)[260)] 영향력을 행사해 과거나 현재로 하여금 공동의 맥락 가운데에 있는 미래를 향하도록 규정한다는 것이다. 따라서 진리의 통일성은 미래의 통일성이 전제되었을 때 비로소 주장되거나 생각될 수 있게 된다.

모든 진리 주장들은 공동의 미래에 대한 각각 주어진 조건에 따라서 그것을 선취해서 제기되는 것이어서 그것들은 다양하게 나타나며 심지어는 서로 모순된 형태를 띠기도 한다. 선취된 것일 뿐 아직 최종적인 의미로서 미래가 온전히 드러나지 않았기 때문에 그것은 단지 주장이요 현실에 바탕을 두고 검증되어야 할 가설에 불과하다. 모든 것을 통일하는 하나님의 통치가 온전하게 드러날 때 비로소 무엇이

---

257) *Theologie und Reich Gottes*, Gütersloh 1971, 17.
258) *Theologie und Reich Gottes*, 18: "사건의 현재 및 과거의 실상을 드러내 보이면서, 미래는 모든 사건의 맥락 속에서 그것의 본래적인 의미, 궁극적인 의미, 곧 존재하는 모든 것의 본질을 결정한다."
259) *Theologie und Reich Gottes*, 17.
260) Ebd.

진리인지 밝혀지게 된다. 그러므로 진리는 곧 미래의 힘이신 하나님 자신이요, 완성된 하나님의 통치이다. 그래서 판넨베르크에게 있어서 '통일, 미래 그리고 통치는 함께 전체를 이룬다.'[261]

통일성의 문제가 철학에서는 존재론적으로 혹은 인식론적으로 다루어지는 것에 반해 판넨베르크는 이 문제를 하나님의 일관된 역사적 행위, 곧 창조론과 종말론과의 관계 속에서 고찰한다. 왜냐하면 만물의 미래가 동일한 미래를 지시한다면 과거와 현재의 사건들도 동일한 미래로부터 비롯되는 것으로서 생각될 수 있어야 할 것이기 때문이다.[262] 특히 세상에서 일어나는 모든 우발적인 사건들은 미래의 완성을 바탕으로 해서 통일적으로 파악될 수 있다고 본다. 이러한 관점을 바탕으로 진리의 보편성이 종말론적으로 설명되기도 한다. 즉 진리의 보편성은 세계 내의 모든 피조물과 그것의 역사가 하나님관념과의 관계 속에서 참된 의미를 발견할 수 있다. 그러므로 기독교 진리는 모든 학문과의 관계 속에서도 참된 것으로 인정받을 수 있다는 것을 의미한다. 과거는 처음부터 그 완성을 목적으로 하여 창조되었고, 미래는 통일하는 힘으로서 과거와 현재에도 작용하고 있기 때문에 제반 학문에서 제기되는 모든 진리 주장은 오시는 하나님과의 관계 속에 있을 때 비로소 참으로 인정된다. 기독교 신학이 하나님을 명시적으로 주제로 삼는 까닭에 기독교 진리는 다른 여타의 진리 주장들에 의해 추구되는 진정한 의미로서 인정된다. 바로 이것이 기독교 진리를 보편적으로 만든다는 것이다. 달리 말하면 세계 내에서 제기되는 모든 진리 주장들은 기독교 진리 안으로 수렴된다는 말이다.

---

261) Ebd.
262) *Theologie und Reich Gottes*, 19. 참고: SysTh 2, 163ff.

2) 역사성

  하나님을 진리 인식의 대상으로 보는 판넨베르크는 계시의 역사성을 확인하면서 진리의 역사성에 이르게 되었다. 진리의 역사성이란 진리는 경험될 수 없는 무시간적인 것으로서가 아니라, 경험될 수 있는 사건으로서, 심지어 변화의 과정을 거치는 역사로서 이해된다는 것이다. 그래서 '시간은 하나님의 본질'[263]이라고 주장된다. 이 말은 삼위일체론적으로 말하자면 '삼위일체 하나님은 그 자신 안에서 역사적 과정이다'라고 표현된다.[264] 판넨베르크의 이 주장은 하나님 자신 안에서 변천의 과정을 겪는다는 의미를 내포하지는 않는다. 단지 과거와 현재에도 진리는 의미(Sinn)의 형태로 경험될 수 있지만 그것은 결코 완전하지 않으며 절대화될 수 없다는 말이다.

  경험은 가능하나 절대화될 수 없음을 지시하는 진리의 역사성을 판넨베르크는 '미래의 우선성'을 통해 설명한다. 그에 따르면 미래는 전체의 의미를 담고 있으면서 현재에 우선적으로 현존한다. 그럼으로써 현재를 규정하고 또 의미에 대한 경험과 기대를 가능하게 한다. 그러나 전체는 아직 형성 과정 중에 있기 때문에 전체, 곧 미래에 대한 진술은 선취의 형식을 취하며 궁극적일 수 없고 항상 역사적이다.[265] 따라서 현재는 미래 의존적이다. 미래에 대한 관심을 갖게 되는 것은 미래가 현재의 변화와 방향 설정에 결정적인 의미를 갖기 때문이다. 그러므로 현재가 전체적인 맥락에서 제자리를 찾고, 또 바른 방향으로 향하기 위해서는 미래의 힘으로서 현재에 영향력을 행사하는 미래를 향해 스스로를 개방해야만 한다. '미래의 우선성'은 진리의 역사성을 수용하도록

---

263) *Theologie und Reich Gottes*, 20.
264) *Theologie und Reich Gottes*, 29.
265) Sinnerfahrung und Eschatologie, 76f.

하는 선험적 구조를 형성하는데, 판넨베르크는 종말론에서 '미래의 우
선성'을 '하나님 통치의 미래'라는 주제하에 파악하여 서술한다.

  한편, 판넨베르크에 따르면 진리 자체는 역사성을 가지기 때문에
단지 사태의 흐름을 고정시켜 파악하려는 속성을 지닌 인식에 바탕을
두고 전체를 조망한다는 것은 불가능하다. 그러므로 미래 의존적인 현
재에서 기대되는 바른 태도는 미래에 자신을 노출시키는 것이다. 판넨
베르크는 자기 자신의 변화로써 미래에 대해 관계를 갖는 것에서 생
명체의 특징을 본다.[266] 이 점은 인간에 대한 진술에서 자세하게 상
술되고 있는데, 미래에 대한 관계는 인간의 자유를 가능하게 하는 것
이기도 하다. 그것은 인간으로 하여금 세계에 대해서, '항상 새로운
것, 신선한 경험'에 대해서 열려 있도록 한다(Weltoffenheit).[267] 판넨
베르크는 심지어 인간은 "열려진 것에로 지시되어 있다"고 말한다.[268]
이러한 열려 있음은 곧 '하나님을 찾는 질문'으로서 '하나님과 관계하
고 있음'을 전제하기 때문에[269] 자기중심적인 혹은 자기 폐쇄적인 태
도는 인간이 '열려 있음'으로 규정되어 있음을 부정하는 것이어서 죄
로 규정된다.[270] 그렇기 때문에 현재는 그 온전한 의미의 실현을 위
해 미래로 나아가는 것이 아니라, 다가오면서 암묵적으로 영향력을 행
사하는 힘으로서 현존하는 미래에 대해 당연히 열려 있어야 한다. 미

---

266) *Theologie und Reich Gottes*, 25.
267) *Was ist der Mensch?*, Göttingen 1962 1981⁶, 6ff, 인용은 9. *Anthropologie in theologischer Perspektive*, Göttingen 1983, 40ff.
268) *Was ist der Mensch?*, 10.
269) Was ist der Mensch?, 12.
270) Was ist der Mensch?, 40ff, 46: "스스로를 자기 자신 안에 가두어 놓는
    자아에 사로잡혀 있음(Ichhaftigkeit), 이것은 죄이다." 47: 왜냐하면 "자
    아가 보다 높은 삶으로 스스로를 고양시키지 못하고 자기 자신을 고집하
    면서 인간의 본래적으로 갖추어진 규정과 모순"에 빠지게 되기 때문이다.
    보다 상세한 논의에 대해서는 다음을 참조: Anthropologie, 77ff.

래에 대해 열려 있다는 말이 규정되지 않은 것으로서 다가올 모든 것
에 대해 무비판적인 수용을 의미하는 것은 아니다. 삶의 충만과 완성
이 미래에 나타나게 될 것을 소망한다는 것을 말한다.

(2) 기독교 소망의 해석학으로서 종말론

1) 기독교 소망에 대한 변증

판넨베르크 신학의 출발점을 이곳에서 다시 한번 환기해 보자. 그
는 세속화된 현실 속에서 살고 있는 인간들이 의미상실로 인해 고통
을 당하고 있다는 점을 문제 삼았다. 고통의 원인을 의미 상실에서 찾
았던 그는 이것이 궁극적으로 인간들이 하나님에 대한 믿음을 버리고
하나님관념과 전혀 무관한 삶을 살게 된 결과, 하나님관념에 기초한
전통적인 규범들이 와해됨으로 인해 나타나게 된 것이라고 보았다. 판
넨베르크는 인간들에게 절실하게 요구되는 것이 다른 무엇보다도 기
독교 복음임을 확신하고 신학의 기본 과제를, 모든 것을 규정하는 현
실로서의 하나님에 대한 믿음 및 하나님관념을 회복시키는 것으로 삼
았다. 이와 마찬가지로 종말론 역시 그의 기본적 관심이자 신학함의
동기이며 또한 세속화된 사회 속에서 하나님관념(미래의 하나님)이
갖는 의미가 보다 잘 이해되도록 하는 신학적 과제에 해당하는 노력
가운데 하나이다.

'종말론적 신학자'[271]라는 이름에 걸맞게 판넨베르크의 기본 사상은
다른 어떤 주제보다도 오히려 종말론에 와서 보다 분명하게 드러난다.

---

271) E. Frank Tupper, *The Theology of Wolfhart Pannenberg*, The Wester-
minster Press, Philadelphia, 1971, 290.

156

왜냐하면 종말론은 하나님의 실존에 대한 의심이나 불신이 부당하다는 것과, 피조물에 대한 창조주 하나님의 사랑을 입증해 줄 것이라고 보기 때문이다.[272] 그는 특히 죽음 이후의 삶에 대한 소망이 단순히 인간의 투사물이고 허구적인 노력의 결과로 간주되는 사회에서 종말론을 통해 기독교 소망이 미래의 힘으로서 하나님 및 하나님 통치에 확실하게 기초하고 있다는 것을 보여 주고자 한다.

그의 이러한 시도는 일종의 신정론으로서 변증의 노력인데, 두 가지 방향에서 나타나는 회의적인 태도를 그 배경으로 한다. 하나는 세속화와 더불어 기독교 소망에 대해 교회 밖에서 일어나는 강한 저항이다. 이와 관련해서 판넨베르크는 하나님에 대한 믿음을 핵심으로 삼는 기독교 소망의 참됨을 보여 주고자 한다. 다른 하나는 기독교 신학 안에서 종말론을 해체시키려 하거나 혹은 종말론을 정당화하는 과정에서 세속적인 사고에 지나치게 치우쳐서 오히려 기독교 소망의 본질을 희석시킨다고 생각되는 시도이다. 판넨베르크는 전통적 종말론의 의미를 다시 한번 확인하고 또 그것에 대한 현대적인 이해를 모색하면서 이러한 시도들을 비판적으로 검토한다. 이 두 가지를 살펴보기 전에 먼저 기독교 소망에 대한 판넨베르크의 견해를 정리하는 것은 그의 종말론적 진술을 이해하는 데에 큰 도움이 될 것이다.

a. 기독교 소망

소망은 현존하는 것, 곧 가시적인 것을 넘어 존재하는 비가시적이고 미래적인 그 무엇을 지향한다. 이러한 소망은 모든 인류에게서 공통적으로 발견된다. 따라서 판넨베르크는 소망을 인간에게 나타나는 본질적인 현상으로 규정한다.[273] 이와 관련해서 판넨베르크는 소망의

---

272) SysTh 3, 679.

대상, 의미 그리고 근거에 있어서 나타나는 기독교 소망의 특징을 구체화시키려고 노력한다. 기독교 소망에 있어서 '그 무엇'은 하나님의 나라, 곧 '하나님 통치'요 그 안에서 이루어질 '새로운 삶에 참여하는 것'[274]이며, '하나님나라 안에서 나타날 피조물의 완성'[275]에 대한 것으로 이해된다. 곧 하나님 통치에 대한 기독교 소망은 인간의 미래를 주제로 하는 소망에 있어서 매우 중요한 의미를 제공해 준다. 인간의 사회적 숙명을 현실화시키기 위해서 하나님의 통치가 필요하기 때문이다.[276]

소망의 의미는 단순히 소망하는 행위에 있지 않고, 성취되는 데에 있다. 그렇다면 소망에 있어서 문제는 그 성취를 확실하게 보장해 주는 기초를 발견하는 것이다. 판넨베르크가 "인간의 소망은 어디에 근거해야만 하는가"[277]를 물은 것은 바로 이러한 이유에서다. 그에 따르면 기독교 소망은 하나님과 그의 약속에 기초한다. 바로 이런 점에서 기독교 소망은 경험의 지평에서 도출되는 소망과 구별되며[278] 세계의 완성이 아직 성취되지 않았음을 환기시켜 준다.[279] 그럼으로써 완성된 형태의 역사를 실현하려는 모든 노력에 대해 비판적인 태도를 갖게 한다.

그렇다고 해서 몰트만이 말하듯이 기독교 소망이 반드시 현재의 경험에 대립되어야만 하는 것은 아니다. 소망의 내용인 하나님의 언약이 위협이 아니라 기대의 대상이 될 수 있기 위해서는 적어도 인간의 기

---

273) SysTh 3, 198.
274) Eschatologie und Sinnerfahrung, 69.
275) 판넨베르크의 종말론은 조직신학 3권에서 이러한 제목 하에서 다루어지고 있다.
276) Eschatologie und Sinnerfahrung, 70.
277) SysTh 3, 198.
278) *Systematische Theologie Bd. 3*[이하 SysTh 3으로 약함], Göttingen 1993, 199.
279) *Theologie und Reich Gottes*, 78.

158

대나 소망과 긍정적인 관계가 전제되어야 하기 때문이다.[280] 양자의 관계, 곧 하나님의 언약과 인간의 소망과의 관계는 긍정적으로 이해될 수 있는데, 왜냐하면 판넨베르크에 따르면 하나님은 인간의 소망을 그분의 자유에 따라 그분의 약속 안으로 받아들이기 때문이다.[281] 따라서 그는 아브라함이 바랄 수 없는 가운데 바랐다는 바울의 말은, 대립적인 관계를 말하는 것이 아니라, 인간은 구원과 완성 혹은 진정한 자기의 정체성을 자기로부터 혹은 자신의 행위를 통해서는 결코 성취할 수 없다는 의미를 갖는 것으로 이해한다.[282]

여기서 소망이 맹목적인 것으로 오해될 수 있는 점을 간파한 판넨베르크는 소망이 진정으로 실현 가능한 것이 될 수 있기 위해서는, 다시 말해서 소망하는 자가 그것이 자신에게 이루어질 것으로 확신하기 위해서는 이를 위한 단초가 제시되어야 할 것으로 보고, 그것을 예수의 십자가에서의 죽음과 그의 부활에서 발견한다. 왜냐하면 이 사건을 통해 인간의 상황이 새로운 빛으로 조명되었을 때 비로소 인간들은 십자가에서 죽으시고 또 부활하신 자에 대한 믿음을 통해 이미 예수에게서 나타난 구원의 미래, 곧 하나님나라 안에서 새롭게 회복될 인류에 참여할 수 있게 될 것이기 때문이다.[283] 그러므로 판넨베르크에게 있어서 기독교 소망은 단순히 개인적인 것에 머무르지 않는다. 예수 그리스도에 대한 믿음을 통해서 형성되는 소망은 "자기 자신에 사

---

280) SysTh 3, 199.

281) SysTh 3, 200: "하나님의 언약은 인간의 경향, 곧 아직 열려 있고, 또 목적이 확실치 않은 채 미완성된 상태로 있는 자신의 현재를 넘어서 본질이 실현될 미래를 향해 지향하는 인간의 경향을 받아들인다."

282) SysTh 3, 200.

283) SysTh 3, 201. 참고: Dogmatische Erwägungen zur Auferstehung Jesu, in: *Grundfragen 2*, 160−173. Die Auferstehung Jesu und die Zukunft des Menschen, in: *Grundfragen 2*, 174−187.

로잡히는 상태에서 벗어나 자기 자신을 넘어서게 한다."[284] 이는 곧 개인은 예수 그리스도에 대한 믿음을 통해 죽음을 넘어서 지속되는 전 인류의 소망인 하나님나라에 참여하게 된다는 것을 말한다.[285] 판넨베르크는 이러한 참여가 사랑의 행위를 통해서 이루어지는 것이 아니라 믿음을 통해서 이루어진다는 점에서 종교개혁적 전통에 서 있는 기독교 소망의 특징을 본다.

소망에 있어서 이러한 개인과 일반의 관계를 전제로 할 때 소망의 내용은 영혼불멸사상이 말하듯이 단순히 개인의 죽음을 넘어선 상태가 될 수 없다. 따라서 판넨베르크에게 소망의 내용은 '하나님의 영원한 생명과의 연합에서만 얻을 수 있는 구원', 단편적으로 이루어지는 개별적인 삶이 통일성을 갖는 것 그리고 그것이 전 인류의 삶으로서 나타나게 되는 것이다.[286] 그러나 모든 개인의 전체로서 인류 안에서 인간이 자신의 본질을 실현하는 것은 오직 '죽음을 넘어서 계속되는 공동의 미래'로서만 생각될 수 있기 때문에, 판넨베르크는 기독교 소망의 본질은 '종말론적 소망'[287]이라고 주장한다. 그리고 이러한 소망만이 하나님의 의지의 인식에 이르기 위한 유일한 원천이며 또한 삶을 의미 있게 만든다고 한다. 왜냐하면 그것은 현재의 삶을 밝혀 주고, 또 성취됨과 동시에 사라져 버리든가 아니면 단순히 생각할 수 있을 뿐인 이상을 제시하는 유한한 소망의 목표가 과대평가되는 것을 막아 주기 때문이다.[288] 그는 기독교 소망과 차별화하기 위해 이 유

---

284) SysTh 3, 203.
285) SysTh 3, 201f. 203: "기독교 소망이 전 인류를 향해 열려 있게 될 때만 개인에 대한 기독교 고유의 관심은 오해 없이 받아들여질 수 있다."
286) SysTh 3, 204.
287) SysTh 3, 205.
288) Ebd. 그리고 *Theologie und Reich Gottes*, 12.

한한 소망을 '세계 내적인 소망'(innerweltliche Hoffnung)[289]이라고
일컫는다. 그렇다고 해서 종말론적인 소망이 세계 내적인 소망을 배제
하는 것은 아니다. 오히려 소망의 방향을 지시해 주며, 그것이 제한되
어 있다는 것을 의식시켜 주면서 올바른 방향에서 그것이 지속될 수
있는 힘을 북돋아 준다.[290]

　이상과 같이 이해된 기독교 소망의 본질을 규정하고 그 합리적 근
거를 제시하려는 노력이 판넨베르크의 종말론이다. 기독교 소망이 종
말론적인 이유는 소망의 대상이 그 온전함에 비추어 볼 때 아직 나타
나지 않았기 때문이다. 나타나지 않았음에도 불구하고 현재와 관계를
갖는 것은, 앞으로 살펴보게 되겠지만, 미래가 현재에 비해 우선하여
현존하기 때문이다. 우선할 뿐만 아니라, 그것은 명시적으로 드러나지
는 않지만 현재와 관계를 맺고 있고, 현재를 변화시킬 수 있는 능력을
행사하는 미래의 힘으로서 현존한다. 현실을 규정하는 힘은 하나님 혹
은 하나님 통치라는 개념하에 포괄적으로 이해된다. 판넨베르크는 하
나님 통치를 예수가 행한 선포의 핵심으로 파악하는데, 특히 예수의
선포에서는 하나님 통치가 머물러 있거나 이곳과는 다른 공간 속에서
이루어지는 것이 아니라 이곳으로 오는 것으로 나타나고 있음에 주목
한다. 판넨베르크에게 있어서 미래란 '하나님의 존재 방식'[291]이고 하
나님 통치가 온전하게 나타나는 때여서 기독교 소망은 장차 나타날
하나님, 하나님나라를 그 대상으로 한다. 따라서 판넨베르크의 종말론
은 첫째, 기독교 소망은 피조물의 완성이 이루어질 미래로 향해져 있
음을 보인다.[292] 둘째, 기독교 소망의 내용을 서술한다.[293] 셋째, 그

---

289) SysTh 3, 205.
290) Ebd.
291) Der Gott der Hoffnung(1965), in: *Grundfragen 1*, 393.

것이 하나님 통치의 현존에 근거한다는 주장을 전개한다.[294] 마지막
넷째, 이 주장을 인간학적인 맥락에서 정당화하려고 노력한다.[295]

b. 두 가지 방향의 도전에 대한 비판적 대응

전통적 종말론은 마지막 일에 대한 진술로서 개인과 세계의 종말에
대한 정보를 하나님의 계시를 바탕으로 전해 주는 것을 과제로 삼았
다. 이로 인해 나타난 종말 표상은 암울하고 소란스러우며 소망보다는
오히려 두려움만을 불러일으키는 것이 대부분이었다. 이러한 '계몽되
지 않은 과거 세계관'[296]은 근대사회에 들어서면서 기독교 안팎에서
큰 도전에 부딪히게 되었다. 판넨베르크는 이것을 두 가지 측면에서
분석한다. 세속화된 사회로부터 오는 소위 무신론적 논증과 기독교 내
에서 종말에 대한 소망의 의미를 무색하게 만드는 시도들이다.[297] 이
러한 도전들에 대답하면서 판넨베르크는 기독교 종말론적 소망의 형
성에 지대한 영향을 미친 유대의 묵시사상적 전통에 대한 이해를 통
해서 자신의 종말론적인 주장의 성서적 기초를 마련한다.

① 첫 번째 도전은 세속화된 사회로부터 오는 소위 무신론적 논증
이다.[298] 무신론적 논증의 핵심은 최고의 영적, 인격적인 존재로 이해

---

292) SysTh 3,196-206. *Theologie und Reich Gottes*, 22-29.
293) SysTh 3, 598-677.
294) SysTh 3, 569ff. *Theologie und Reich Gottes*, 9-22.
295) SysTh 3, 582.
296) Greshake, Gisbert, *Stärker als der Tod*, Mainz 1976[심상태 역, 『종말신앙』, 바오로 딸, 1980], 21.
297) Die Aufgabe christlicher Eschatologie, 273.
298) 판넨베르크는 논문 Wie kann heute glaubwürdig von Gott geredet werden?(in: Gottesfrage heute. Vorträge und Bibelarbeit in der Arbeitsgruppe "Gottesfrage" des 14. Deutschen Evangelischen Kirchentages

되었던 전통적인 하나님 이해를 배제하거나 혹은 신화로 전락시키는 데에 있다. 하나님이 배제됨으로 인해 죽음을 넘어서 존재하는 소망은 아무런 의미를 갖지 못하게 된다. 소망이 없다고 해서 그것이 반드시 체념으로 이어지는 것은 아니다. 소망의 내용이 이 세상 안에 제한될 뿐이다. 이러한 입장에서는 오히려 인간의 자유가 강조됨으로 행위의 능력을 향상시켜 줄 것으로 기대된다.

판넨베르크는 이러한 소망의 철학적 기초를 제공한 피히테(Gottfried Fichte), 포이에르바흐(Ludwig Feuerbach), 니이체(Freidrich Nietsche), 마르크스(Karl Marx), 프로이드(Sigmund Freud) 등을 고찰해 나가면서, 근대 이후로 등장해서 19세기에 그 절정에 달한 이러한 경향의 배경, 곧 하나님에 대한 기독교 전통적인 이해가 의심받게 된 원인을 지적한다. 그의 분석에 따르면, 이렇게 의심을 받게 된 이유는 하나님의 존재 방식이 철학적인 존재론으로만 이해되었을 뿐,[299] 장차 임하게 될 하나님 통치에 대한 예수의 선포에 비추어서는 이해되지 않았다는 데 있다고 한다.[300] 형이상학에 대한 비판과 더불어서 하나님관념마저 무너지게 되는 것을 당연한 결과로 본 것이다. 이런 까닭에 판넨베르크는 하나님에 대한 전통적 이해방식에 대한 비판을 일면 정당하다고 보기도 한다.[301] 이 비판으로 인해 기독교의 하나님 이해는 더 이상 존재론

Stuttgart 1969, 51 -64)에서 세 가지 형태의 무신론을 분석하고 있다. 첫째는 도덕 논증을 통한 무신론적 주장으로 도스토예프스키와 알베르트 까뮈 등이 있다. 이들은 세상에서 발견되는 악의 현상과 인간의 고통은 전능자와 사랑의 하나님의 존재를 부정한다고 주장한다. 둘째는 포이에르바흐, 마르크스, 피히테 그리고 프로이드가 주장하는 것을 이들은 하나님 개념이 단순한 인간의 투사물이라고 본다. 셋째는 인간의 자유가 인정되기 위해서는 필연적으로 하나님의 존재가 부정될 수밖에 없다고 보는 입장이다. 여기에는 니이체, 하르트만, 사르트르 등이 있다.

299) Der Gott der Hoffnung(1965), in: *Grundfragen 1*, 387 -398.
300) *Theologie und Reich Gottes*, 13.

제2장 판넨베르크 신학의 기초이론 163

적인 이해의 차원에만 머물러 있을 수 없게 될 것이기 때문이다.

이런 논증에 대응해 나가면서 판넨베르크는 직접적인 비판보다 오히려 긍정적인 측면을 부각시키며 자신의 논리를 전개해 나간다. 예컨대 그는 블로흐(Ernst Bloch)가 "인간의 삶과 사유를 위해서뿐만 아니라 모든 현실의 존재론적인 특성을 위해 중요하게 여겨지는 아직 열려 있는 미래와 이것을 선취하는 소망의 힘, 곧 현실을 압도하는 힘을 새롭게 이해"하도록 해 주었다고 인정한다.[302]

또한 그는 세속적인 관심 속에서 조명된 미래의 문제가 불충분하기는 하지만 암묵적인 방식으로 종교적인 주제와 일치한다는 점을 중시한다.[303] 첫째, 기독교 소망이 현실 도피적이라는 비판에 대해 판넨베르크는, 기독교 소망은 결코 현실 도피가 아니며 오히려 그 반대로 삶의 전 영역에서 하나님의 미래에 대한 강한 신뢰를 갖고 현재를 살아가도록 돕는다고 대답한다.[304] 기독교 소망은 현재의 삶을 인정하는 힘, 곧 "이생에서의 모든 것을 넘어서고 우리 인간에 의해 만들어지지 않는 완성에 비추어서 자신의 연약한 삶을 받아들이는" 힘을 준다는 것이다.[305] 그러므로 종말론은 신앙이 세상과 분리되는 것을 막을 뿐만 아니라 또한 종교적인 갱신을 가능하게 함으로써 미래가 요구하는 모습으로 세상을 형성하는 과제가 원활하게 수행되도록 돕는다.[306]

---

301) *Theologie und Reich Gottes*, 14.
302) Der Gott der Hoffnung(1965), in: *Grundfragen 1*, 390.
303) Eschatologie und Sinnerfahrung, in: Ders., *Grundfragen systematischer Theologie Bd. 2*, Ges. Aufs.[이하 *Grundfragen 2*로 약함], Göttingen, 1980, 66–79, 69. 철학에서 제기되는 문제와의 관계에 대해서는 Der Gott der Hoffnung(1965), in: *Grundfragen 1*, 387–398을 참조.
304) Eschatologie und Sinnerfahrung, 68.
305) Die Aufgabe christlicher Eschatologie, 272.
306) Eschatologie und Sinnerfahrung, 69.

그리고 둘째, 기독교 소망이 개인적이고 이기적인 소원의 표현에 불과하다는 비난은 오해에서 비롯된 것으로 보고, 판넨베르크는 기독교 종말론은 개인과 일반 종말론 그리고 하나님나라와 죽은 자들의 부활에 대한 소망을 각각 분리된 것으로 보지 않았다. 그는 오히려 이것들이 함께 전체를 이루고 있다는 사실을 드러낸다는 점을 강조한다.[307]

판넨베르크는 모든 인간이 이러한 소망을 공유할 수 있기 위한 토대를 모색하기 위해 소망이 어디서 유래하는지를 묻고 대답하면서, "기독교 신학은 그리스도교인들이 가지고 있는 종말론적 소망의 내용이 진실한 것인지에 대한 물음으로부터 피해서는 안 된다"고 말한다.[308] '하나님 통치의 도래와 새로운 삶에로의 참여'[309]를 대상으로 삼는 기독교 소망의 진실성 문제와 관련해서 그는, 기독교 소망의 내용을 담고 있는 성서의 계시에만 의존하여 대답하려는 시도는 기독교 신앙이 본래부터 명료하게 드러나는 하나님의 진리에 기초하고 있다

---

307) SysTh 3, 203. 판넨베르크는 소망의 내용을 구성하고 있고 또 전통적으로 종말론의 주제로 간주된 주제들을 다루면서 이 주제들이 개인의 소망의 차원을 넘어서서 인류 전체에 지향하고 있음을 보여 주었다. 곧 종말론 안에서 소망의 내용들은 궁극적으로 예수 그리스도 안에서 이루어지는 하나님과의 연합이라는 맥락에서 각각 개별적으로 상술되는 것임을 보여 주었다.(Die Aufgabe christlicher Eschatologie, 274ff. 그리고 SysTh 3, 598–677) 예컨대 부활은 죽음을 넘어서 개인이 하나님과의 연합으로 규정되어 있음을 보여 주려는 것이고, 하나님나라의 완성에 대한 소망은 이러한 소망이 전 인류에 관계되어 있는 것으로서 연합의 측면을 부각시키는 것이며, 마지막 심판은 유한함에도 불구하고 하나님으로부터 독립된 존재로서 인간이 멸망하지 않고 하나님의 현존 앞에서 어떻게 버티어 설 수 있는가 하는 질문과 상관하고 있다는 것이다. 또한 그리스도의 재림은 심판에서 살아남을 수 있는 것은 아버지와 관계에서 아들로서의 관계를 갖는 예수 그리스도에 연합됨으로써 가능함을 보여 주는 것이라고 말한다.
308) Die Aufgabe christlicher Eschatologie, 272.
309) Eschatologie und Sinnerfahrung, 69.

는 사실과 일치하지 않는다고 비판한다.[310] 그러므로 판넨베르크는
종말론적 진술의 타당성을 보여 주기 위해서는 그것의 정당화 작업이
교회만이 인정하는 영역에서가 아니라, 현대인들이 보편타당하다고 인
정하는 합리적 기초 위에서 이루어져야 한다고 주장한다.[311]

　이러한 주장에 따라서 판넨베르크는 무신론적 도전에 대한 대답의
한 형태로서 하나님 이해를 종말론적으로 새롭게 구성하고자 한다. 그
에 따르면, 하나님 부재의 경험은 하나님의 미래성에 대한 부정적 측
면이라는 것이다. 판넨베르크에게 있어서 '하나님의 미래' 개념은 원래
구약 이스라엘 민족이 언약의 역사(땅에 대한 언약에서부터 하나님의
종말론적인 행위에 대한 소망을 갖게 되기까지)를 통해서 얻게 된 하
나님 이해로부터 얻게 된 것이다.[312] 그는 이것을 예수의 하나님나라
가 임할 것이라는 종말론적 선포로부터 발전시키고자 한다. 그는 이것
을 하나님이 모든 것을 결정함으로써 인간의 자유를 부정하거나 제한
한다는 무신론적 비판에 대한 대답으로 제시한다. 그것의 의미는 하나
님은 우발적으로 일어나는 사건들, 곧 역사적인 과정을 통해서 역사의
온전함(약속)을 성취해 나가며, 하나님은 역사 속에서 단지 통치자로
서, 역사 진행 방향과 결정에 영향을 미치는 힘으로서 일하실 뿐이라
는 것이다. 이런 맥락에서 하나님의 미래는 하나님 통치의 미래이고
심지어는 하나님의 존재가 아직 있지 않은 상태를 지시하기도 한
다.[313] 따라서 그는 종말론 안에서 주로 '미래의 힘'[314]으로 이해되는

310) Die Aufgabe christlicher Eschatologie, 272. 현상과 본질, 곧 진리에 대한
　　관계 규정은 다음을 참고: *Theologie und Reich Gottes*, 79-91.
311) SysTh 3, 584.
312) Der Gott der Hoffnung(1965), 396.
313) *Theologie und Reich Gottes*, 12ff.
314) Der Gott der Hoffnung, 393.

166

하나님 및 하나님 통치를 합리적으로 설명해 나간다. 이와 관련해서 그가 파악하는 문제는 '미래의 힘'이라는 다소 비인격적으로 이해되는 듯이 보이는 하나님과, 성서에서 증거하고 있는 인격적 존재로서의 하나님이 어떻게 서로 조화될 수 있는가 하는 것에 있다.[315]

판넨베르크는 종교적 경험을 분석하는 가운데 '인격' 개념은 인간의 자기 정체성에서 비롯된 것이 아니라, 오히려 우발적으로 일어나는 사건에 대한 종교적인 경험에서부터 인간에게 이양되었음을 지적한다. 즉 그에 따르면 종교적인 경험의 본질은 우발적으로 일어나는 사건과 미래의 불확실한 것과 관련해서 힘에 압도되는 경험에 있다. 그런데 원시 사회에서는 먼저 미지의 것에 대해 그것을 힘으로 경험하고 이를 바탕으로 그것과 관계를 갖게 되는 존재로서의 자아에 대한 의식이 형성되었다.[316] 현재를 변화시킬 수 있는 가능성 안에서 현재와 관계를 갖고 있다는 이유에서 미래의 힘은 '인격적'이며 그래서 '소망의 하나님'이라고 그는 주장한다.[317]

② 두 번째 도전은 기독교 안에서 제기되는 것으로 기독교 소망의 종말론적 의미를 무용하게 만드는 시도들이다. 리츨(Albrecht Ritschl)의 사상을 중심으로 형성된 학파와 하르낙(Adolf von Harnack)에 의해 시도된 윤리적 환원, 불트만의 실존주의적 해석, 바르트의 변증법적 해석 등이 대표적이다. 판넨베르크는 이러한 시도에 대한 비판적 이해를 통해서 무엇보다 기독교 소망의 종말론적 의미를 밝히고 또 그 기초를 다져 나간다.

---

315) Der Gott der Hoffnung, 394ff.
316) *Theologie und Reich Gottes*, 14ff. Die Frage nach Gott, in: *Grundfragen 1*, 361–386, 383ff.
317) Der Gott der Hoffnung(1965), in: *Grundfragen 1*, 387–398, 396.

판넨베르크는 기독교 신학사에서 하나님나라는 꾸준한 관심의 대상
이었고 또 주제로 다루어졌다는 것을 한편으로는 인정하면서도, 다른
한편으로는 그것이 지배적이지 못했을 뿐만 아니라, 그동안의 노력은
기독교 신앙과 소망의 본질에 부합되지 못했다고 비판한다.[318] 첫째, 판
넨베르크는 하나님나라를 선험적 이상으로 여긴 칸트로부터 시작해서,
하나님나라를 세계의 마지막 목적으로 이해했던 리츨과 그 이후의 종교
사회주의에 이르기까지 당시에 지배적이었던 사상, 곧 하나님나라가 인
간의 노력이나, 신앙의 순종에 의해 실현될 수 있다는 주장을 비판하는
데, 이러한 주장은 하나님나라를 윤리적으로 이해한 결과라고 한다.[319]

둘째, 블룸하르트의 하나님나라 신학에 힘입어 종말론적 색채로 가
득했던 변증법적 신학, 특히 불트만과 초기 바르트가 하나님나라의 미
래적인 차원을 무시한 것에 대해 판넨베르크는 강도 높게 비판한
다.[320] 미래 시제가 무시된 결과로 인해 하나님나라가 기독론적으로
혹은 인간학적-실존주의적으로 해석되는 경향이 나타났다고 한다.[321]
그러나 판넨베르크는 신약 성경 안에서 증거하고 있는 예수의 하나님
나라에 대한 선포는 '역사적으로 보나 사실적으로 보나' 기독론이나
인간학적인 측면에 우선할 뿐만 아니라 오히려 그것들의 근거를 제공
하고 있다고 본다. 그러므로 그는 '예수 선포의 기본 주제'가 먼저 회
복되어야만 한다고 주장한다.[322] 그에게 있어서 예수 선포의 기본주
제란 하나님나라의 도래를 가리킨다.

---

318) SysTh 3, 569ff.
319) SysTh 3, 572. *Theologie und Reich Gottes*, 9.
320) *Theologie und Reich Gottes*, 10.
321) *Theologie und Reich Gottes*, 10.
322) *Theologie und Reich Gottes*, 10. SysTh 3, 574: "종말론의 진술들은 하
　　　나님에 대한 신앙뿐만 아니라 인간학과 기독론의 내용도 전제한다."

셋째, 하나님 통치의 미래와 현재의 관계에 대해서 판넨베르크는 하나님 통치가 미래에 완성될 것으로만 봄으로써 그것의 현재적인 영향력을 철저하게 간과하거나 혹은 하나님 통치의 미래와 현재가 서로 일치될 수 없는 것으로 보는 견해를 비판한다. 판넨베르크에 따르면, 하나님 통치의 완성된 형태는 미래에 나타날 것이지만, 그럼에도 불구하고 현재의 역사 과정에 지대한 영향력을 행사해 역사의 방향을 제시하고, 심지어 현재의 본질을 규정한다.[323] 결국 이렇게 되면 하나님 통치와 관련해서 볼 때 현재와 미래는 동일한 맥락 속에 놓여 있게 된다. 의미의 통일은 하나님의 통치에 의해 결정된다는 말이다. 그러나 이러한 하나 됨을 '이미'(schon)와 '아직 아니'(noch nicht)라는 도식을 통해, 다시 말해서 하나님의 나라가 예수 그리스도 안에서 이미 현재가 되었지만 그것은 종말에 가서야 완성될 것이라고 설명하고 있는 쿨만(Oscar Cullmann)에 대해 판넨베르크는, 이러한 견해는 예수의 선포가 실제적으로 하나님의 미래로부터 출발하고 있는 사실에 부합하지 않는다고 본다. 판넨베르크는 오히려 현재의 하나님 통치의 현재를 미래가 앞서 나타난 것으로 이해하는 것이 바람직하다고 주장한다.[324]

넷째, 판넨베르크는, 무신론적인 혹은 자연과학적인 비판으로 인해 하나님에 대한 전통적인 이해가 서 있을 자리를 잃게 되자, 이것에 대한 대안으로써 하나님을 피안의 세계로 옮겨 놓아 신학으로 하여금 세상으로부터 고립된 길을 선택하게 하는 경향들을 비판한다.[325] 그에 따르면 신학은 오히려 현실의 세계를 다른 어떤 학문보다도 더 잘 이해할 가능성을 제시해 주어야 하는데, 왜냐하면 하나님은 모든 현실

---

323) *Theologie und Reich Gottes*, 11.
324) *Theologie und Reich Gottes*, 11f.
325) *Theologie und Reich Gottes*, 14.

을 규정하는 힘으로 전제되기 때문이다.[326]

　이러한 비판을 통해서 판넨베르크가 말하고자 하는 것을 몇 가지로
정리해 볼 수 있는데 판넨베르크는 이것들을 종말론의 여러 주제들을
다루면서 상술한다. 무엇보다도 판넨베르크는 전통 종말론에서 주장되
어 온 미래 사건으로서의 종말의 의미, 곧 종말론의 미래시제적인 측
면을 유지하려고 했다. 그렇다고 해서 미래를 단순히 정보만을 담고
있는 것이거나 혹은 피안적인 것으로만 이해하는 것이 아니라, 힘으로
서 현존하면서 모든 현실을 규정한다고 보았다. 미래의 존재론적 우선
성을 주장한 것이다. 이를 바탕으로 그는 과거 및 현재를 이해하기 위
해 미래가 어떤 의미를 갖는지를 보여 주고자 했다.

　그에 따르면 현재의 바른 의미는 미래를 선취함으로써만 파악될 수
있다. 과거는 전체의 맥락 속에서 통일성을 확인하게 될 때 비로소 그
의미가 파악된다. 이러한 생각에 단초를 제공하는 것은 두 가지인데,
하나는 모든 것을 규정하는 현실로서 하나님관념과 예수의 죽음 및
부활 사건이다. 왜냐하면 그는 유대의 묵시사상적 전통에서 종말 사건
에 해당되는 부활 사건이 예수에게서 선취되어 나타났다고 보기 때문
이다. 다시 말해서 미래가 현재에 우선한다는 주장은 이미 전제된 하
나님관념을 전제로 하고 유대의 묵시사상적 전통에서 조명된 예수의
선취된 부활 사건을 통해 매개되었다. 앞으로 보게 될 것이지만, 이런
주장은 인간학적인 측면에서 논증되고 또한 종말론의 주제를 통해서
더욱 상세하게 서술된다.

　③ 판넨베르크의 종말론을 그가 제시하는 주제에 따라서 이해하기
전에 먼저 유대의 묵시사상에 대한 판넨베르크의 이해를 살펴보아야

---

326) *Theologie und Reich Gottes*, 14.

만 한다. 그는 신학에 있어서 묵시사상의 중요성을 강조하는데, 이것이 기독교의 종말론적 소망의 형성에 있어서 중요한 의미를 갖는다고 생각했기 때문이다. 또한 그의 종말론적 진술은 유대의 묵시사상이 예수의 부활에서 완성되어 나타난다는 것을 새롭게 발견함으로써 가능한 것이었기 때문이다.

판넨베르크는 묵시사상을 신학의 핵심 문제로 다룬 바이스와 슈바이처 이후에 당시 조직신학에서 소원하게 여겨졌던 묵시사상에 대한 새로운 관심을 불러일으켰다. 유대 묵시사상의 형성 과정을 추적하면서 판넨베르크는 하나님을 계시할 뿐만 아니라 또한 하나님인식을 가져왔던 역사적 사건들이 그 의미가 분명하게 밝혀지지도 않은 채 계속적으로 이어지면서 묵시가들은 역사의 마지막에 그 의미가 나타나게 될 것을 기대하게 되었다고 본다. 그리고 현재와 미래의 일관성에 대한 생각이 나타나면서 보편역사에 대한 시각이 형성되고 또한 죽음을 넘어서는 모든 인류의 하나님이신 여호와 하나님의 보편행위에 대한 기대가 나타나게 되었다고 추리한다.[327] 그러나 그에게 있어서 묵시사상은 기독교 이전에 나타났던 여러 묵시사상들을 지양하고 예수님에 의해서 수정된 묵시사상적인 의미에서 이해된다.[328] 특히

---

[327] *Offenbarung als Geschichte*, 95ff. 특히 98ff. SysTh 2, 168: "세계의 나라가 이어진다는 묵시론적인 가르침은 제사장 문서의 세계관에서 발견되는 보편성에 버금가는 생각, 곧 모든 민족을 포괄하는 역사의 통일이라는 생각을 가능하게 했다."

[328] 참고: E. Frank Tupper, *The Theology of Wolfhart Pannenberg*, 134–137. 이곳에서 Tupper는 네 가지 차이점을 제시하고 있다. (1) 묵시론자들과 달리 예수는 자신의 인격을 익명의 형태로 감추지 않았고 오히려 새로운 것을 가져오는 자로서 분명하게 의식하고 있었다. (2) 예수는 종말이 매우 절박하게 임하게 될 것을 기대해서 회개하라고 선포했다. (3) 세례 요한의 묵시론적인 외침에는 심판이 지배적임에 반해, 종말론적 구원은 예수의 활동 안에서 나타났고 또 미래에 있게 될 구원에의 참여가

이런 의미의 묵시 이해는 1959년에 발표된 논문 '구속 사건과 역사'
(Heilsgeschehen und Geschichte)329)와 1961년에 출판된 책 『역사로
서 계시』(Offenbarung als Geschichte)에서 잘 나타나고 있다. 이 책
은 하나님의 계시를 묵시사상적인 맥락에서 조명하여 그것을 역사로
서 이해하려고 시도한 책이다. 이곳에서 그는 유대의 묵시사상가들은
역사를 창조로부터 종말까지 통일된 맥락 속에서 꿰뚫어 보면서 역
사 내적인 종말론을 넘어서 우주적인 역사관을 처음으로 '조직적으로'
표현한 자라고 평가한다.330)

유대적 묵시사상에 대한 판넨베르크의 이해는 하나님의 역사적인
행위를 계시로 파악하는 데에 중요한 기여를 하고 있는데, 주로 예수
그리스도의 삶과 숙명 그리고 부활 이해를 뒷받침하는 데에 집중되고
있다.331) 묵시사상에서 말하고 있는 이 세상의 마지막에 있을 죽은
자들의 부활이나 최후의 심판, 새로운 세계의 도래, 새로운 존재로의
변형 그리고 하나님 영광의 계시 등은 기독교 신앙이 포기할 수 없는
중요한 의미를 갖는다.

그러므로 판넨베르크는 묵시사상이 비록 현대인에게는 매우 생소하

그를 통해서 약속되었다. 예수 자신의 인격이 중심에 있었다. (4) 묵시론
자들이 종말에 대해 앞서 인식한 부분을 제시한 것에 반해 예수의 숙명
은 종말의 선취를 나타낸다.

329) Heilsgeschehen und Geschichte, in: *Grundfragen 1*, in:22-78. 이 논문
에서 판넨베르크는 구원 사건의 역사성에 대해 논증해 나갔다. 그의 논
증은 특히 한편에서는 실존주의적인 역사 이해를 주장한 불트만과 고가
르텐 그리고 다른 한편에서는, 역사비평적인 성서 이해가 확실한 신앙의
기초를 제시해 줄 수 없다는 인식하에 초월적인 역사 이해, 곧 구속사적
인 역사 이해를 전개한 켈러(Martin Kähler)와 바르트의 신학에 대한 비
판을 통해서 전개되었다.
330) Heilsgeschehen und Geschichte, 26f. *Offenbarung als Geschichte*, 91-
114, 특히 96f, 인용은 97.
331) *Offenbarung als Geschichte*, 92.

다고 해서 그것이 쓸모없다고 생각하는 견해에 대해서는 동의하지 않는다. 그에게 있어서 묵시사상은 오히려 기독교 신앙의 핵심이다. 이는 특히 예수의 부활의 의미를 이해하는 데에 유대적인 묵시사상이 결정적인 단초를 제공해 주기 때문이다. 즉 그에 따르면 예수의 숙명 속에서 하나님은 '간접적으로' 계시되나, 역사의 마지막에 '묵시사상적으로' 나타날 하나님의 영광은 '예수에게서 선취되어 나타났다.'[332] 그러므로 예수의 부활이 묵시사상적인 맥락에서 이해되지 않으면 그 보편적인 의미를 결코 인식할 수 없게 된다는 것이 판넨베르크의 주장이다.

2) 종말론의 주제

기독교 소망에 대한 해석학으로서의 종말론을 판넨베르크는 조직신학 제3권에서 세 가지 중심 주제를 통해서 전개한다. 즉 하나님과 그의 통치, 종말론적 진술의 정당성 그리고 개인종말과 일반종말의 관계가 그것이다. 이와 대조적으로 1971년에 출판된 「신학과 하나님나라」 (Theologie und Reich Gottes)[333] 에서 그는 종말론을 신론과 교회론 그리고 윤리학과의 관계 속에서 서술하면서 조직신학 안에서 종말론이 차지하는 위치와 의미를 보여 주었다. 특별히 각각의 맥락 안에서 그리고 '오시는 하나님'이라는 하나님 이해를 바탕으로 현재에 비해 미래가 우선적이라는 사실을 보여 주고자 노력했다. 이 두 개의 저서는 판넨베르크의 종말론을 이해할 때 중요하게 여겨지고 있는데, 서로 다른 맥락이기는 하지만 자세히 들여다보면 동일한 주제, 곧 힘으로서

---

332) *Offenbarung als Geschichte*, 94.
333) 이 책은 먼저 1966-67의 기간 동안 미국에서 행해진 강연을 바탕으로 1969년에 미국에서 출판된 것인데 독일어로 번역되면서 수정 보완된 것이다.

하나님의 미래의 우선성을 다루고 있음을 알게 된다.

a. 하나님과 하나님의 통치

앞서 언급한 바와 같이 판넨베르크의 종말론 역시 다른 주제와 마찬가지로 무엇보다 하나님에 대한 믿음과 하나님관념을 회복시키려는 노력의 한 일환이다. 종말론에서는 특히 하나님 통치의 오심이 강조되고 있다. 심지어는 예수의 생애와 그의 선포 그리고 교회에서 이루어지는 일체의 행위들의 진실성 여부도 하나님 통치의 오심에 좌우된다고 말할 정도이다.[334] 다음의 인용된 글은 종말론의 주제로서 하나님과 그의 통치가 그의 신학 안에서 어떤 의미를 갖는지를 잘 보여 준다.

"하나님과 그의 통치는 종말론적 구원의 중심 내용을 형성하기 때문에, 종말론은 단순히 교의학에서 다루어지는 여러 주제들 가운데 하나가 아니라, 기독교 교리의 전체를 내다볼 수 있도록 해 준다. 종말론적인 미래와 더불어서 하나님의 영원성은 시간 안으로 들어오고, 바로 이곳에서 하나님의 영원성은 미래에 선행하여 나타난 모든 시간적인 것들에 창조적으로 현존한다. 하나님의 미래는 우연한 존재인 모든 만물의 창조적인 원천이며, 동시에 만물과 모든 사건들의 결정적인 의미와 본질을 파악하기 위한 궁극적인 지평이다. 시간 속에서 신행되는 역사 속에 있는 인간을 포함한 모든 만물은 오직 궁극적인 미래, 곧 하나님의 오심의 빛에 비추어서만 인식될 수 있는 것으로 장차 존재하게 될 것을 선취함으로서만 존재한다. 역사 속에서 나타난 하나님의 계시 역시 모든 시간과 역사가 완성되는 사건 속에서 있게 될 영원하시고 전능하신 신성의 결정적인 현시(Manifestation)를 선취하는 형태를 갖는다. 그러므로 예수 그리스도 안에서 나타난 하나님 계시의 진리는 하나님나라의 미래가 실제적으로 도래하는 것에

---

334) SysTh 3, 573.

의존해 있다. 그리고 하나님나라의 오심을 전제할 때 비로소 진리가
현존한다고 주장되고 또 선포된다."335)

판넨베르크 신학의 기본 동기는 하나님 없이 사는 세계와 그 안에
서 하나님 없이 사는 사람들에게 모든 것을 규정하는 현실로서의 하
나님을 정당화하는 것에 있기 때문에 다른 가르침에 비해 종말론은
보다 포괄적인 안목을 열어 준다. 왜냐하면 암묵적 혹은 감추어져 있
는 '하나님과 그의 통치'가 종말론에 와서는 직접적인 주제가 되기 때
문이다. 하나님은 마지막 날에 모든 피조물들에 의해서 하나님으로 인
정받게 되고, 또 그들을 다스리게 될 것이지만, 여전히 그렇지 못한
현실에서는 어쩔 수 없이 의심을 받게 되어 있다. 따라서 그는 앞으로
분명하게 나타날 하나님과 그의 통치가 현재에 갖는 의미를 정당화하
는 것을 자신의 종말론적 과제로 삼는다.336) 종말론의 주제로서 '하나
님과 하나님 통치'는 판넨베르크에게 있어서 서로 나눠지지 않고 '하
나님관념'이라는 맥락에서 동일하게 이해된다.

이처럼 종말론이 하나님관념의 종말론적 의미를 밝히는 노력으로
나타나기 때문에 그의 종말론과 신론은 매우 밀접한 관계를 가지며,
그의 조직신학의 처음과 마지막을 장식한다. 양자의 관계는 "하나님의
존재는 그의 통치를 전제하지 않고는 생각될 수 없다",337) "하나님
통치와 마찬가지로 하나님의 존재 역시 아직 오고 있는 중이다",338)
"하나님의 하나님 됨은 그의 나라가 임하게 됨으로써 비로소 드러나
게 되고, 그렇게 될 때 비로소 그의 영광은 가시적이 된다."339)는 등

---

335) SysTh 3, 572f.
336) SysTh 3, 677ff.
337) *Theologie und Reich Gottes*, 13.
338) *Theologie und Reich Gottes*, 14.

의 진술을 통해 잘 드러난다.

위 인용구에서 판넨베르크는 과거 및 현재가 미래에 대해 갖는 관계를 이해하는 데 필요한 두 가지 관점을 제시하고 있다. 하나는 미래, 앞으로 온전하게 나타나게 될 것, 곧 하나님 통치는 시간적인 것에 창조적으로 현재한다(schöpferisch gegenwärtig)는 것이고, 다른 하나는 역사 속에서 현존하는 것들의 궁극적인 존재 의미는 앞으로 나타나게 될 것이고, 그것은 오직 선취함으로써만 현재적으로 인식되고 또 주장된다는 것이다.

하나님의 영원성이 현재에 진입해 들어온다는 견해[340]는 이미 바르트에게 나타난다. 그런데 그것이 역사의 마지막에 나타날 것이지만 현재에 선취될 수 있다는 생각은 판넨베르크에게서 나타나는 특징이다. 하나님의 미래는 과거와 현재의 부분적이고 결함이 있는 것을 완성시킬 것인데, 그것은 인간들로 하여금 '전체'에 대한 기대와 생각을 가능하게 한다. 하나님의 미래를 전제하게 될 때 비로소 인간은 과거의 것으로부터 새로운 것을 인식할 수 있게 되고 또 현재에 진리를 주장하거나 선포할 수 있다고 보는 것이다. 바로 이러한 전제를 바탕으로 진리는 종말적인 것, 곧 하나님의 오심에 의존해 있지만, 선취의 형태로 전체로서 과거와 현재에 존재해 있다는 결론에 이를 수 있게 된 것이다.

그러므로 앞장에서 이미 살펴본 바와 같이, 판넨베르크에 따르면, 어떠한 명제이든지 그것이 전체로서 이미 선취된 형식이긴 하지만 현존하고 있는 전체, 곧 미래와의 관계맺음을 통해서 그것의 진위 여부

---

339) Der Gott der Hoffnung, 393.
340) 영원성과 시간의 관계는 판넨베르크 종말론에서 매우 핵심적인 부분이다. 상세한 것은 SysTh 3, 641ff을 참조.

176

가 판가름 된다(정합설). 하나님의 미래를 지나치게 강조함으로 인해서 그동안 하나님의 궁극적인 계시로 여겨져 온 예수 그리스도마저도 상대적으로 다루어지는 것은 판넨베르크 신학의 독특함이다.

'창조적으로 현존한다.'는 표현은 하나님의 미래는 역사를 규정하고, 과거로부터 벗어나게 할 뿐만 아니라 새로운 것을 만들어 내면서 — 혹은 현재를 변화시키면서 — 현존한다는 의미로 이해된다. 판넨베르크는 자신의 종말론에서 하나님의 미래를 단순히 인식의 대상으로만 삼지 않는다. 그는 그것의 완전한 인식이 가능하다고 생각하지 않는다. 오히려 완성된 것으로서 하나님의 미래는 역사의 참모습을 밝혀 주게 될 것이며 또한 힘으로서 현재에 영향력을 행사하고, 그럼으로써 비록 우발적이긴 하지만 미래와의 관계에서 볼 때 통일된 맥락을 역사 안으로 가져오는 것으로 이해한다. 이를 위해 인간은 하나님의 미래를 전제하고 받아들여야만 한다.[341] 우발적인 사건을 통해 창조적으로 현존하면서도 역사의 일관성이 유지되는 것을 판넨베르크는 매우 독특하게 하나님의 사랑의 행위로 이해한다.[342] 이 사랑에 기초해서 단편적인 역사적 사건들을 바라본 판넨베르크는 "우리 앞에 있는 미래는 불안과 흥분이 가득한 곳에서는 우리로 하여금 숨 가쁘게 처신하게 만들지만, 미래를 내다보면서 하나님을 신뢰하게 될 때, 세계는 기쁨으로 넘치게 된다."[343]고 말할 수 있었다.

판넨베르크가 자신의 종말론에서 '하나님과 그의 통치'라는 주제를 통해서 보여 주고자 한 것은 하나님 통치가 미래의 힘으로서 존재하

---

341) 판넨베르크는 SysTh 3, 636에서 하나님의 미래인 역사의 마지막을 인간의 역사성과 관련해서 경험을 가능하게 하는 '선험적 조건'(transzendentale Bedingung)으로 규정한다.
342) *Theologie und Reich Gottes*, 22f.
343) *Theologie und Reich Gottes*, 16.

면서 과거와 현재를 규정한다는 것이다. 여기서 통치는 단순히 '억누른다'(Unterdrückung)는 의미에서가 아니라, '하나가 되게 하는 힘이 그 영향력을 발휘한다.'(das Wirken einer einigenden Macht)는 좀더 넓은 의미에서 이해된다.[344] 세상에 대한 하나님 통치는 서로 나눠져 있는 것들을 하나로 만드는 데에 그 목적이 있다는 뜻이다. 세상을 통일체로 만드는 것이 하나님 통치의 목적이라고 할 때, 하나님은 당신의 통치를 통해 하나님에게 속한 자들의 과거나 현재뿐만 아니라 미래에 대해서도 힘으로서 영향력을 행사하게 되어 그 하나 됨을 완성시킬 것이라고 기대하는 것은 당연하다. 그러므로 판넨베르크에게 있어서 하나님과 그의 통치는 기독교 소망의 대상이 된다.

b. 종말론적 진술의 정당성

미래의 힘으로서 하나님 통치가 새로운 것을 역사 안으로 가져온다면, '인간은 새로운 것을 어떻게 인식할 수 있는가' 또 '그것에 대한 진술은 무엇을 근거로 해서 정당화될 수 있는가'라는 질문이 제기된다. 하나님과 그의 통치에 이어서 종말론적 진술의 정당성이라는 주제를 다루게 되는 것은 판넨베르크가 바로 이러한 문제를 염두에 두었기 때문이다. 판넨베르크는 이 주제를 통해 무엇보다 먼저 기독교 소망의 기초로서 제시된 것들을 비판적으로 검토해 나가면서 하나님관념이 종말론적 진술의 기초가 됨을 밝히고, 또 그것이 다른 교의학적 주제와 갖는 관계를 보여 준다.

판넨베르크의 관찰에 따르면, 종말론적 진술의 위기는 절대정신의 역사적 현존을 강조하고 그럼으로써 영혼불멸의 의미를 무색하게 만든 헤겔에 와서 그 정점에 이른다.[345] 칸트와 계몽주의 사상에서 요

---

344) *Theologie und Reich Gottes*, 17.

청의 형식으로나마 유지되었던 영혼불멸사상마저 절대정신의 현상학을 주장하는 헤겔의 열정 앞에서는 무색해질 수밖에 없었다는 것이다.[346] 이러한 경향은 곧 포이에르바흐에게 이어져 종말론적 진술은 아무런 기초를 갖지 않은 허구적인 것으로 전락되었다. 왜냐하면 포이에르바흐는 영혼불멸사상과 부활신앙 등을 인간학적 환원을 통해, 유한한 인간들이 자신의 유한성을 인정하지 않고자 하는 마음에서 비롯된 투사물로 여겼기 때문이다.[347]

판넨베르크는 슐라이에르막허에게 와서 죽음을 넘어서는 삶에 대한 소망이 다시금 신학의 주제로 부각되었다고 평가한다. 잘 알려진 대로 그는 『신앙론』에서 이러한 소망의 근거를 영원히 지속되는 예수와의 연합에 두었다.[348] 그러나 판넨베르크는 예수와의 연합의 결과로서 나타나는 죽음 이후의 삶에 대한 소망이 죽음을 이기는 하나님의 권능, 특히 예수의 부활과 신자들의 부활에 대한 확신을 전제하고 있음에도 슐라이에르막허는 이 문제를 거론하지 않았다고 비판한다.[349] 왜냐하면 "부활소망에 대한 충분한 동의 없이는 신앙인과 예수와의 연합 역시 죽음을 넘어서는 삶에 대한 소망의 근거를 놓을 수 없기"[350] 때문이다. 그에 따르면 부활소망은 죽음을 이기도록 하시는 하나님의 권능에 대한 믿음을 전제하기 때문에 예수 그리스도와의 연합보다 하나님에 대한 믿음이 선행한다.[351] 슐라이에르막허 이후 하르낙(Adolf von Harnack)과 리츨(Albrecht Ritschl)은 칸트의 도덕철

345) SysTh 3, 574.
346) SysTh 3, 575.
347) SysTh 3, 575.
348) F. Schleiermacher, *Der christlicher Glaube 2*, §157 – §163.
349) SysTh 3, 576f.
350) SysTh 3, 577.
351) SysTh 3, 577.

학에 근거하여 종말론의 윤리화를 실행했다. 결국 하나님나라를 이 땅에 실현하려는 노력으로 인해 전통적인 종말론의 의미는 자취를 감추게 되었다.[352]

그러나 1892년 요한네스 바이스는 「하나님나라에 대한 예수의 설교」(Die Predigt Jesu vom Reich Gottes, 1892)에서 복음서에 대한 석의를 바탕으로 예수의 선포에서 묵시사상적인 색채를 띤 하나님 통치의 미래에 대한 기대를 재발견했다. 그러나 판넨베르크는 기대와는 달리 예수의 선포가 당시의 사람들에게 더욱 낯설게만 여겨지게 되었다고 지적한다.[353] 이러한 생각은 예수의 기대에서 종말론의 근거를 찾았던 슈바이처(Albert Schweitzer)에게서 정점에 이르게 되었는데, 슈바이처에 따르면, 예수는 스스로를 메시야로 인식했다. 제자들을 전도자로 파송함으로써 예수는 왕국의 도래를 위해서 최후의 노력을 한 것이었다. 기대된 대로 하나님나라가 임하지 않게 되자 그는 고난과 죽음으로써 왕국의 초래를 시도했다. 그의 이러한 시도는 실패로 끝났고, 그의 제자들은 그의 메시지를 중간 시기의 윤리(소위 Interrimethik)로 바꾸었다. 그래서 현 세대가 그리스도의 재림까지 불확실하게 계속될 것이라는 교리가 생겨나게 된 것이다.

이처럼 슈바이처는 세상의 멸망과 더불어 이르게 될 것이라는 우주 종말론적인 생각과 하나님나라가 곧 임할 것이라는 예수의 기대는 결국, 그것이 나타나지 않게 됨으로써 초대 기독교의 첫 번째 세대를 넘어서지 못하고 시들어졌다고 보았다. 슈바이처의 종말론을 '철저한 종말론'(Kosequente Eschatologie)이라 부르고 있는데, 이것은 재림 연기

---

352) G. Sauter, *Einführung in die Eschatologie(1995)* 『소망의 이유를 묻는 이들을 위하여』(한들, 1999), 61ff.
353) SysTh 3, 577.

180

를 뜻한다. 그러나 실제로는 계속적 연기로서 재림 포기를 의미하는
견해이다. 이로써 종말론적 진술은 그 정당성을 물을 가치가 없는 것
으로 전락해 버렸다.

사행 길에 들어선 종말론이 신학사에서 다시금 그 중요성이 입증된
것은 바르트에게서다.354) 바르트는 하나님 통치의 종말론적 메시지를
현재의 인간들에게 시급하게 닥쳐오는 것으로 새롭게 해석할 수 있었
다. 판넨베르크는 이러한 해석의 가능성을 시대적 배경 속에서 발견한
다. 예컨대, 제1차세계대전을 치른 유럽의 암울한 분위기를 경험했던
바르트는 첫째, 하나님 통치를 하나님 현실이 인간과 세계와 갖는 관
계로서 파악했고, 둘째, 이 현실을 하나님으로부터 독립하려는 세계에
대한 심판으로 이해하도록 가르쳤다는 것이다.355) 그러나 바르트의
노력 또한 종말론을 새롭게 전개시키는 데에까지는 이르지 못했다고
판넨베르크는 비판한다.356) 바르트는 하나님의 종말론적인 사건이 예
수에게서 이미 나타났을 뿐만 아니라 또한 이 사건은 역사적 우주적
파국과는 상관없이 그리스도의 영을 통해 현재 안에서도 언제든지 일
어날 수 있는 것으로 보았기 때문이다.357)

그래서 판넨베르크의 분석에 따르면, 성서적인 종말론의 핵심인, 시
간적으로 미래적인 것이 바르트의 신학에는 더 이상 아무런 의미를
갖지 못하게 되었다. 판넨베르크는 바르트에게서 종말론이 사라지게
되는 것은 바로 이러한 이유에서 비롯된다고 본다.358) 종말론적 진술

---

354) Karl Barth, *Römerbrief*, 2. Aufl. München 1922. ders., KD Ⅱ / 1.
355) SysTh 3, 578.
356) SysTh 3, 579.
357) Barth, *Römerbrief*, 484. 바르트는 후에 KD Ⅱ / 1, 716에서 이러한 주장
    을 철회하였다.
358) SysTh 3, 579.

의 의미가 기독론 안으로 흡수되어 버린 것이다. 특히 하나님과 인간
의 관계를 변증법적인 서술 방식으로 풀어나감에 따라 로마서 강해에
서 발견되는 종말론적 분위기는 대부분 사라지게 되었다고 말한다.[359]
그럼에도 불구하고 판넨베르크는, 바르트가 초대교회의 종말론적 기대
를, 예수 그리스도의 화해 사역을 통해서 나타난 하나님과 인간이 완
전하게 화해된 현실에 대한 기대로 이해함으로써 종말론을 새롭게 정
초하는 후대의 노력에 지대한 기여를 했음을 인정한다.[360]

한편, 바르트와 불트만에게서 간과되었던 종말론적 기대를 하나님
의 현실을 지시해 주는 것으로서 그의 언약에 정초하려는 시도들이
나타나게 되었다. 판넨베르크는 크렉(Walther Kreck),[361] 몰트만
(Jürgen Moltmann)[362] 그리고 자우터(Gerhard Sauter)[363]와 같은
신학자들이 '언약' 개념을 통해서 하나님나라의 미래적 성격을 부각시
킨 것을 매우 긍정적으로 평가한다. 그러나 판넨베르크는 기독교 소망
을 언약에 정초하는 것이 정당하기 위해서는 단순히 하나님의 언약이
라고 주장되는 것에 근거하는 것만으로는 충분하지 못하고, 먼저 하나
님 자신의 언약임이 입증되어야 한다고 주장한다.[364] 언약은 성취로

---

359) Ebd.
360) Ebd.
361) W. Kreck, *Die Zukunft des Gekommenen*, 1961.
362) J. Moltmann, *Theologie der Hoffnung*, 1964.
363) G. Sauter, *Zukunft und Verheissung. Das Problem der Zukunft in der gegenwärtigen theologischen und philosophischen Diskussion*, 1965.
364) SysTh 3, 582. 기독교 소망을 기독론적으로 정초하려는 시도에 대한 판넨베르크의 비판은 매우 시사적이다. 이 비판에서 그는 구원의 미래와 구원의 참여를 구별하면서 구원의 미래는 하나님의 미래에 정초되며, 구원의 참여는 예수 그리스도 안에서 그 기초를 갖는다고 본다. 다시 말해서 기독교 소망을 예수 그리스도의 현실에 정초하려는 알트하우스(Paul Althaus)의 시도에 대해 판넨베르크는 예수 그리스도 안에서 구원의 현실을 말하기 위해서는 먼저 하나님나라의 미래, 곧 구원의 미래가 전제되었을 때 가

써 피조물의 완성을 겨냥하기 때문에 그는 피조물의 완성과 하나님나라의 미래와의 관계를 동일한 맥락에서 이해한다. 즉 세계의 미래가 세계의 완성으로서 생각되고 또한 하나님이 세계의 창조주로서 생각될 수 있기 위해서 그는 먼저 세계가 미래에 기초되어 있음이 입증되어야 한다고 본다.[365]

이에 덧붙여서 몰트만이 '희망의 신학'에서 주장하고 있는 것처럼, 하나님의 미래가 현실과의 대립관계 속에 있으면서 현실 변혁의 이유와 방향을 제시해 주는 것으로 이해되는 것만으로는 충분하지 않다고 본다. 다시 말하면 언약으로서 하나님의 미래가 위협적인 것이 아니라 그것의 성취가 기대될 수 있는 것이기 위해서는 언약을 받은 자의 현실과 긍정적인 관계가 설정되어 있어야 할 것이기 때문이다.[366] 뿐만 아니라 그러한 이해는 변증법적 신학이 주장하는 것과 별로 다를 것이 없는 또 하나의 초자연주의가 태동하는 결과로 이어질 수 있고 또한 장차 도래할 하나님 통치의 현존을 간과하게 된다. 이렇게 되면 장차 이루어질 하나님의 통치에 대한 진술이 인간의 현재적인 경험의 지평에서 이해되거나 혹은 그 진위를 평가할 가능성을 놓치게 된다고 판넨베르크는 지적한다.[367] 그리고 약속하신 자가 세계를 창조하신 자로 믿어지기 위해서는 종말론적 언약의 내용이 피조물의 존재와 규정(혹은 숙명Bestimmung)에 상응하는 것으로 입증될 수 있어야만 한

능하다고 지적하고 종말론적인 기대가 단순히 예수 그리스도에 정초되어질 수는 없다고 보았다. 기독론적인 정초는 신앙인들이 종말론적인 구원에 참여하게 되는 것에 있어서 유효하다고 본다(SysTh 3, 581).

365) SysTh 3, 583.
366) SysTh 3, 199f. 583.
367) *Theologie und Reich Gottes*, 11. 여기서 우리는 교의학적인 진술을 이성을 통해서 입증할 수 있다는 판넨베르크의 원칙적인 입장이 종말론적인 진술에도 적용되고 있음을 확인할 수 있다.

다고 말한다.[368] 이러한 사실로부터 그는 비록 제한적인 기능을 갖기는 하지만 종말론의 '인간학적인 증명의 필연성'[369]을 추리해 낸다. 그러므로 판넨베르크의 주장에 따르면, 비록 소망의 내용에 대한 설득력 있는 증명을 제시하지는 못한다 해도, 인간학은 기독교 종말론적 소망의 보편타당성을 주장하기 위한 토양을 형성한다.[370]

이어서 판넨베르크는 종말론에 대해 인간학적 논증을 시도한 라너(Karl Rahner)의 견해[371]를 고찰한다. 라너는 기독교에서 종말론의 존재는 필연적이라고 주장한다.[372] 이 필연성을 그는 영과 몸이 분리되지 않은 전인으로서의 인간에게서 찾는다.[373] 그에게 있어 종말론이란 인간이 그리스도의 은혜 안에서 현재로서 체험하게 된 구원 경

---

368) SysTh 3, 583f.
369) SysTh 3, 584. 종말론적 진술에 대한 인간학적 해석을 판넨베르크는 Eschatologie und Sinnerfahrung에서 다루고 있는데, 다음의 진술에서 분명하게 파악된다. "미래에 대해 이루어지는 종말론적 진술은, 인간이 인간임을 위해 구성적인 의미를 갖는 하나님의 의가 관철된 결과로서 인간의 본질이 궁극적으로 실현되는 조건들을 형성한다."(Eschatologie und Sinnerfahrung, 70).
370) SysTh 3, 584. 신학적인 정당화 노력 이외에도 판넨베르크는 세속적인 상황으로부터도 그 필연성을 언급한다. 다시 말해서 그는 현대라는 상황이 인간의 본성을 모든 보편타당적인 것의 기초로서 간주한다고 본다. 따라서 모든 종교나 형이상학적 주제들은 인간학적 토양에서 자신의 주장이 보편타당성을 갖는다는 주장을 입증해 내어야만 한다고 주장한다.
371) 참고: Karl Rahner, Theologische Prinzipien der Hermeneutik eschatologischer Aussagen, in: *Schriften zur Theologie IV*, Benzinger Verl. Einsiedeln / Zürich / Köln 1967, 401‒428; ‒, *Grundkurs des Glaubens. Einführung in den Begriff des Christentums*, Herder Freiburg / Basel / Wien 1984, 414‒429.
372) Karl Rahner, Theologische Prinzipien der Hermeneutik eschatologischer Aussagen, in: *Schriften zur Theologie IV*, Benzinger Verl. Einsiedeln / Zürich / Köln 1967, 401‒428, 404.
373) K. Rahner, *Grundkurs des Glaubens*, 415, 417.

험으로부터 그것의 완성을 소망하면서 미래로 이어지는 진술이기 때문이다.[374] 라너는 기독교가 성서의 종말론적 진술을, 아직 존재하지 않는 미래를 선취하면서 보도하는 것으로 이해함으로 인해 불필요한 어려움과 문제에 직면하게 되었다고 본다.[375] 그러나 인간이 종말에 대해 아는 것은 오직 인간으로부터 알고 있는 것일 뿐이라고 보기 때문에[376] 라너에게 있어서 종말론은 단순히 인간을 진술하는 것이며,[377] 인간학의 진술들을 '완성의 양태(im Modus der Vollendung)로 변조해 놓은 채 반복하는 것이다.'[378] 라너의 이러한 인간학적 정초 노력에 대해 판넨베르크는, 라너는 미래에 대한 지식, 곧 모든 인간의 자기 이해를 위해, 구성적인 것으로 여겨지는 구원의 미래에 대한 지식으로부터 예수 그리스도 안에 구원의 미래의 실제적인 현재로 이어지는 추리 방식으로 생각을 전개했다고 이해했다. 따라서 이는 라너가 구약의 유대적인 종말론의 형성사에서 문제가 되는 것은 단순히 인간 자신이 아니라 하나님과 그의 나라, 하나님과 그의 공의에 대한 신앙으로부터 오는 결과, 곧 유대교적인 신앙에 있어서 구성적인 의미를 갖는 하나님관념이 포함하고 있는 것을 얻고자 하는 노력이었음을 간과한 결과라고 비판한다.[379]

판넨베르크에 따르면, 예수 그리스도 안에서는 반대의 방향으로 추리되는데, 즉 '하나님의 미래로부터 인간을 향해' 움직인다.[380] 이러한

---

374) K. Rahner, *Grundkurs des Glaubens*, 416.
375) K. Rahner, *Grundkurs des Glaubens*, 414.
376) K. Rahner, *Grundkurs des Glaubens*, 416.
377) K. Rahner, *Grundkurs des Glaubens*, 415.
378) K. Rahner, Theologische Prinzipien der Hermeneutik eschatologischer Aussagen, in: *Schriften zur Theologie IV*, Benzinger Verl. Einsiedeln / Zürich / Köln 1967, 401 –428, 415.
379) SysTh 3, 586.
380) SysTh 3, 587.

미래는 하나님의 언약 속에서 선포된다. 언약은 인간으로 하여금 자신의 현재를 하나님의 미래에 비추어 조명해 볼 수 있도록 한다. 이렇게 볼 때 인간은 미래에 대해 당연히 열려 있는 존재가 된다. 이와 같이 언약 개념은 "인간의 구원이 요청되는 현재와 하나님의 미래가 상호 관련을 갖는 동시에 서로를 구별해 준다."[381]

종말론의 주제로 종말론적 진술의 정당성을 다루면서 판넨베르크는 종말론적 진술이 신학이나 교회 안에서뿐만 아니라 그 밖에서도 타당하다고 인정될 수 있는 기초를 발견하고자 했다. 그에 따르면 언약의 내용을 형성하는 종말론적 진술은 인간에 대한 이해를 바탕으로 할 때 비로소 그 보편성에 대한 검증의 노력이 다른 학문에 의해서도 시도될 수 있게 된다는 것이다.

c. 개인 종말과 일반 종말의 관계

판넨베르크는 종말론적 진술의 인간학적 정당화 과정에서 제기되는 문제인 개인 종말론과 일반종말론의 관계를 종말론의 세 번째 주제로 다룬다. 전통적으로 이 문제는 개인이 죽은 후에 바로 하나님의 영광에 참여하게 되는지, 아니면 역사의 마지막에 있을 때까지 기다려야 하는가라는 질문으로 제기되어 왔다. 어느 쪽의 입장을 택하든 문제는 여전히 해결되지 않는다. 예컨대 전자를 택할 경우에는 역사의 마지막에 있을 사건들은 무슨 의미가 있겠으며, 후자는 개인의 죽음과 역사의 마지막 사이의 중간 상태를 어떻게 생각해야만 할 것인가라는 문제가 제기된다. 이 문제의 심각성은 신학사 내에서 어쩔 수 없이 양자택일이라는 형태로밖에는 나타나지 않았다는 사실로부터 확인해 볼

---

381) SysTh 3, 587.

수 있다.

이러한 경향을 비판적으로 보는 판넨베르크는 시종일관 그리고 여러 가지 형태로 주장하기를, 이 두 가지 측면은 결코 배제되어서는 안 되며, '성서적인 미래소망의 본질적인 요소'로서 동일한 맥락을 갖는 것으로 입증되어야 한다고 말한다.[382] 판넨베르크는 이 주제하에서 다루어지는 문제를 다음과 같이 파악한다. "개인적 삶의 완성 그리고 죽음을 넘어서 이루어지는 예수 그리스도와의 연합의 완성이라는 생각은 인류의 완성 그리고 역사의 마지막에 있을 세계의 완성이라는 표상과 어떻게 결합될 수 있는가[?]"[383] 이런 문제의식을 갖고 그는 각각의 신학적 입장들을 비판적으로,[384] 특히 영원과 시간의 관계를 고려하면서[385] 검토해 나간다.

판넨베르크는 먼저 양자의 관계를 유대 종말론의 형성과정을 통해 이해한다. 유대의 종말론은 개인의 숙명이라는 주제를 공동체의 숙명에 대한 문제와 분리시키지 않으면서도, 개인은 인간의 공동체적인 숙명의 완성에 참여하는 것으로 보았다는 것이다.[386] 이러한 관찰로부터 판넨베르크는 유대의 종말론적 소망이 비록 여호와 신앙에 근거하고 있다 할지라도 이미 초기부터 '개인 삶의 완성과 공동체의 완성의 관계를 묻는 인간학적 질문'을 문제로 다루어 왔다고 본다.[387] 바로 이러한 인간학적 문제와 관련해서 그는 인류의 한 구성원으로서 과거 세대의 개인들이 인간의 숙명이 미래에 구체적으로 드러나는 것에 참여하는 것은 어떻게 가능한가?"[388]라는 질문을 제기한다. 이러한 인

---

382) SysTh 3, 623f.
383) SysTh 3, 589.
384) SysTh 3, 589ff.
385) SysTh 3, 624.
386) SysTh 3, 591.
387) SysTh 3, 591.

간학적 이해를 '종말론적 진술의 상징적 기능'으로 이해한 그는 이것
이 실제적인 미래를 가리키는 것이 되기 위해서는 종말론적 진술의
대상이 하나님언약의 내용으로 파악되어야 한다고 본다.[389] 판넨베르
크는 이러한 성격의 종말론적 소망의 형태를 공의로우시고 신실하신
하나님을 신뢰하는 가운데 피조물과 당신의 백성과 함께 가시는 하나
님의 길이 완성될 미래로 향해져 있는 유대의 종말론적 소망 안에서
발견한다. 그 결과 기독교 소망은 유대의 언약 신학이라는 범위 안에
서 나타난다고 본다.[390]

즉 그에 따르면, 기독교 소망은 '하나님나라의 미래가 예수의 사역
안에서 이미 현재가 되기 시작했다'는 것을 기초로 삼는다.[391] 바로
이러한 까닭에 개인과 일반 종말과의 관계를 묻는 질문에 대한 대답을
모색하기 위해 신학 안에서 이루어진 대부분의 시도들은 예수 그리스
도의 사역, 곧 이미 그 안에서 하나님의 나라가 현재로 나타난다는 점
과 관련해서 양자의 갈등을 해결하려고 했다. 그러나 그러한 시도들은,
예수 그리스도는 이미 나타난 성취의 사건으로서 언약 이상의 의미를
가지지만, 그럼에도 불구하고 이러한 성취의 사건은 역사적으로 완성
된 형태로는 아직 종결되지 않았다는 것을 간과한 결과라고 판넨베르
크는 비판한다.[392] 이어서 그는 "인류의 구원은 아들이 옴으로써는 아
직 결정석으로 현실화되지 않았고, 성령이 믿는 자들의 마음속에서 아
들과 그의 사역을 증거하고 또 영화롭게 한다는 점에서, 성령의 사역
을 통해 비로소 완성에 이르게 된다"[393]고 주장한다. 달리 말한다면,

388) SysTh 3, 592.
389) SysTh 3, 593.
390) SysTh 3, 593.
391) SysTh 3, 593.
392) SYsTh 3, 593f.
393) SysTh 3, 594.

188

기독론을 통해서 구원의 미래와 그것의 현재를 말할 수는 있지만, 이 것이 믿는 자들의 구원의 참여를 말하는 것은 아니라는 것이다.

그러므로 판넨베르크는 개인 종말과 일반 종말의 관계의 문제에 있어서 기독론보다는 성령론을 통해 문제 해결의 단초를 발견하게 되는데, 왜냐하면 '성령의 사역은 개인뿐만 아니라 공동체 안에서도'[394] 일어난다고 보기 때문이다. 이 일은 은사로서 주어지는 성령이 개인에 게만 머물러 있는 방식이 아니라, 성령을 받은 각 개개인을 교회의 연합으로 결합시키는 그런 방식으로 일어난다고 한다.[395] 이러한 성령의 사역을 판넨베르크는 성령의 '이중기능'(Doppelfunktion) 및 '완성시키는 사역'(das vollendende Wirken)이라고 일컬으며 '개인과 사회의 대립'은 바로 이러한 사역을 통해서 극복된다는 결론에 이르게 되고, 결국 역사 안에서 종말론적인 구원의 선취를 가능하게 하는 것은 성령의 역사가 된다.[396]

종말론의 주제로서 개인 종말과 일반 종말의 관계를 다루면서 판넨베르크는 개별적인 것이 보편적인 것과 어떤 방식으로 관계하는지를 보여 주고자 했다. 이러한 의도를 바탕으로 전개된 판넨베르크 종말론의 특징은 종말론을 성령론과의 관계 속에서 고찰할 뿐만 아니라, 양자의 밀접한 관계를 삼위일체론적으로 전개하고 있다는 것이다.[397] 또한 그는 개인과 일반 종말의 관계에 유념하면서 양자가 서로 일정한 맥락 안에서 맺어진 관계를 드러내고, 또 그럼으로써 '이미'와 '아직 아니'의 긴장 관계를 매우 팽팽하게 유지해 나갔다. 죽은 자의 부

394) SysTh 3, 594f.
395) SysTh 3, 595.
396) SysTh 3, 595.
397) SysTh 3, 597.

활이나 심판과 같은 종말론적인 사건은 반드시 역사의 마지막에 일어날 것이다.

그러나 예수 그리스도에게서 선취되어 역사를 규정하듯이, 현재는 마지막 시대의 은사로서 주어지는 성령의 사역에 의해 미래를 선취함으로써 결국 미래에 의해 규정되는 결과가 된다. 판넨베르크는 이런 방식을 통해 개인과 전 인류의 궁극적인 미래가 결합된다고 본다.[398] 인간이 현재 안에서 약속의 성취를 선취하게 되는 것은 예수 그리스도에 대한 믿음을 통해 이루어지고, 그것을 현실 속에서 구체화시키는 것은 사랑을 통해 역사하시는 성령의 사역이라고 한다. 다시 말해서 성령의 사역을 통해 개별적인 것은 아직 완전히 나타나지 않지만 현존하는 보편적인 것에 그것을 선취하는 방식으로 참여할 수 있게 된다는 것이다.

지금까지 살펴본 바와 같이 판넨베르크 종말론은 신론과 더불어서 그의 신학의 기본적 성격을 규정해 준다. 신론과 달리 종말론에서는 신학적 진술의 타당성, 곧 진리가 밝혀지는 장이 되는 미래에 대한 주장들이 '도래할 하나님 통치'라는 중심 주제를 매개로 해서 전개되었다. 특히 종말론에서 이루어진 여러 가지 서술(미래의 힘으로서의 하나님 이해에 대한 설명, 기독교 소망의 종말론적 성격 규정 및 정당화 그리고 의미 경험에서 부분과 전체의 문제)을 바탕으로 살펴볼 때, 판넨베르크 종말론의 핵심은 미래가 현재 안에서 힘으로서 현존하고, 이것이 미래의 하나님, 곧 도래하는 하나님 통치에 근거하고 있음을 보여 준다. 뿐만 아니라, 이러한 일련의 맥락을 보편사적 관점에서 정당화하는 노력에 있음을 알게 된다.

---

398) Die Aufgabe christlicher Eschatologie, 279.

(3) 미래의 우선성에 대한 비판적 고찰
―'전체' 사고는 '미래의 우선성'을 처음부터 함축한다

판넨베르크의 진리 문제 해결의 단초와 근거를 제공하는 종말론의 핵심은 미래의 우선성에 있다. 미래의 우선성에 대한 인식은 무엇보다도 예수의 숙명 안에서 나타난 하나님의 계시를 통해 이루어졌다. 그리고 그는 미래의 우선성을 통해서 오늘날 어떻게 하나님을 소망의 하나님으로 말할 수 있는지에 대해 논증해 나갔다.

판넨베르크의 진리 이해는 미래로부터 과거와 현재로 이어지는 시간관을 통해서 뒷받침되고 있다. 그렇다고 해서 그가 전통적인 시간의 흐름, 곧 과거에서 현재를 거쳐 미래로 이어지는 시간의 흐름을 부정한 것은 아니다. 그는 단지 어떤 순간에서이든 그것은 미래의 힘에 의해 결정되며 그럼으로써 모든 순간에 앞서 미래가 있게 되는 것이라고 보는 것이다. 그에게 있어서 미래는 전체이면서 또 의미를 담고 있는 것으로서 이미 과거에서부터 과거의 현재로의 흐름을 지배하기 때문에 그 순서가 뒤바뀌는 듯이 보일 뿐이다. 판넨베르크 종말론의 핵심 문제는 바로 여기에 있다. 즉 다음과 같은 질문이 제기된다. 직선적이지도 않고 또한 순환적이지도 않으면서 전통적인 시간 개념에서 벗어나는 '힘으로서 미래의 우선성'을 인식하는 것은 어떻게 가능하고 또 그 정당성은 어떻게 주장되고 있는가? 미래는 어떤 방법을 통해 현재에 대해 영향력을 행사하는가?[399]

---

399) 포오드는 다음의 논문에서 미래의 힘의 본질을 밝히기 위해 화이트헤드와의 비교를 시도했다. Lewis S. Ford, The Nature of the Power of the Future, in: Carl E. Braaten / Philip Clayton(ed.), *The Theology of Wolfhart Pannenberg*, 75–94. 포오드는 판넨베르크를 이해하는 데에 있어서 "진정한 문제는……미래가 어떻게 현재에 힘을 행사할 수 있는지를

미래의 우선성은 직선적인 시간관을 가지고 있는 자에게는 이해가 쉽지 않다. 순환적인 시간관을 가질 경우 시간이 반복된다는 점에서 다소 이해가 가능하다. 이미 언젠가 나타났던 것은 반복되는 과정에서 다시금 미래로 나타나게 된 것이기 때문이다. 그것에 대한 기억을 통해 과거로서 미래는 현재의 순간에 생각을 통해 현존한다고 말할 수 있을 것이기 때문이다. 이미 나타났던 것이 기억을 통해 다시금 미래의 것으로 기대될 수 있게 된다. 앞으로 나타날 미래를 생각하면서 현재를 구성해 나갈 수 있는 것이다. 그러나 그것은 이미 말 그대로 새로운 것을 드러낼 미래는 더 이상 아니다. 옛것이 새롭게 반복되어 나타나는 것일 뿐이다. 그렇다면 미래의 우선성은 어떻게 이해될 수 있는가?

판넨베르크에게 있어서 미래란 현실을 결정하는 것으로 이해되는 한에 있어서, 비록 아직은 존재하지 않는다 하더라도 참현실이다. 그것은 단순히 시간적인 개념만을 의미하지 않는다. 시간적인 의미에서 '아직 나타나지 않은 때'를 가리키기도 하지만, 그것은 투퍼(Tupper)가 지적한 대로 '무소부재(Omnipresence)와 밀접하게 연결되어 있는'[400] '현실 전체'이다. 현실 전체로서 과거와 미래에 비주제적으로 (암묵적으로) 현존하며 예견할 수 없는 방식으로, 우발적으로 나타난다. 때로는 두려움과 경이 혹은 소망을 불러일으키면서 신비적으로 (dunkel und geheimnisvoll) 경험된다.[401] 미래의 우선성을 시간적으로만 이해할 때 어려움을 겪는 이유가 바로 여기에 있다. 미래는 시간뿐만 아니라 공간개념도 포함하기 때문이다. 이로 인해 미래는 하나님의 통치로 이해되기도 한다. 이 통치가 모든 현재에 앞서 존재한다는

인식하는 어려움에 있다."(75)고 보았다.
400) E. Frank Tupper, *The Theology of Wolfahrt Pannenberg*, 204.
401) *Theologie und Reich Gottes*, 16.

의미에서 하나님의 미래는 하나님의 영원성을 함축한다.[402] 이런 이해에 따라 미래는 역사적인 사건들의 배후에서 그것들의 통일을 구성하는 것으로 이해되기도 한다. 미래는 시간적인 의미에서 하나님이 당신의 온전함을 계시하는 때이기도 하나 또한 만물이 궁극적인 미래에 마주치게 될 존재가 하나님이기 때문에 미래는 곧 하나님 자신으로 이해될 수 있다. 그러므로 미래는 인격체로서도 경험된다. 미래는 하나님의 자유로운 행위가 일어나는 장이다.[403]

미래의 우선성을 이해하기 위해서는 이처럼 시간 및 공간 그리고 인격의 개념이 함께 고려되어야 한다. 판넨베르크에게 있어서 미래의 우선성이란 무엇보다 먼저 '현재를 규정하는 것'(gegenwartsbestimmend)으로서 '하나님의 미래'를 의미한다.[404] 곧 하나님의 현실이요, 그것은 앞으로 다가올 것이다. 하나님나라의 오심이요, 하나님 통치요, 하나님 존재 자체이다. 하나님나라는 그의 통치요, 그의 통치는 그의 존재를 생각하지 않고서는 생각할 수 없기 때문이다.[405] 판넨베르크는 미래의 힘을 하나님으로 부를 수 있는 이유를 인간의 종교적 경험에서 찾았다. 다시 말해서 앞서 말한 대로 그는 인격이라는 개념의 형성은 원래 미래와의 관계에서 경험되는 압도적인 힘으로 인해 형성된 것이라고 주장한다. 이어서 그는 이스라엘의 신앙에서 이러한 경험은 하나님의 약속에 대한 신앙을 통해 극복되고 약속의 성취를 소망하면서 하나님에

---

402) Der Gott der Hoffnung, 394. 참고: *Theologie und Reich Gottes*, 20: "⋯⋯다가올 나라의 하나님은 영원하다고 불려야만 한다. 왜냐하면 오실 하나님은 우리의 현재의 미래일 뿐만 아니라 이미 모든 과거 상황과 모든 과거 시대의 미래이기도 했기 때문이다."

403) *Faith and Reality*, 19: "The future itself⋯⋯can be seen as the free achtions of God."

404) Der Gott der Hoffnung, 389.

405) Der Gott der Hoffnung, 391.

대해 그가 미래를 결정하는 힘, 곧 인격체로서 신뢰하기를 배우게 되었음을 지적한다.

둘째, 미래의 우선성은 '논리적으로 앞서 있음'(ein logischer Vorher)이다.[406] '논리적'이란 미래가 단순히 실존적인 의미가 아니라 존재론적인 의미에서 앞서 있음을 가리키며, 미래란 우리의 현실 인식과는 다르게 존재한다는 것을 말한다. '앞서 있음'은 단순히 이미 알려진 것들이 전개되거나 시간의 흐름에 따라서 나타나는 것이 아니라, 과거나 현재에 비해 전혀 새로운 무엇이 나타남을 지시한다. 따라서 셋째, 현재를 규정하는 힘으로서 미래의 우선성은 인간의 자유를 억제하는 것이 아니라 오히려 현재에 구속되어 있는 인간을 그의 미래로 해방시킨다.[407] 미래의 우선성은 인간 자유의 존재론적 근거이다. "인간은 자유롭다. 왜냐하면 그가 미래를 갖고 또 현존하는 것을 넘어설 수 있기 때문이다."[408] 그렇다면 미래의 우선성은 무엇에 근거해서 생각될 수 있는가?

'미래의 우선성'은 여러 가지 방식으로 조명될 수 있겠지만 가장 핵심적인 방법은 부분과 전체와의 관계를 통한 것이다.[409] 미래는 곧 현실 전체이다. 이에 반해 현재는 부분적으로 있어서 늘 전체와의 관계에서 비로소 그 의미가 온전히 밝혀진다. 그런데 미래가 전체라는

---

406) SysTh 2, 165.
407) Der Gott der Hoffnung, 393.
408) Der Gott der Hoffnung, 395.
409) 판넨베르크는 특히 블로흐와 화이트헤드와의 관계에서 이 부분에 대한 자신의 주장을 논증해 나갔다. 특히 창조론에 대한 종말론적 이해를 시도하면서 미래의 힘, 그것의 우선성을 설명했다. 다음을 참고: Der Gott der Hoffnung 그리고 Atom, Dauer, Gestalt: Schwierigkeit mit der Prozeßphilosophie, in: ders, *Metaphysik und Gottesgedanke*, Göttingen 1988, 80–91.

생각은 전체가 역사의 마지막에 가서 나타날 것이라는 전제로부터 가능하다. 또한 이것은 모든 것을 규정하는 현실로서 하나님의 자기 계시가 일어남으로써 모든 부분의 의미가 분명해질 것이라는 이해에 바탕을 두고 있다. 이처럼 전체는 하나님으로 이해된다. 구체적으로 말한다면 미래의 우선성은 비록 시간적으로는 아직 나타나지 않은 것, 즉 모든 것을 규정하는 현실이요 힘으로서 하나님이 과거와 현재에도 통치자로서 현재하고 있음을 가리킨다. 미래가 아직 나타나지 않고 있는 한, 누군가가 현재에서 어떤 역사적 사건의 의미를 파악했다고 주장하거나 혹은 가설의 형태로 주장할 수 있다면, 그는 전체로서 미래의 앞서 있음이 전제되어 있다고 생각하고 또한 그것의 현실을 요청하게 되는 것은 당연하다. 시간적인 것이든 공간적인 것이든 세상에 있는 모든 것을 규정하는 현실로서 하나님이 모든 것을 규정할 수 있는 미래의 힘으로 이해될 수 있을 때 비로소 미래는 과거나 현재에 비해 우선한다고 주장될 수 있게 된다. 그런데 모든 것을 규정하는 현실 혹은 힘이라는 하나님관념은 판넨베르크 신학에서 전제를 이룬다.

판넨베르크 조직신학 전체는 미래의 우선성을 입증하기 위해 구성된 듯이 보인다. 특히 종말론에서는 보다 구체적으로 종말론적 개념인 하나님나라, 곧 하나님 통치를 매개로 해서 하나님이 힘으로서 현재나 과거를 결정하며 현존하고 있음을 보여 주었고 또 하나님이 미래의 힘임을 입증해 보이고자 했다. 그러나 이러한 그의 주장과 논거는 그의 하나님 이해, 곧 모든 것을 규정하는 현실로서 하나님이 전제되었을 때만 가능하다. 믿음의 대상으로서 그것은 믿음에 앞선다. 그에게 있어서 하나님의 현실은 모든 신학적 진술의 출발점이자 전제이면서, 이에 대한 주장의 진리성은 입증되어야 할 대상이다.[410] 그러므로 종말론적

---

410) SysTh 1, 73ff. *Metaphysik und Gottesgedanke*, 12f.

주장에서 또다시 신론에서 제기된. 전제되었을 뿐 증명되지 않은 하나
님관념이 다시금 증명되어야 할 필요성이 나타난다. 이것은 그의 논리
의 순환성을 보여 주는 부분이다. 이것을 단순히 해석학적 순환이라는
이름으로 모면할 수는 없다. 왜냐하면 그의 신학은 이성적인 사고가
수긍할 수 있는 논리를 전개하는 것에 있기 때문이다.

그의 진리 이해와 종말론적 진술의 관계에서 나타나는 또 다른 문제
는, 그의 종말론적 진술은 기독교 가르침으로서 구속력을 가질 수가 없
게 된다는 데에 있다. 전체가 명료하게 밝혀지지 않고 있는 한 어떤 주
장도 단순히 선취의 형식을 갖추고 전개된 가설이 될 것이기 때문이다.
가설은 검증되기를 기다리는 것으로 확실성을 제시해 주지 못한다. 그
에 따르면. 그 진위는 역사의 마지막에 가서야 비로소 그 진위가 입증
될 것이다. 그런데 신앙의 문제는 삶과 죽음의 문제요 지금 이곳에서
진리를 증거하는 문제이다. 확실성을 제시해 주지 못하는 어떠한 가르
침에 기초될 수 없는 것이다. 판넨베르크의 논리는 진리에 대한 배타적
주장으로 인해 일어나는 갈등과 반목을 피할 수 있는 길은 제시해 준다
해도, 그 진리를 구속력 있는 가르침으로 받아들이기에는 역부족이다.
기독교적 진술의 근거를 이성에 놓으려는 노력이 교회 밖에서는 혹 긍
정적인 반응을 얻을 수 있었을지는 몰라도, 유감스럽게도 교회 안에서
는 아무런 확실한 기초를 갖지 못하는 것이 되어 버리고 말았다.

⊙ 인용 및 참고문헌

1. 일차문헌

A. 판넨베르크 신학의 주제로서 진리

Pannenberg, Wolfhart, Heilsgeschehen und Geschichte(1959), in: ders., *Grundfragen systematischer Theologie Bd. 1*, Ges. Aufs.[이하 *Grundfragen 1*로 약함], Göttingen 1967, 22–78.

Dogmatische Thesen von der Offenbarung, in: Ders.(hg), *Offenbarung als Geschichte*, Göttingen 1961 21963, 91–114. 그리고 이 책의 서문(Einleitung, 7–20)에서는 계시 이해에 있어서 제기되는 질문과 문제들을 비판적으로 검토하고 있다.

Was ist Wahrheit?(1962), in: *Grundfragen 1*, 202–222.

Was ist eine dogmatische Aussage?(1962), in: *Grundfragen 1*, 159–180.

Die Krise des Schriftprinzips(1962), in: *Grundfragen 1*, 11–21.

Wie wahr ist das Reden von Gott?, in: W. Pannenberg / G. Sauter, u.a., *Grundfragen der Theologie –ein Diskurs*, Urban–Taschenbücher Verlag W. Kohlhammer Stuttgart u.a., 1974, 29–41.

Wahrheit, Gewißheit und Glaube, in: ders., *Grundfragen systematischer Theologie Bd. 2*, Ges. Aufs., Göttingen 1980, 226–264.

Antwort auf G. Sauters Überlegungen, in: EvTh40(1980), 168–181.

Die Erfahrung der Abwesenheit Gottes in der modernen Theologie, in: Ders.(hg.), *Die Erfahrung der Abwesenheit Gottes in der modernen Kultur*, Göttingen 1984, 9–38.

Offenbarung und Offenbarungen im Zeugnis der Geschichte(1985), in: *Beiträge 1*, 212–237.

Systematische Theologie Bd. 1, Göttingen 1988, 11–72.

Pluralismus als Herausforderung und Chance der Kirche(1993), in: *Beiträge zur Systematischen Theologie* Band 3[이하 *Beiträge 3*], Göttingen

2000, 23-33.

Angst um die Kirche. Zwischen Wahrheit und Pluralismus(1993), in:
    Beiträge 3, 34-42.

Offenbarung als Kategorie philosophischer Theologie(1994), in: Beiträge
    1, 238-245.

Typen des Atheismus und ihre theologische Bedeutung, Grundfragen 1,
    347-360.

Bleiben in der Wahrheit als Thema reformatorischer Theologie(1995),
    Beiträge 3, 342-354.

Theologie und Philosophie, Göttingen 1996[정용섭 역, 『신학과 철학』(한들
    출판사, 2001)].

B. 진리 이해의 정당화 맥락으로서 종말론

Der Gott der Hoffnung(1965), in: Grundfragen 1, 387-398.

Die Frage nach Gott, in: Grundfragen 1, 361-386.

Dogmatische Erwägungen zur Auferstehung Jesu(1968), in: Grundfragen
    2, 160-173.

Theologie und Reich Gottes, Gütersloh 1971.

Eschatologie und Sinnerfahrung(1973), in: Grundfragen 2, 66-79.

Tod und Auferstehung in der Sicht christlicher Dogmatik(1975), in:
    Grundfragen 2, 146-159.

Glaube und Wirklichkeit. Kleine Beiträge zum christlichen Denken,
    München 1975[Faith and Reality, trans. John Maxwell.
    Philadelphia: Westminster, 1977].

Die Auferstehung Jesu und die Zukunft des Menschen, in: Grundfragen
    2, 174-187.

Anthropologie in theologischer Perspektive, Göttingen 1983.

Metaphysik und Gottesgedanke, Göttingen 1988.

Systematische Theologie Bd. 3, Göttingen 1993, 569-694.

Die Aufgabe christlicher Eschatologie(1995), in: *Beiträge 2*, 271 – 282.

Die Auferstehung Jesu – Historie und Theologie(1994), *Beiträge 2*, 308 – 318.

2. 이차문헌

【판넨베르크에 관한 연구 문헌】

Althaus, Paul, Offenbarung als Geschichte und Glaube. Bemerkungen zu Wolfhart Pannenbergs Begriff der Offenbarung, in: ThLZ 87(1962), 223 – 236.

Apczynki, J. V., Truth in Religion: a Polanyian Appraisal of Wolfhart Pannenberg's theological Programm, in: Zygon 17(1982), 49 – 73.

Betz, Hans D., "판넨베르크 신학의 묵시문학 이해", 「현존」13(1970), 28 – 41.

Blumenberg, Hans, Licht als Metapher der Wahrheit. Im Vorfeld der philosophischen Begriffsbildung, StGen 10(1957), 432 – 447.

Clayton, Philip, The God of History and the Presence of the Future, in: Journal of Religion 65(1985).

Grenz, Stanley J., *Reason for Hope – The systematic theology of Wolfhart Pannenberg*, Oxford University Press, Oxford 1990.

Jüngel, Eberhard, Das Dilemma der natürlichen Theologie und die Wahrheit ihres Problems. Überlegungen für ein Gespräch mit Wolfhart Pannenberg, in: Ders., *Entsprechungen: Gott – Wahrheit – Mensch*, München 1980, 21986, 158 – 177.

Kanzenbach, Friedrich Wilhelm, *Programme der Theologie. Denker, Schulen, Wirkungen von Schleiermacher bis Moltmann*, München 1978, 31984, 289 – 314.

Meckenzie, David, Pannenbergs on God and Freedom, in: Journal of Religion 60(1980), 307 – 327.

Olive, Don H., *Wolfhart Pannenberg*, Word Books, Waco, Texas 1976.

Peters, Ted, Truth in History: Gadamer's Hermeneutics and Pannenberg's

Apologetic Method, in: Journal of Religion 55(1975), 36-56.

Sauter, Gerhard, Überlegungen zu einem weiteren Gesprächgang über "Theologie und Wissenschaftstheorie", in: EvTh 40(1980), 161-168.

Tupper, E. Frank, *The Theology of Wolfhart Pannenberg*, The Westerminster Press, Philadelphia, 1971.

【한국신학에서의 판넨베르크 연구】

김균진, "W. Pannenberg의 역사 이해", 「신학논단」15집, 1982.

김명용, "판넨베르크의 생애와 사상", 「기독교사상」357(1988.9).

김영선, "판넨베르크의 기독론적 개념에서 본 부활의 의미", 「협성논총」 Vol.4 1994.

_____, 『예수와 삼위일체 하나님』(기독교문서선교회, 1996).

김영한, "쿨만의 구속사 신학과 판넨베르크의 보편사 신학(Ⅰ)", 「신학사상」 30(1980), 578-, "쿨만의 구속사 신학과 판넨베르크의 보편사 신학 (Ⅱ)", 「신학사상」31(1980), 769-790.

_____, "판넨베르크 해석학으로서 역사신학", 「기독교사상」253(1979.7), 63ff.

김이태, 『판넨베르크의 기독론의 방법론적 구조비판』(나채운 역, 장로회신 학대학출판부, 1985)[원문: An Appraisal of the Methodological Structure of Pannenberg's Christology, 1978].

_____, "판넨버그의 신학사상", 「기독교사상」277(1981.7), 119-127.

문석호, "역사성의 관점에서 이해된 판넨베르그의 신관 소고", 「신학지남」 217(1988), 97-110.

신재식, 신학과 자연과학의 대화를 통해서 본 판넨베르크의 자연의 신학, 『신 학이해』 22집(2002), 117-141.

심상태, 『판넨베르크의 해석학 고찰, 한국교회와 신학-전환기의 신앙이해』, 신학총서14(성바오로출판사, 1988).

오명석, "판넨베르크의 역사 이해", 장신대 신대원 졸업논문, 1989.

이문균, "신앙과 이성", 석사학위논문, 장로교신학대학교.

정기철, 판넨베르크 시간문제와 종말론, 『신학이해』 제22집(2002), 142-174.

200

정용섭, 『판넨베르크 계시론』, 계명대학교 박사학위논문. 이 논문은 『말씀 신학과 역사신학』(한국신학연구소, 1995)으로 출판됨.

_____, "판넨베르크의 보편사적 해석학", 정기철 역음, 『신학해석학』, 호남 신학대학교 해석학연구소 학술발표논문 제1집(한들, 1997), 234 - 277 (논평과 질의 포함). 『말씀신학과 역사신학』의 2장을 요약해서 발표된 것임.

최성수, "판넨베르크 신학의 주제로서 종교", 『신학이해』 22집 호남신학대 학교, 2002, 84 - 116.

_____, Pannenbergs Reden von Gott, 「Korea Journal of Systematic Theology」 Vol.4, 2001, 189 - 205.

최인식, "판넨베르크와 에벨링의 부활이해 비교연구: 신학방법론적 관점에 서", 「신학과 선교」 22(1997), 287 - 308.

3. 기타문헌

Ayer, A. J., *Language, Truth and Logic*, London 21946.

Barth, Karl, *Römerbrief*, 2 Aufl. München 1922.

_____, Kirchliche Dogmatik II / 1.

Brunner, Emil, *Wahrheit als Begegnung*, 1938.

Bultmann, Rudolf, Die christliche Hoffnung und das Problem der Entmythologisierung, in: ders., *Glauben und Verstehen III*, Tübingen 1962, 81 - 90.

_____, *Geschichte und Eschatologie*, Tübingen 1964.

Carnap, Rudolf, *Meaning and Neccesity*, Chicago 21956.

Dalferth, Ingolf U., Wahrheit, Glaube und Theologie. Zur theologischen Rezeption zeitgenössischer wahrheitstheoretischer Diskussionen, in: ThR 66(2001), 36 - 102.

Fischer, J., Zum Wahrheitsanspruch der Theologie, ThZ 50(1994), 93 - 107.

_____, Pluralismus, Wahrheit und die Krise der Dogmatik, ZThK 91(1994), 487 - 539.

Greshake, Gisbert, *Stärker als der Tod*, Mainz 1976[심상태 역, 『종말신앙』, 바오로 딸, 1980].

_____, (공저), *Resurrectio mortuorum. Zum theologischen Verständnins der leiblichen Auferstehung*, Darmstadt 1986.

Hoffnung, Art. in: [3]RGG 3, 415-420.

Hoffnung, Art. in: TRE 15, 1993, 480-498.

James, William, *Pragmatism*, London-New York 1907.

Jüngel, Eberhart, Wertlose Wahrheit. Christliche Wahrheitserfahrung im Streit gegen die 'Tyrannei der Werte', in: ders., *Wertlose Wahrheit. Zur Identität und Relevanz des christlichen Glaubens*. Theologische Erörterung Ⅲ, München 1990, 90-109.

Kamlah, Wilhelm, *Wissenschaft, Wahrheit, Existenz*, 1960.

_____, (mit P. Lonrenz), *Logische Propädeutik. Vorschule des vernünftigen Redens*, Mannheim 1967.

Köhler, B.(Hg.), *Religion und Wahrheit, Religionsgeschichtliche Studien*. Festschrift für Gernot Wießner zum 65. Geburtstag, Wiesbaden 1998.

Köpf, U., *Die Anfänge der theologischen Wissenschaftstheorie im 13. Jahrhundert*, 1974.

Link, Christian, Der Weg der Erfahrung: Bemerkunen zum theologischen Wahrheitsproblem, in: C. Krieg, u.a.(Hg.), *Die Theologie auf dem Weg in das dritte Jahrtausend*, Festschrift für Jürgen Moltmann zum 70. Geburtstag, Gütersloh 1996, 363-375.

Lorenz, K., Der dialogische Wahrheitsbegriff, in: Neue Hefte für Philosophie 2/3(1972), 111-123.

Peirce, C.S., *Collected Papers*, hg. von C. Hartshone und P. Weiß, Cambridge/Mass. 1931.

Puntel, Lorenz Bruno, *Wahrheitstheorien in der neueren Philosophie*, Darmstadt 1978.

_____, Wahrheit, Art. in: H. Krings, H. M. Baumgartner und Ch. Wild(Hg.), *Handbuch philosophischer Grundbegriffe Bd. 6*,

202

München 1974, 1649−1668.

_____, *Grundlagen einer Theorie der Wahrheit. Grundlagen der Kommunikation und Kognition*, Berlin 1990.

_____, *Wahrheitstheorien in der neueren Philosophie. Eine kritisch− systematische Darstellung*, Darmstadt [3]1993.

Putnam, Hilary, *Reason, Truth And History*(1981)[김효명 역, 『이성 · 진리 · 역사』, 민음사, 2002].

Rahner, Karl, Theologische Prinzipien der Hermeneutik eschatologischer Aussagen, in: *Schriften zur Theologie Ⅳ*, Benzinger Verl. Einsiedeln / Zürich / Köln 1967, 401−428.

_____, *Grundkurs des Glaubens. Einführung in den Begriff des Christentums*, Herder Freiburg / Basel / Wien 1984, 414−429.

Sauter, Gerhahrd, *Einführung in die Eschatologie*(1995)[최성수 역, 『소망의 이유를 묻는 자들을 위하여−종말론 입문』, 한들, 1999].

Scharr, Peter, *Consensus fidelium. Zur Unfehlbarkeit der Kirche aus der Perstpektive einer Konsenstheorie der Wahrheit*(Studien zur systematischen und spirituellen Theologie, 6), Würzburg 1992.

Schwager, R.(Hg.), *Relativierung der Wahrheit? Kontextuelle Christologie auf dem Prüfstand*, Quaestiones disputatae 170, Freiburg 1998.

Schwarz, Hans, *Jenseits von Utopie und Resignation: Einführung in die christliche Eschatologie*, Wuppertal / Zürich 1991.

Stegmüller, Wolfgang, *Das Wahrheitsproblem und die Idee der Semantik*, 1957.

Strawson, P. F., Truth, in: G. Pitscher(hg.), *Truth*, Engelwood Cliffs 1964, 32−53.

Tarski, Der Wahrheitsbegriff in den formalisierten Sprachen, in: Studia Philosophica 1, 1936, 261−405.

Vogel, Heinrich, Wann ist ein theologischer Satz wahr?, in: Kerygma und Dogma 1958, 176−190.

_____, Vom Herrengeheimnis der Wahrheit, Festschrift für H. Vogel, hg. Kurt Scharf, 1962.

Weingartner, P., Wahrheit. Art. in: J. Speck(Hg.), *Handbuch wissenschafts -theoretischer Begriffe Bd.3*, 680-689.

Wittgenstein, Lutwig, *Tractatus Logico-Philosophicus*(London 1922), Frankfurt 1960.

김동식, 『프래그머티즘』(아카넷, 2002).

『종말론의 올바른 이해』(기독교사상편집부 역음, 대한기독교서회, 1993).

제 3 장

판넨베르크의 학문이론과 논쟁

7. 신학은 어떤 의미에서 학문인가?

(1) 신학의 학문성을 묻는 노력의 몇 가지 의의

이 글은 독일의 두 현대 신학자, 볼프하르트 판넨베르크(Wolfhart Pannenberg, 1928 -)[1]와 게르하르트 자우터(Gerhard Sauter, 1935 -)[2]

---

[1] 판넨베르크는 독일의 뮌헨대학의 조직신학 은퇴교수이다. 판넨베르크와 그의 신학, 특히 보편사적 해석학은 이미 한국 신학계에 널리 알려져 있었지만, 2001년 한국학술협의회의 초청으로 석학 연속강좌의 강연자로 한국을 방문하여 여러 대학과 기관에서 강연을 한 이후로 그에 대한 관심은 더욱 높아졌다. 이미 세계적인 신학자라 해도 손색이 없을 정도로 그의 신학적 활동과 저술은 다양한 반응을 불러일으키고 있다. 그의 신학에 대한 논문들도 이미 세계적으로 많이 출판되고 있지만, 한국에 번역되어 소개된 그의 저서들은 『신학과 철학』(정용섭 역, 한들, 2001), 『사도신경 해설』(한들, 2000) 등으로 비록 소수이지만 판넨베르크에 대한 연구논문들은 계속해서 나오고 있다. 판넨베르크는 하이델베르크 대학에서 박사학위(1953)와 교수자격(1955)을 취득했고, 동 대학에서 사강사(Privatdozent)로 있다가 부퍼탈 대학에서 조직신학 교수로 활동하였다. 당시 이곳에서는 몰트만 교수가 동료로 재직하고 있었다. 1961년부터는 마인쯔 대학의 조직신학 교수로 재직 중에(자우터는 그의 후임으로 임명된다) 1968년 새롭게 창설된 뮌헨대학 개신교 학부로 옮겨가서 1993년 은퇴할 때까지 이곳에서 조직신학 교수와 에큐메니칼 연구소의 소장으로 활동하였다.

[2] 비교적 한국 신학계에 낯선, 그러나 유럽과 미국에서 크게 활동하고 있는 자우터는 독일의 본 대학 조직신학 은퇴교수이다. 1999년에 한국 기독교 학술원(원장 이종성 박사)의 초빙으로 한국을 방문하여 한국의 여러 대학과 교회에서 행한 강연과 설교를 통해 한국에 자세하게 알려지게 되었다. 칭의론 및 종말론과 관련된 글들을 통해서 조금씩 알려졌지만, 한국 신학계에 본격적으로 알려지기 시작한 것은 그의 책이 한국에서 번역되면서부터다. 번역된 저서로는 『소망의 이유를 묻는 이들을 위하여 - 종말론 입문』(최성수 역, 한들, 1999)과 『소망을 위하여, 자우터 교수 은퇴기념 논문집』(최성수 편역, 한들, 2000)이 있다. 자우터 교수는 괴팅엔 대학에서 박사학위(1964)와 교수자격(1965)을 얻었고, 모교에서 사강사로 활동한 이후 판넨베르크 교수 후임으로 마인쯔 대학에서 조직신학 교수로 활동하다가 1973년

가 신학적 학문 이론을 두고 전개한 논쟁을 설명과 더불어서 소개하
는 것을 목적으로 한다.

'학문 이론'이라 함은 학문으로 인정되기 위한 조건들에 대한 과학적
탐구를 일컫는다. 따라서 신학적 학문 이론은 신학이 학문으로서 인정
되기 위해 충족되어야 할 제반 조건들을 탐구하는 노력을 말한다. 신학
적 학문 이론을 두고 전개된 두 신학자의 논쟁에서 나타난 상이한 입장
은 먼저는 1970년대부터 각각 독립적인 저술 활동에서 나타났다. 신학
적 중재의 노력을 통해 마침내 직접적인 만남 속에서 대화가 이루어지
게 되었는데, 그 대화는 1974년도에 '신학의 기초들'(Grundlagen der
Theologie‒ein Diskus)이란 제목의 책으로 정리됐다.

후에 1980년대에 들어서면서 그 대화에서 불분명하게 언급된 부분을
자우터가 지적하는 것으로 시작해 신학잡지 Evangelische Theologie에
서 또 한 차례 지상 토론이 전개되었다.

이 지상 토론을 거치고 나서야 비로소 양자의 직접적인 논쟁은 일
단락되었다. 논쟁의 주제가 지극히 전문적이고 또한 비신학적이라는
여론의 비판을 의식했기 때문이다. 또 두 사람의 논쟁을 신학적으로
규명하기보다는 단순히 입장의 차이로만 이해하려는 당시 신학계의
편향된 반응 때문이기도 했다.

입장의 여러 차이들은 '신학은 어떤 의미에서 학문인가'라는 제목으
로 열린 대화 안에서 구체적으로 드러나고 있지만, 그 대표적인 것은
신학적 진술의 의미와 그것을 근거 짓는 작업에 대한 견해에서 발견
된다.

크렉(Walter Kreck)의 후임으로 본 대학 조직신학 교수와 에큐메니칼 연구
소 소장으로 부름을 받았고 2000년에 은퇴하였다. 현재는 본 대학의 은퇴교
수로서 미국(Princeton Univ. Duke Univ. Drew Univ.)과 영국(Oxford
Univ.)에서 객원교수로 혹은 연구교수로 활동하고 있다.

다시 말해서 판넨베르크에게 있어서 신학적 진술은 보편적인 진리로 여겨지는 만큼, 그것은 다른 학문에서도 인정되는 것이어야 한다. 이에 반해 자우터에 따르면, 신학적 진술은 우선적으로는 교회 안에서 타당성을 가지며, 세상 모든 사람들이 인정하게 되는 보편적인 타당성에 대한 기대지평을 포함한다. 이를 위해 자우터는 신학적 진술의 '유효범위'와 '사정범위'라는 개념을, 판넨베르크는 '가설'이라는 개념을 사용했다. 곧 판넨베르크에 따르면 신학적 진술은 보편적 진리로 입증되기까지 모두가 가설로 여겨진다는 것이다.

직접적인 논쟁은 더 이상 진행되지는 않고 있지만, 두 사람의 논쟁은 결코 묻히지 않았다. '신학함'(Doing-Theology)의 방법에 있어서 중요한 이론적 틀이 되고 있기 때문이다.

다시 말해서 '신학함'은 기본적으로 두 가지 사고를 통해 이루어지는데,[3] 하나는 해석학적인 사고이며, 다른 하나는 분석학적 사고이다. 해석학적인 사고는 텍스트나 사건의 의미를 이해하려는 노력인데 반해, 분석학적 사고는 진술의 진리성에 관심을 갖는다. 달리 말한다면, 해석학적 사고에서는 텍스트나 사건의 의미가 무엇인가? 에 대한 대답을 추구하는 데 비해, 분석적 사고는 진술이 정당한가라는 질문에 대답하려고 한다. 현대 독일 신학에서 판넨베르크와 자우터는 두 신학적 사고의 대변자로 인식되기에 충분하다고 생각되기 때문에 양자의 논쟁은 계속되고 있다고 보아도 과언이 아니다.

판넨베르크의 학문 이론은 유럽의 해석학적 전통 속에 있다. 즉 판넨베르크는 방법론에 있어서 주로 역사 비평적 해석 방법을 조직신학에 사용하고 있는데, 특히 그는 보편사적 해석학을 시도한 것으로 잘

---

3) 다음을 참고: 게어하르트 자우터, "신학에 있어서 해석학적 사고와 분석적 사고", 『소망을 위하여』(최성수 편역, 한들, 2000), 128-143.

알려져 있다.

이는 단편적이고 부분적인 역사의 의미를 보편사적 관점에 근거해서 파악하려는 노력이다. 판넨베르크는 세속화된 사회에서 점점 잊혀져 가는 '하나님관념'(Gottesgedanke)의 의미와 중요성을 복원시키려는 기본적인 의도를 갖고 신학 체계를 새롭게 세워나갈 수 있는 합리적 기초를 다지는 노력을 기울였다. 기초 신학적(fundamentaltheologisch) 기획에 따라 연구를 수행한 것이다.

이에 비해, 자우터는 영미 분석철학에서 사용되는 언어 분석학을 신학에 도입해 이론형성과정(Theoriebildung)으로서의 신학의 의미와 학문성을 강조했다. 이로 인해 두 사람은 해석학적 사고와 분석학적 사고의 전통에서 중요한 의미를 갖는다.[4] 현대신학에서 사용되고 있는 실용주의적, 합리적, 경험적, 영성적, 비판적 사고 등은 이 두 가지 사고 가운데 하나이거나, 아니면 양자를 종합하려는 사고이다.

두 신학자가 전개하는 토론의 주제는 신학의 토대 혹은 기초이다. 신학이라는 구조물이 세워지기 위해 확실해야 하고 또한 굳게 다져져야 하는 기초가 있어야 한다는 것에 동의한다. 그러면서도, 그 기초가 무엇이고 또 어떻게 세워질 수 있는가에 대한 견해에서 서로 다른 입장이 전개됐다. 두 사람이 이 문제에 대한 관심을 갖게 된 이유는 두 신학자 모두에게 공통적이다. 입장의 차이를 빌미로 대화의 단절을 당연시 여기거나 혹은 논의 방식에 있어서 나타나는 지나친 성서주의적 혹은 권위주의적인 태도로 인해 대화 자체가 불가능해진 현실을 극복하고 신학에 있어서 의사소통이 가능하게 하려는 것이었다. 이는 그동

---

4) 자우터는 주로 분석학에 큰 비중을 두고 연구해 왔지만 두 가지 사고의 종합을 시도한다고 보는 것이 좋을 것이다.

안 신학이 논의 구조와 논증 방법에 있어서 투명하지 못했다는 점을 지적하는 것이다. 불투명했다고 여겨진 이유는 논의 방법에 있어서 통제가 가능한 절차가 마련되어 있지 않았기 때문이다. 모두가 수긍할 수 있는 방법론에 바탕을 둔 논쟁을 기대한 것이다.

신학이 하나의 학문으로 주장되면서 제시되는 조건들은 일반적으로 받아들여지지 않았다. 신학자에 따라서 달랐고 또한 다른 학문과 비교할 때 학문성의 평가는 더욱 어려워졌다. 특별히 60년대부터는 바르트 (Karl Barth)의 신학이 교회만을 위한 신학으로 주장되면서 신학과 교회가 세상으로부터 고립되는 현상을 지적하는 목소리가 높아졌다. 이런 비판으로 인해 신학은 자신이 대학교 안에 머물러 있어서 보편학문으로 인정되기 위한 조건들을 제시해야만 하는 궁지에 몰리게 되었다. 신학은 다른 학문이 충족하고 있는 조건들을 만족시킬 수 있는가 하는 질문이다. 참으로 어려운 주제였다.

숄쯔가 1931년 본 대학교에서 행한 강연에서 제기했던 "학문으로서의 신학은 어떻게 가능한가?"라는 질문에 대해 바르트는 신학에 대한 배반행위를 하지 않고는 결코 긍정될 수 없는 질문이라고 보면서 부정적인 대답을 했다. 이는 신학이 학문으로서 인정받는 것이 결코 간단한 일이 아님을 말해 준다.[5] 이에 반해 판넨베르크는 바르트의 부정적인 대답을 비판하면서 대학 안에서 신학이 학문으로서 갖는 의미와 역할에 대해 나름대로 대답하려고 시도했다.

다시 말해서 판넨베르크와 자우터는 '신학이 보편학문으로서 인정되기 위한 기초적인 조건은 무엇인가?'라는 질문에 대한 나름대로의 입장

---

5) 이 주제와 관련된 것으로 바르트의 50세 생일 기념으로 출판된 글 "Was ist unter einer theologischen Aussage zu verstehen", in: *Theologische Aufsätze.* K. Barth zum 50. Geburtstag, München, 1936, 25–37을 참조하라.

을 전개한 것이다. 판넨베르크에게 있어서 그 토대는 이성이었고, 자우터에게 있어서는 신앙이었다. 두 신학자의 대화는 토대가 이성 혹은 신앙임이 밝혀지면서 나타나는 여러 가지 문제들을 중심으로 이루어졌다.

필자가 20년을 훨씬 넘긴 지금에 와서 한국 신학계에 두 사람의 논쟁을 소개하려는 데는 몇 가지 이유가 있다. 첫째는 한국 신학계를 지배하고 있는 해석학적 경향의 편중성은 균형 있는 신학적 사고의 발전을 생각한다면, 결코 바람직하지 않다고 생각하기 때문이다. 신학함의 방법에 있어서 분석학적 사고의 필요성은 아무리 강조해도 지나치지 않는다. 왜냐하면 명제들의 의미읽기에만 치중해 있는 한국 신학계는 신학적 글읽기와 글쓰기에 있어서 여러 사람들의 우려를 자아낼 정도로 지나치게 정보를 제공해 주거나 습득하는 데에만 치중되어 있기 때문이다. 명제들이나 진술들의 진리를 묻는 데에 관심을 가질 필요가 있다.

둘째는 한국 신학계는 아직 신학의 학문성에 대한 깊이 있는 성찰을 하고 있지 못하기 때문이다.[6] 토착화신학이나 민중신학, 종교신학이나 문화신학과 같이 신학의 성격을 규정하려는 시도는 있었어도 다른 학문들과의 관계 속에서 신학의 학문적 본질과 가치를 모색해 보려는 시도는 이뤄지지 않고 있다. 신학을 교회에 봉사하기 위한 학문으로 인식하고는 있지만, 그렇다고 해서 신학이 오직 교회 안에서만

---

6) 2002년 장로회 신학대학교 대학원 주최로 열린 제1회 학술대회는 '21세기 신학의 학문성'을 주제로 다루었다. 신학의 분과별로 신학의 학문성을 논하는 것이었다. 이 강연은 후에 '21세기 신학의 학문성'(장로회신학대학 출판부, 2003)이란 제목으로 출판되었다. 이 학술대회에서는 신학이 학문이기 위한 조건보다는 주로 학문으로서의 성격규명에 치중했다.

인정되는 진리로 여겨지기를 바라지는 않는다. 단순히 세계관의 차이를 들어 세상학문과의 대화를 단절할 경우, 다시 말해 교회 밖에서도 신학의 학문성을 인정받을 수 있는 조건들을 제시하지 못할 경우에 신앙 역시 지극히 편협한 정체성을 갖게 되기 때문이다. 기독교 신앙 자체의 보편성을 주장하기 위해서도 신학의 학문성을 추구하는 것은 매우 중요하다. 이 과정에서 제기되는 가장 핵심 되는 질문은 '신학을 학문의 범주 안에서 이해할 수 있는 조건은 무엇인가?'이다.

셋째는 타 학문과의 관계에서 대화의 적합한 방법을 찾기 위해서다. 오늘날 신학계에서는 종교, 과학, 문화 등 사회 전반에 걸쳐서 기독교 신학과의 대화가 시도되고 있다. 다원화된 사회에서 바람직한 현상이지만, 그 대화의 내용들을 자세히 살펴보면 적합성에 대해 의문을 갖게 된다.

예컨대 지나치게 피상적인 수준에 머무는 것은 보통이고, 좀더 진지하게 대화를 해 나간다고 알려진 경우에는 혼합주의적 입장으로 교계를 시끄럽게 만들거나 혹은 지나칠 정도의 우월주의적 태도로 인해서 배타적이라는 비난을 불러일으키기도 하고 혹은 아예 대화자체를 포기해 기독교를 게토의 영역으로 몰아붙이거나 한다. 신학이 학문으로 주장될 수 있는 조건들은 다른 학문의 그것들과 어떤 점에서 다르고 또 공통적인지를 깊이 숙고하지 않은 결과들이다.

넷째는 기독교 신학의 기독교적 정체성을 확립할 필요가 있기 때문이다. 현대인들은 다원주의적 사고에 익숙해져 있다. 예전 같으면 혼합문화라고 해서 천시되고 경시되었던 일들이 '퓨전 문화'라는 이름하에 새로운 가치체계로 인정되고 있다. 이럴 때일수록 기독교 신앙뿐만 아니라 기독교 신학도 정체성 상실의 위험에 노출될 가능성이 높다. 신학의 기독교적 정체성 상실을 막기 위해서 신학의 학문성에 대한 물음은 필연적이다. 왜냐하면 신학의 학문적 조건을 묻는 노력은 신학의 기독교적 정당성에 대한 물음을 포함하기 때문이다. 기독교 신학의 기독교적 정체성은 도대체 무엇을 통해서 확립될 수 있겠는가?

다섯째는 브룬너(Emil Brunner)와 바르트가 자연신학을 두고 전개한 토론[7]과 마찬가지로, 학문 이론을 두고 전개된 자우터와 판넨베르크의 대화는 신학사적인 의미를 갖는다고 생각되기 때문이다. 다시 말해서 신학적 학문 이론의 대표적인 두 개의 상이한 입장이 두 신학자의 토론을 통해서 확실하게 정립되었고, 이것은 몇 차례의 지상 토론과 대화를 통해 구체적으로 전개되었으며, 서로의 공통점과 차이점이 분명해지면서 각각 신학적인 지지기반을 형성했다.

브룬너와 바르트가 계시론과 관련해서 상이한 입장을 보인 것에 비해 양자의 입장은 신학에 있어서 전통적인 주제인 '신앙과 이성'의 문제를 통해서 정리될 수 있다. 이는 판넨베르크가 신학적 진술은 하나님관념(Gottesgedanke)에 기초한 해석이 이성적 정당성을 가져야 한다고 보았던 것에 반해, 자우터는 신학적 대화는 신앙적 진술로부터 출발하며 합리적인 논의 과정을 거치는 가운데 모두가 하나님을 고백하도록 하는 것을 신학함의 목표로 삼고 있기 때문이다.

이상과 같은 몇 가지 의의를 확인해 보면서 신학의 학문성에 대한 두 신학자의 글을 소개하게 될 때 독자들의 이해를 돕기 위해 학문

---

7) 다음의 글을 참조: E. Brunner(바르트와 공저), *Natural Theology*(1946) [김동건 역, 「자연신학」(한국장로교 출판사, 1997)].

이론에 대한 개괄적인 소개는 필연적이라 생각한다.

　학문 이론(Wissenschaftstheorie)은 원래 철학에서 제시되고 또 체계화되었다. 학문 이론이 철학의 한 연구 분야로 정착된 것은 소위 '빈학파'(Wiener Kreis)[8]가 형성되기 시작한 1930년대이다. 특히 카르납(R. Carnap)[9]과 쉴릭(F. Schlick)[10] 그리고 '논리 경험주의'(Logischer Empirismus) 혹은 '신실증주의'(Neopositivismus)에 속하는 학자들의 노력에 기초한다. 그들은 전통적인 인식론(지식의 본질을 탐구하는 이론체계)을 거부할 뿐만 아니라, 형식논리학을 기초로 해서 '철학' 개념 자체를 새롭게 정립하려고 했다. 또한 이론을 관찰과 검증이 가능한 진술로 환원시키려고 함으로써 추상적인 일반 명제들의 진리가 관찰과 검증이 가능한 개별 명제들의 진리에 따라 결정되도록 하는 프로그램을 개발했다.

---

8) 1920-1930년대에 걸쳐 활동한 논리실증주의적 경향의 철학자 그룹을 지칭하는 것으로, 이 학파는 빈대학교 철학교수들을 중심으로 결성되어 형이상학적 철학에 반기를 들고 철학을 과학과 같이 객관적인 학문으로 만들려고 했다. 럿셀, 비트겐슈타인, 마흐의 영향을 받았다.

9) 1891-1970, 독일 론스토르프 출생, 빈대학교에서 철학교수를 역임하였고, 1930년부터 잡지 'Erkenntnis'(인식)을 주관하여 과학철학을 주장하였다. 형이상학을 배척하고 철학은 언어의 논리적 문장론의 분석으로 이루어진다고 주장하였다. 나치를 피해 미국으로 망명했고 시카고 대학교 및 캘리포니아 대학교에서 교수를 지냈다. 주요 저서는 'Der logische Aufbau der Welt'(1928) 등이 있다.

10) 1882-1936, 독일 베를린 출생으로 하이델베르크, 로잔 대학교 등에서 물리학을 공부하고 베를린 대학교에서는 막스 플랑크의 제자로 물리학으로 박사학위를 받았다. 1922년에 빈대학교의 철학교수가 되었고, 그를 중심으로 이 시기부터 빈학파가 결성되었다. 주요 저서로는 '현대물리학의 공간과 시간'(1917), '일반인식론'(1918), '윤리의 제문제'(1930), '자연철학'(1949), '자연과 문화'(1952) 등이 있다.

그럼으로써 그들은 학문 이론을 통해서 관찰과 검증이 불가능한 형이상학적 개념들이 무의미한 단어일 뿐이며 또한 형이상학적 명제들은 아무런 의미가 없는 명제임을 밝혀낼 수 있다고 확신했다. 그들에게 형이상학은 가상적인 문제들을 구성하기 위해 잘못된 문법을 사용한 결과에 불과했기 때문이다. 그러한 결과 형이상학을 모든 학문의 영역에서 제거하려는 노력이 나타나게 됐다.

그러나 그들의 확신과는 달리 그들의 환원주의적 시도(경험과 검증이 가능한 명제로 환원시키려는 시도)는 불가능한 것으로 판명됐다. 왜냐하면 경험 과학적인 개념들이 갖는 경험적인 중요성에 대한 연구와 경험적인 가설과 이론들을 통제하는 문제에 대한 학문 이론적인 연구는 신실증주의자들의 논거가 설득력이 없음을 드러냈기 때문이다. 예컨대 빈학파의 핵심 인물인 카르납은 학문 구성의 시작에 해당되는 절대적으로 참인 명제(absolut wahre Anfangssätze)란 존재하지 않는다는 결론에 이르게 됐다. 이런 한계에도 불구하고 신실증주의자들의 공로로 인정할 수 있는 것은 학문의 경험적 기초라는 문제를 분명하게 진술해냈다는 것이다.

신실증주의자들의 시도가 좌절됨으로써 오늘날의 의미에서 학문 이론을 말할 때, 그것은 신실증주의자들이 사용한 것과는 구별돼야 한다. 카미쯔(R. Kamitz)는 오늘날의 학문 이론을 신실증주의자들의 학문 이론과 비교해 살펴보는 가운데 제2차세계대전 이후에 전개된 학문 이론의 특징으로 세 가지를 들고 있다.[11]

하나는 사회, 인문, 문화과학의 학문 이론에 대한 관심이 높아졌다는 것이며, 다른 하나는 학문 이론의 발전들을 분석하는 경향에서 역

---

11) J. Speck(hrg.), *Handbuch wissenschaftstheoretischer Begriffe*(*학문 이론 개념사전*) Bd. 3, 775.

216

동적인 과정분석이 높은 관심을 얻고 있다는 것 그리고 마지막으로는 학문 이론 분석에서 실용주의적인 개념이 더 많이 사용되고 있다는 것이다. 이것은 한편으로는 신실증주의자들이 사용했던 논리학이나 수학과는 다른 방법이 사용되고 있음을 말해 주고, 다른 한편으로 인문사회 분야의 학문의 객관적 확실성을 구축하기 위한 관심이 높아졌음을 보여 주는 것이다.

학문 이론은 학문에 대한 논리적인 분석이론을 말한다. 카미쯔는 '학문 이론'의 개념을 설명하는 글에서 학문 활동을 크게 세 가지로 구분한다.[12] 하나는 문제를 해결하기 위해 각 학문에 고유한 방법을 개발하는 것이며(문제해결을 위한 노력), 다른 하나는 이미 제안된 해결방식의 정당성을 논리와 경험에 근거해서 비판적으로 검증하고(주장을 정당화하는 작업), 마지막으로 비판에 따른 결과를 바탕으로 새로운 이론을 구성하는 작업(비판적 재구성 작업)이다.

'학문 이론'이라 함은 간단하게 말해서 학문에 대한 진술들의 체계로서, 학문에 대한 개념을 규정하고, 학문의 제반 활동들을 기술하며, 학문으로서의 가능성의 근거를 제시하고, 학문적 진술을 논리적으로 분석하고 평가하는 작업을 말한다. 따라서 학문 이론의 과제는 이론을 세우고, 비판하며, 그것을 재구성하는 작업에서 사용되는 애매모호한 개념들을 보다 명료하게 밝히는 것이며, 이 개념들을 사용하여 형성된 명제들, 곧 학문에 대한 명제들의 정당성을 논리적으로 검증하는 데에 있다.[13]

학문 이론은 그 진술이 미치는 범위에 따라 일반 학문 이론과 특별 학문 이론으로 구분된다. 특별 학문 이론은 그 대상 영역과 관련해서

---

12) J. Speck(hrg.), 위의 같은 책, 771.
13) J. Speck(hrg.), 위의 같은 책, 772f.

더욱 세분된다. 신학적 학문 이론은 특별 학문 이론 분야로서 학문 이론의 신학적 분야에서의 응용이다. 문제의 신학적 인식 및 해결 방식을 탐구하며 신학이 학문으로 인정받기 위한 조건들을 모색한다. 따라서 신학적 학문 이론 안에는 신학이란 무엇이고, 신학함(Doing-theology)이란 무엇인가?, 신학은 어떤 의미에서 학문인가?, 신학의 과제는 무엇인가?, 신학의 대상은 무엇인가?, 신학이론은 어떻게 구성되는가?, 신학적 진술은 어떻게 정당화되는가?, 신학과 타 학문과의 관계는 어떠한가? 등의 질문들이 다루어진다. 이러한 질문들은 신학적 인식을 획득하는 방법에 대한 성찰과 상관하고 있기 때문에 흔히 신학적 인식론과 신학 방법론에 대한 논쟁으로 이어지기도 한다.

그러나 엄밀히 말해 학문 이론은 방법론과 구별된다. 방법론은 신학적 인식의 객관성을 위해 인식을 발견하는 과정과 신학적 진술을 정당화하는 과정을 다루는 것인데 반해, 학문 이론은 신학적 인식이 학문적으로 인정받기 위한 제반조건들(구성 원리, 비판 원리, 재구성 원리 등)을 탐구하는 것으로 그 범위가 더욱 넓다. 또한 그것은 다른 학문들과의 관계를 모색할 뿐만 아니라, 신학 안에서의 상호관계를 규정하기도 한다. 즉 학제 간 연구의 가능성들을 탐구한다. 이와 관련해서 판넨베르크는 '학문 이론과 신학'(Wissenschaftstheorie und Theologie, Frankfurt 1973)에서, 자우터는 '학문으로서의 신학'(Theologie als Wissenschaft, 1971) 속에서 학문 이론의 역사를 살펴보면서 학문의 다양한 이해를 분석한 후에 자신의 학문 이론을 체계화시킨 '신학의 학문 이론적 비판'(Wissenschaftstheoretische Kritik der Theologie, München 1973)에서 주목할 만한 연구결과를 내놓았다.

학문 이론이 신학적 관심의 대상으로 부각된 것은 그렇게 오래되지 않았다. 그러나 신학이 다른 학문과 비교되기 시작할 때부터 시작되었다고 보아도 과언은 아니다. 크게는 '이성과 신앙'이라는 주제 속에서, 세부적으로는 '신학과 철학', '기독교와 타 종교', '종교와 과학' 등의 주제 속에서 암묵적으로 다루어져 왔다. 신학 안에서는 '자연계시와 특별계시'의 문제로 다뤄지기도 했다. 이런 주제들은 신학이 다른 학문과의 관계 속에서 어떤 자리매김을 할 수 있으며, 다른 학문적 주장과 관련해서 신학적 주장의 정당성을 어떻게 확보해 나갈 수 있는가 하는 문제를 다루었다. 결국 신학의 정체성 문제이며, 신학적 진술의 진리성 문제이기도 하다. 따라서 신학이란 무엇인가, 신학적 진술의 진리성은 다른 학문들의 진리개념과의 관계에서 어떻게 입증되는가 하는 질문은 학문 이론의 중심적인 문제가 된다.

다원주의적 사고가 지배적인 현대 사회에서는 진리 개념 자체가 문제가 되는데, 진리 이해의 다양성을 넘어서 복수성에 대한 주장은 현대신학에 있어서 학문 이론의 새로운 문제로 부각되고 있다. 다시 말해서 오늘날 학문 이론의 과제는 "다원주의적 진리 이해에 직면해서 신학적 진리의 유일성은 어떻게 정당화될 수 있는가?" 하는 것에 있다. 필자의 이해에 따르면, 다원주의적 사고는 해석학적 사고에 기반을 두고 있으며 개인의 인권이 존중되어야 하는 만큼 개인의 사상도 존중받아야 한다는 시대적 요청에 부응한 것이다. 그러나 모두의 의견이 존중되어야 하고, 또 모두의 견해가 해석학적 정당성을 갖는다 해도 진리의 문제는 결코 포기될 수 없다. 문제는 각기 다른 진리주장으로 인해 나타나는 논쟁관계에 있는 것이 아니라, 논쟁을 비합리적인 방법으로 해결하려는 데에 있다. 다원주의적 사고와 경향은 인식의 한계에 대한 인간학적 판단에 근거하고 있지만, 실상은 비합리적이고 소모적이면서 때로는 파괴적인 논쟁적 관계를 피하려는 데에 기초한다. 판넨베르크도 종교론에서 주장하고 있지만 종교 상호 간, 다시 말해서 상반된 가치체계의 경쟁관계는 진리에 이르기 위한 인간의 자연적인 과정일 뿐이다.

아무리 인식의 한계가 현존한다고 해도 절대적인 진리에 대한 노력이 포기될 수는 없다. '진리가 복수적이다'라는 진술 자체가 정당화되지 않는 한 다원주의적 진리 이해 역시 사상누각에 불과하기 때문이다.

그렇다면 다원주의적 사고와 경향 속에서 신학적 진리는 어떻게 주장될 수 있는지에 대한 연구는 신학적 학문 이론의 정당성을 얻기 위해 매우 중요한 문제가 아닐 수 없다. 신학적 진술이 진리이기 위해서는 철저히 합리성에 기반을 두어야 한다. 그러나 여기서 말하는 합리성은 하버마스가 규정하듯이 공동체적 타협에 근거하는 것이 아니다. 이렇게 되면 공동체적 상대성에 얽매이게 되어 상대주의 혹은 심하면 다원주의의 함정에 빠지게 된다. 판넨베르크에 따르면 그것은 이성적 사고의 보편사적 의미에 따른 것이며, 자우터는 그것을 종말론적 합리성에 따른 공동의 고백으로서 동의(Consensus)라고 본다. 아직은 서로 다르지만 모든 것을 통일하시는 하나님의 종말론적 행위와 약속에 대한 공동의 고백에 근거하고 또 그것을 지향할 때 비로소 인식의 한계를 서로 인정하면서도 합리적인 논의를 전개할 수 있다는 것이다.

8. 판넨베르크의 학문이론
― 하나님에 대한 학문으로서 신학 ―

신학에 대한 전통적인 이해에 따라 판넨베르크는 신학을 '하나님에 대한 학문'(Wissenschaft von Gott)으로 정의한다. 이러한 정의가 시사해 주는 것은 무엇보다 먼저는 신학의 대상은 하나님이며 또한 신학은 학문적 탐구의 원칙을 지향한다는 것이다. 그의 신학에서 특히 신론과 신학방법론이 강조되고 있는 것은 신학에 대한 이해에서 그 이유를 찾아볼 수 있다. 특히 신학적 학문이론을 통해 판넨베르크는 학문에 대한 보편적 이해에 맞는 신학의 기초를 마련하고 또 구성해 나가고자 한다. 따라서 그는 신학적 학문이론은 다른 학문과 독립적이면 안 되고, 다른 학문과 더불어 대학 안에서의 위치를 지켜나가야 한다고 본다.

대학에서는 'university'라는 이름처럼 보편학문이 추구된다. 판넨베르크의 이해에 따르면, 대학에서 이뤄지는 학문 이론적 논쟁의 첫째 목적은 '학문' 개념을 새롭게 파악하고 또 그 체계를 새롭게 구성해 보려는 것에 있다. 둘째는 학문적 탐구가 원활하게 이뤄지게 한다. 셋째는 연구 결과가 공동체에 기여할 수 있도록 정책적으로 뒷받침해 주는 '제도'를 새롭게 정비한다.[14] 따라서 신학적 학문이론을 수립하려는 노력을 기울이는 데에 판넨베르크는 슐라이에르막허[15]가 시도한 것과 동일하게 크게 두 가지 방향을 설정한다. 그 하나는 학문으로서 신학의 본질에 대한 규명이고, 다른 하나는 신학적 분과의 세분화와 각 분과들의 관계 규정 작업이다.[16]

---

14) W. Pannenberg, *Wissenschaftstheorie und Theologie*, Frankfurt a. M. 1987, 8.
15) F. Schleiermacher, *Kurze Darstellung des theologischen Studiums zum Behuf einleitender Vorlesungen*, 1910, WBG 1993.
16) Pannenberg, *Wissenschaftstheorie und Theologie*, 앞의 같은 책, 349-442.

두 부분을 다뤄 나가면서 판넨베르크는 신학의 본질적 성격을 먼저 규정한 후 신학이 대학 안에서 학문으로서 자리매김을 할 수 있도록 신학의 각 분과들의 본질적 특성 및 과제를 모색하고 또한 분과들의 상호관계를 규정해 나가는 순서를 취하고 있다. 제도와 정책적인 측면을 다루면서 판넨베르크가 말하려는 것은 신학의 각 분과들은 결코 서로 독립적이면 안 되며 신학의 역사적 및 조직적 측면을 진지하게 고려하면서 보편적 진리를 추구하는 노력을 기울여야 한다는 것이다. 슐라이에르막허나 다른 신학자들과 달리, 판넨베르크에게 나타나는 특징은 신학의 역사적 측면이 강조되고 있다는 것이다.

역사적 지식과 조직적 지식의 상관관계를 신학적으로 규정하기 위해 중요한 의미를 갖는 질문으로 판넨베르크는 다음과 같이 제기한다. '모든 것을 규정하는 하나님의 현실은 역사적 사건들 속에서 얼마나 나타나 있는가?'[17] 하나님의 현실은 역사 속에 나타나기 때문에 역사적 사고와 인식과정이 요구되며 또한 그것을 하나님의 현실, 곧 진리를 판가름하기 위해선 조직적 사고와 인식이 필요하다는 말이다. 판넨베르크는 이런 두 가지 측면을 근거로 해서 한편으로는 신학의 제 분과들이 구체적으로 세분화할 필요성이 있다고 보면서도, 다른 한편으로는 통일된 의미를 발견하기 위해 학세 간의 통합연구를 제안한다.

지면관계상 이곳에서는 전반부, 곧 '모든 것을 규정하는 하나님의 현실'이라는 하나님관념에 근거해서 신학의 본질을 규명하는 판넨베르크의 노력에 제한해서 설명하겠다. 특히 그의 신학적 학문이론에 대한 평가는 자우터의 학문이론 및 그와의 논쟁이 정리된 후에 이루어질 것이다.

---

17) *Wissenschaftslehre und Theologie*, 앞의 같은 책, 351.

(1) 학문으로서 신학의 본질

대학 안에 주어진 자리를 지켜나갈 수 있기 위해서 신학이 결코 간과해서는 안 되는 것이 있다. '학문성'이다. 판넨베르크에게 있어서 학문성이라 함은 객관적인 검증과 합리적 의사소통이 전제된 탐구를 일컫는다. 학문성이 중시되는 이유는 중세 이후로 대학 안에서 그 자리매김이 당연시 여겨졌던 신학이 근대의 계몽주의 시대를 거쳐 오면서 더 이상 자명하게 받아들여지지 않게 되었기 때문이다.

판넨베르크는 크게 두 가지 원인을 지적한다. 하나는 종교개혁 이후에 다양하게 전개된 신학적 흐름 때문이고[18] 다른 하나는 신학이 이성과 합리적이고도 실증적인 사고 및 인본주의에 바탕을 둔 대학이 요구하는 학문성의 조건을 충족시킬 수 없게 되었기 때문이라는 것이다. 신학의 학문성을 묻는 질문이 제기되는 이유는 바로 여기에 있다. 그것은 신학에 대한 거센 비판에 대한 응답이면서도, 위기에 대처하기 위한 대안적 노력이기도 하다.

따라서 판넨베르크에게 있어서 신학이 학문이론 논쟁에 참여하는 것은 필연적이며 또한 일반학문의 토양에서도 신학적 진술이 의미를 갖는다는 것을 보여 주려는 시도이다. 대학 안에서 공고한 자리를 확보하기 위한 조처여서 신학의 미래를 위해서 매우 중요한 의미를 갖는다. 이런 까닭에 그의 학문이론의 중심에는 '하나님에 대한 진술은

---

18) 신앙의 규범성을 다루는 신학이 다양하게 나타남으로 인해 진리 이해에 있어서 혼돈을 불러일으켰다. 정통주의자들은 각각 루터와 칼빈의 신학을 성경의 기초를 갖는 정통신학으로 주장하였고, 그 이후에도 시대사조에 따른 교회의 반응은 서로 다른 입장의 신학으로 결실되었다. 예컨대 합리주의와 경건주의, 자유주의와 신정통주의 등. 이러한 상이한 성격의 신학은 오늘날에 더욱 빠른 속도로 또 다양하게 전개되고 있다.

어떻게 진리가 되는가?'[19]라는 질문에서도 엿볼 수 있듯이, '신학적 진리론'이 차지한다. 판넨베르크에게 진리론은 "진리란 무엇이며, 진리는 어떻게 인식되고 또 검증되며, 또 다른 학문과의 관계에서 그것의 의미와 역할은 무엇인가?" 등의 질문에 대한 대답이다.

(2) 신학의 본질 및 성격

판넨베르크가 규정하는 신학의 본질 및 성격을 크게 세 가지로 나누어 주목할 수 있다. 하나는 '의미론적 준거 틀로서 하나님관념'이며, 다른 하나는 '해석학으로서 신학' 그리고 마지막으로 '가설로서 신학'이다.

1) 의미론적 준거 틀로서 하나님관념(Gottesgedanke)

신학을 '하나님에 대한 학문'으로 이해하는 판넨베르크는 신학의 보편성을 그 대상의 보편성에서 찾는다. 왜냐하면 그는 신학의 대상인 하나님을 '모든 것을 규정하는 현실'(alles bestimmende Wirklichkeit)로 이해하기 때문이다. 하나님을 신학의 대상으로 보면서 신학의 토대를 구축해 나가려는 시도에서 우리는 세 가지 의미를 읽어낼 필요가 있다.

첫째, '하나님관념'이란 세상 모든 사건에 대한 경험은 하나님의 현실을 전제하고 있다는 것인데, 이는 세상에 존재하는 것중에 하나님의 통치 아래 있지 않은 것은 없으며, 단지 명시적으로 진술돼 있지 않았을 뿐 실제적으로 하나님에 의해서 암묵적인 형태로 규정돼 있다는 말이다.

---

19) '하나님에 대한 진술의 진리성에 대해'(원제: Wie wahr ist das Reden von Gott?), in: 최성수 편역, 「신학은 어떤 의미에서 학문인가」(한들, 2003), 23-39.

둘째, 하나님이 비록 신학의 대상이긴 하지만 직접적인 의미에서 대상은 될 수 없음을 뜻하기도 한다. 언제나 역사적 현실 속에서 간접적으로 혹은 암묵적으로 주제가 된다. 따라서 하나님에 대한 관심을 세속적인 것으로 분산시키고 있다고 생각해서 판넨베르크가 자신의 신학을 통해서 극복하고 또 해결하려던 문제인 세속화는 하나님에게 속한 것이 암묵적인 형태로 바뀐 채 세속적인 목적을 위해 사용되고 있는 것일 뿐이라고 본다.

따라서 셋째, 판넨베르크에게 있어서 신학은 암묵적으로 주제가 되어 있는 것들을 명시화시켜야 하는 과제를 가지며, 또 신학이 그 자신의 정체성을 하나님에 대한 학문으로 이해하는 한 보편적이며, 모든 현실은 하나님에 의해 규정된 것이기 때문에 신학의 연구 대상이 된다. 비록 세속학문이라 해도 진리 문제에 관한 한 오히려 '전체'라는 맥락을 형성하면서도 암묵적으로 전제되어 있는 '하나님관념'을 바탕으로 이해해야 진술의 진정한 의미를 발견할 수 있다고 본다. 판넨베르크의 연구 분야가 역사, 종교, 과학, 철학과의 대화를 통해 매우 광범위하게 나타나는 것은 바로 이러한 이유에서 비롯된다. 왜냐하면 그의 신학은 '하나님관념'이 세속화된 형태로 녹아들어 있다는 전제하에 모든 학문의 영역에서 말하는 진술들의 의미를 의미론적인 맥락에서 신학적으로 확인할 필요가 있다고 보기 때문이다.

바로 이러한 이유로 인해 판넨베르크는 모든 신학적 작업에 있어서 언제나 두 가지 방향에서 비판을 시도한다. 하나는 보편성을 제한하거나 포기하면서 상대적인 관점에 스스로를 제한하는 이론에 대한 비판이고, 다른 하나는 보편성을 드러내지 못하고 제한된 형태로 머물러 있으면서도 주장된 진리인식에 대해 보편사적 관점에서 비판하는 것이다.

예컨대 전자에 대한 비판으로 가장 중요한 것은 당시 신학에 있어서 주류를 형성하고 있던 칼 바르트의 신학에 대한 비판이다. 판넨베르크는 신학과 교회가 사회로부터 격리되어 있음으로 해서 사회에 아무런 영향력을 미치지 못하게 되는 것을 우려한다. 소위 게토화되는 것을 막아야 한다는 것이다. 따라서 그는 바르트 신학이 신앙을 신학함의 출발점으로 삼고 신학적 진리를 '교회 안에서만 인정되는 신학'에 제한시켜, 결국 보편학문으로 인정받을 수 있는 신학에 이르지 못하게 했다고 비판한다. 왜냐하면 이렇게 되면 신학의 본질적인 요소, 곧 '하나님관념'의 암묵적이지만 전체를 하나로 통합하는 힘이 상실되기 때문이라는 것이다.

판넨베르크가 신학의 출발점을 신앙으로 삼는 경우를 문제시하는 이유는 보편성을 상실할 뿐만 아니라, 이렇게 되면 진리를 권위적으로 보장받으려고 하거나 혹은 현대인에게 이해가 가능한 형태로만 복음을 해석하려는 시도로 이어진다고 보기 때문이다. 예컨대 하나님의 부재(不在)경험을 주제로 삼으면서 주장된 '하나님의 죽음의 신학'은, 하나님의 부재경험이 심판과 상관하고 있으며, 부활사건은 어떤 세속적인 노력이라 할지라도 하나님의 승리를 주장하는 것임을 간과한 결과라고 비판한다.

이로 인해 판넨베르크는 자신의 신학적 과제를 첫째는 세속화 현상을 정확하게 파악하고, 이것을 기독교 경험에 적합하게 표현하는 데에서 발견한다. 그럼으로써 하나님에 대한 진술이 확실한 기초를 얻게 되고 그것의 진위를 검증할 수 있는 기준이 세워질 수 있게 될 것을 기대한다(학문이론, 곧 신학적 진리론). 신학의 두 번째 과제는 현실의 의미를 확인하면서 창조자로서의 하나님에 대한 암묵적인 인식을 명료하게 만드는 것이다(보편사적 해석학). 세 번째 과제는 하나님 지

226

식이 세속적으로 오용되거나 남용되지 않도록 하는 것이다(역사 비판적 신학).

2) 해석학으로서 신학

판넨베르크는 세속화를 이해하면서, 이것은 암묵적으로 나타나는 하나님 지식이 인간학적으로 오용되고 남용된 결과라고 비판하고, 세속화에 대한 대안을 제시하는 것을 자신의 신학적 과제로 삼는다.[20] 그의 보편신학은 그 대안으로 제시된 것인데, 세속화에 대한 대안으로서의 보편신학의 가능성을 말하게 된 중요한 이유는 모든 것을 규정하는 현실로서 하나님 이해에 근거하고 있다. 하나님의 통치력은 단순히 교회 안에서만 유효하지 않고 모든 세상에 미친다고 생각한 것이다. 그러므로 세상에 대한 이해 역시 '하나님관념' 없이는 제대로 이루어질 수 없다고 본다.

하나님의 현실은 인간의 삶에 힘으로서 영향력을 나타내기 때문에, 그것은 인간에게 종교경험을 불러일으키는데, 판넨베르크에 따르면, 세속화된 세계에서의 인간의 경험은 제한적이어서 오직 의미 경험(Sinnerfahrung)으로서만 가능하다. 이 말은 인간은 자신에게 일어나는 사건이 무엇을 의미하는지를 묻고 또 그 의미를 추구하는 노력으로 이어지게 된다는 것이다. 세속화는 이러한 의미추구의 결과인데, 그 핵심은 세계와 삶의 의미를 추구하고 또 그 의미를 인간학적인 근거에 따라서 파악하려는 데에 있다.

20) 사실 이 점은 판넨베르크 연구자들이 주목하고 있지 못한 부분이다. 그러나 그의 작은 책자(Christentum in einer säkularisierten Welt(세속화된 세계 안에서의 기독교), Freiburg / Basel / Wien, 1988)를 읽어보면 판넨베르크가 파악하고 또 해결하기를 원하는 신학적 문제는 세속화임을 금방 알 수 있다.

그러나 인간은 어떠한 노력을 기울인다 해도 경험과 인식 그리고 전체를 하나로 꿰뚫는 통합 능력의 한계로 인해 오직 단편적이고 상대적인 의미에만 만족해야 한다. 여기서 만일 의미 파악에 있어서 신학이 아무런 도움을 주지 못한다면 인간의 의미를 추구하는 노력은 그 갈증에서 결코 벗어나지 못하게 될 것이며, 신학은 무의미한 것이 되어 세상 속에서 아무런 영향력도 없게 되고 또한 주목을 받지 못하게 된다.

의미란 부분이 전체 속에서 적합하게 자리매김되어 있음이 확인될 때 비로소 이해되는 것이다. 판넨베르크는 '전체'인 하나님을 대상으로 삼는 신학은 의미를 이해하는 기준을 마련해 줄 수 있고 또 의미에 대한 설득력 있는 설명과 근거를 제시해 줄 수 있다고 본다. 판넨베르크가 신학을 해석학으로 이해하려는 이유가 바로 여기에 있다. 신학이 보편학문이기 위한 조건을 모색하면서 판넨베르크가 출발하는 전제는 신학을 '해석학', 곧 '의미를 탐구하는 것'이라고 보는 것이다.

그러므로 판넨베르크는 역사를 의미론적으로 이해하는 일을 신학의 한 과제로 삼으면서 단편적 사건으로서의 역사의 의미를 보편사적 관점에서 조명해 보려고 노력한다. 하나님은 모든 것을 규정하는 현실로서 전체를 형성하기 때문에 역사의 통일된 의미를 얻기 위해서 하나님을 전제하는 것은 필수적이다.

역사의 의미를 하나님을 전제로 해서 파악하기 위해 기울인 노력은 '역사로서의 계시'[21]라는 주장에 따른 것이고, 그렇게 됨으로써 해석

---

21) 이 주장은 「역사로서의 계시」라는 책에서 제기된 것으로, 이 책은 하이델베르크 대학 재학 시절에 동료들과 더불어 연구한 결과다. 이곳에서 판넨베르크는 신학이 역사성을 가져야 할 이유를 계시론으로 설명했다. 그에 따르면 하나님의 계시는 직접계시와 간접계시로 구분된다. 직접계시는 누구나 하나님을 인정할 수 있도록 해 주는 결정적인 것으로 종말에 일어날

학으로서의 신학의 모습이 구체화됐다. 쉽게 표현한다면, 하나님은 당신 스스로를 나타내실 때 역사적 과정을 사용하시며, 역사를 통해 당신을 이해할 수 있도록 했다는 것이다. 이 주장 속에서 판넨베르크는 예수 그리스도 역시 역사적 한 과정에 불과하다고 보면서, 최종적인 계시로 보는 바르트의 견해를 비판한다. 왜냐하면 만일 예수 그리스도가 최종적인 계시라면 예수 그리스도를 통해서 세상의 모든 사람들이 하나님을 인정할 수 있어야 하는데 그렇지 못하다는 것이다. 또한 그리스도 이후의 역사가 의미를 갖고 계속 이어지는 이유를 설명하지 못하기 때문이라는 것이다. 판넨베르크에게 있어서 예수 그리스도는 최종적인 계시라기보다는 진리 이해의 근거를 지시해 주는 역사의 궁극적 의미가 앞서 나타난 사건이며, 종말에 계시될 의미가 선취된 사건으로 이해된다. 그럼으로써 그의 신학에서 매우 중요한 의미를 갖는 기독론의 핵심은 종말론적 진리가 현재적으로 선취(앞서 가짐)될 수 있음을 입증해 보여 주려는 데에 있으며, 그의 기독론은 보편사적 해석학의 근거를 제시한다.

3) 가설로서 신학

모든 것을 규정하는 현실, 곧 전체로서의 하나님관념은 모든 신학적 주장에 암묵적으로 전제되어 있기 때문에 신학적 주장의 진위는 오직 전체와의 관계 속에서만 판단된다. 이러한 진리 이해를 일컬어 '진리정합설'[22]이라 한다. 진리는 선취된 전체를 바탕으로만 주장될 수 있다고

것을 말하며, 간접계시는 종말까지의 역사적 사건 속에서 하나님이 당신을 나타내 보여 주는 것으로 확정적인 의미를 갖지는 않는다. 판넨베르크는 이것을 직접계시와 구분해서 '현시'(Manifestation)라는 말을 선호한다.

22) 진리정합설은 어떤 진술이 이미 알려진 이론 체계의 다른 진술들과 일치

보기 때문에 판넨베르크에게 있어서 신학적 진술은 오직 '가설'로서의
의미를 갖는다. 왜냐하면 "어떤 한 주장이 참 혹은 거짓일 수 있지만
사실이 그러한지에 대해서 아직 결정되어 있지 않는 한, 모든 주장들은
현실에 대한 가설의 성격"을 갖기 때문이다. 가설이란 원래 자연 과학
적 개념으로 진리로 입증되기를 기다리고 있는 진술이다. 절대적인 가
치를 갖지는 못한다. 그것은 단지 진리를 예료(Prolepse, 앞서 가짐)하
려는 노력일 뿐, 전체와의 관계에서 진위, 곧 그 설득력이 검증돼야 한다.

　판넨베르크가 제시하는 예는 다음과 같다.23) '전능하사 천지를 만
드신 하나님 아버지를 내가 믿사오며'와 같은 문장의 의미는 믿음을
나타내는 고백, 곧 수행적인 의미24)를 가지고 있지만 주장, 곧 진위가
밝혀질 수 있는 진술의 요소도 포함되어 있다고 본다. 만일 하나님이
존재하지 않는다면 이 문장은 아무런 의미가 없게 될 것이기 때문이
다. 따라서 위 고백은 하나님의 존재를 암묵적으로 주장하는 진술이
된다. 하나님의 존재가 완전히 입증되기 전까지 이 주장은 가설로서
여겨지며, 신학은 이 주장이 설득력 있게 보편적으로 받아들여질 수
있도록 설명하는 과제를 갖게 되는데, 예컨대 이러한 진술의 의미가

혹은 조화되거나 일관성이 있게 될 때 그 진술을 참 혹은 진리로 보는 입
장이디. 이러한 주장은 인간의 판단이 일어나기 이전에 진리가 이미 선재
되어 있는 것으로 파악하며 또한 부분들로서 이루어진 어떤 체계 안에는
반드시 부분들 간의 내적인 관계가 존재한다는 것을 전제한다. 이러한 진
리 개념은 '내적 관계들의 교리'라고 불리기도 한다. 다음을 참고: 최성수,
"판넨베르크에게 있어서 진리 이해와 그 정당화 맥락으로서의 종말론",
앞의 같은 책, 131-132.
23) 판넨베르크, "하나님에 대한 진술의 진리성에 대해", 최성수 편역, 「신학은
어떤 의미에서 학문인가」(한들, 2003), 23-39, 27.
24) '수행적'(perfomative)이란 진술함으로써 무엇이 주장되는 것이 아니라 단
지 무엇이 실행되는지를 표현하는 것을 목적으로 하는 진술을 가리킨다.
예컨대 '내가 세례를 주노라'는 말은 세례를 베푸는 행위를 표현하는 것일
뿐 주장하는 것은 아니다.

다른 학문에서 제기되는 진술의 의미를 밝혀줄 수 있는지를 묻는다.

그렇다면 문제는 다음의 질문으로 정리된다. 신학적 진술은 어떻게 검증될 수 있는가? 판넨베르크는 이 질문에 대답하면서[25] 하나님에 대한 진술, 곧 신학적 주장들은 단순히 그 대상을 염두에 두고 검증될 수 있는 것이 아니라고 본다. 오히려 그것이 갖는 내포적인 의미와 관련해서 검증될 수 있다고 본다. 다시 말해서 하나님의 현실이나 하나님의 행위에 대한 주장은 하나님이 모든 것을 규정하는 현실로 주장되는 한, 유한한 현실 및 의미 경험을 이해하려고 할 때 신학적 주장이 그것의 의미를 설득력 있게 확인해 주는 데에 기여한다는 것이 확인될 때 비로소 검증될 수 있다는 것이다.

---

25) "하나님에 대한 진술의 진리성에 대해", 앞의 같은 책, 30-31.

9. 자우터의 신학적 학문이론

— 공동의 고백을 지향하는 신학이론 —

판넨베르크도 인정하고 있듯이[26] 자우터는 독일 신학에서 '학문이론' 개념과 관련된 논쟁의 단초를 제공한 신학자이다. 자우터는 비판적 합리론에 대한 연구와 관련학자들과의 대화를 통해 학문이론에 깊은 관심을 갖게 되었는데, 학문이론이 시사하는 신학적 함의를 결코 소홀히 하지 않았고, 신학적 적용을 위해 꾸준히 노력했다.[27] 자우터의 노력은 다음의 질문에 대답하려는 시도에서 가장 분명하게 살펴볼 수 있다. '하나님을 고백하면서 어떻게 그 적합성을 주장할 수 있는 것인가?'(Wie kann man von Gott·angemessen reden?)

어떻게 보면 단순히 신론적 진술의 정당성을 묻는 질문에 불과하지만, 이 질문은 무엇보다 성서의 하나님을 말하는 일이 과거와 같이 당연하게 받아들여지지 않게 된 현실과 그것을 극복하려는 노력의 한 단면을 반영해 주고 있다. 판넨베르크를 비롯한 당시의 신학계는 이러한 현실을 신학적으로 이해하고 또 설명하면서 여러 가지 이유들을 서론했지만, 자우터는 신학적 사고 및 논증구조를 지배하는 잘못된 관행에서 찾았다. 자우터가 당시의 신학적 경향 속에서 발견한 가장 큰 문제는 신학함에 있어서 상호이해가 안 되고 있다는 것이다. 그러므로 그의 학문이론은 기존의 주장들을 비판하고(wissenschaftstheoretische Kritik 학문이론적 비판), 상호이해가 가능해질 수 있는 구조를 갖도

---

26) 최성수 편역, "신학은 어떤 의미에서 학문인가", 한들, 2004. 72.
27) 다른 연구자들과 함께 이룬 결과는 다음의 책으로 나타났다. *Wissenschaft-stheoretische Kritik der Theologie*(신학의 학문이론적 비판), München 1973.

232

록 하는 데에 집중한다(Theoriebldung 이론형성).

신학의 학문성을 확보하기 위해 기울인 노력에 있어서 자우터의 기본적 의도는 신앙고백이 한 공동체 내에서 받아들여질 수 있을 뿐만 아니라, 신학적 노력을 통해서 공동체 밖으로까지 확장될 수 있는 제반 조건을 모색하는 데에 있다. 학문 상호 간의 대화가 가능해질 수 있기 위한 조건을 탐색하는 것이다. 이러한 탐색 과정에서 자우터는 특히 몇 가지 질문들에 집중하는데, 신학의 대상은 무엇이며, 타 학문과 구별될 수 있기 위해서 신학이 전념해야 할 것은 무엇인가? 등이다. 다시 말해서 자우터는 먼저는 신학이 학문이기 위한 기본 조건들을 모색하되, 그것을 신학의 대상과 방법 그리고 신학이 지향하는 목표에서 찾고자 한다.

자우터의 신학적 학문이론을 구성하는 요소들을 분석해 보면 다음과 같다. 자우터에게 있어서 신학의 대상은 하나님을 고백하면서 사용된 진술이고(Reden von Gott),[28] 신학의 과제는 그 진술의 적합성을 비판적으로 묻고, 정당한 신학적 진술을 얻기 위해 탐색하며(Entdec-kungszusammenhang), 의사소통이 가능할 수 있도록 하는 규칙(Dialogregel)을 형성하고, 이러한 규칙에 따라 신학을 논증해 가면서(Begründungszusammenhang) 기대에 충만한 상태에서 하나님을 고백할 수 있도록(erwartungsvolles Reden von Gott) 돕는 데에 있다.

신학의 대상과 과제 그리고 전개방식과 관련해서 이렇게 주장하게 된 이유를 살펴보는 것은 자우터의 신학적 학문이론에 대한 이해로 이어진다.

---

28) 자우터가 이 말을 통해서 의도하는 정확한 의미는 '예수 그리스도를 통해서, 그 안에서 그리고 그에게 계시된 하나님의 행위에 대해서 말하기'로 이해될 수 있다.

(1) 학문적 상호이해를 가로막는 이유들

상호이해를 가로막는다고 생각하는 것으로 자우터가 제시하는 이유는 크게 세 가지로 정리될 수 있다.

1) 개념이해가 다르다

첫째는 논의 과정에서 사용되고 있는 개념이해가 서로 다르다는 것을 지적한다. 자우터의 이해에 따르면, 신학적 개념은 하나님의 행위를 기술해 놓은 기독교 신앙언어로부터 유래하며 신학적 진술 안에서 사용되는 것이다. 상호이해를 전제하는 것이어서 필요하다면 언제든지 설명이 가능한 것이 될 수 있는 특성을 갖는다고 한다. 또한 사용되는 곳에 따라 다른 의미로 이해될 수 있는 여지를 가진 일상 언어와는 달리 기독교 신학적으로 이미 규정되어 있어서 그 의미가 적용되는 범위가 제한되어 있다. 자우터는 상호이해를 위해서 무엇보다 먼저 선결되어야 하는 것은 신학적인 개념에 대한 공통된 이해라고 본다.[29] 이것이 가능해질 때 비록 개념 사용에 대한 입장의 현저한 차이로 인해 신학이 아무리 다양하게 전개된다 할지라도 신학적 동의(consensus),[30] 곧 공통된 고백을 할 수 있게 될 것을 자우터는 전망한다. 어떤 입장에 서 있든 개념에 대한 공통된 이해를 통해서 막혀진 대화의 한계가 극

---

29) 바로 이러한 이유로 그가 인도하는 초급과정의 세미나는 신학적 개념, 예컨대 '칭의', '화해', '죄', '정의' 등에 대한 이해에 집중한다.
30) 기독교 신학에 있어서 동의란, 인간이 언약을 통해서 인간과 함께하시는 하나님의 역사를 이끄시는 성령에 의지하여 하나님의 행위에 스스로를 맞추는 것을 의미한다. G. Sauter, Eschatologische Rationalität, 저자 동, *In der Freiheit des Geistes*, 166-197, 184ff 참조.

복될 수 있다고 보는 것이다. 이를 위해서 필요한 것은 신학적 진술 과정이 이해될 수 있을 뿐만 아니라 객관적으로 검토될 수 있는 논증의 방식과 구조를 갖추는 것이다. 동일한 개념에 대해 다르게 이해하게 되는 경우에는 그 이유를 살펴가면서 차이를 좁히려는 노력을 요구한다. 이렇게 될 때 비로소 신학 안에서뿐만 아니라 타 학문과의 상호이해도 가능하게 된다고 본다.

2) 잘못된 신학 구성

현대 신학의 특징인 다양함이 비록 상대주의로 이어지긴 하지만, 자우터가 가장 우려하는 것은 그로 인해 나타나는 신앙의 분열이다. 하나님이 가난한 자와 부한 자, 정치인과 시민, 압제자와 피압박자, 좌파와 우파로 나누어진 갈등관계에서 한편에 서게 됨으로써 하나님의 이름으로 행해지거나 진술되는 것들에 대한 신뢰성이 떨어져 의사소통이 더 이상 가능하지 않게 된 현실을 현대신학의 가장 큰 문제라는 것이다. 이러한 현실에 대해 여러 차례 유감을 표현한 자우터는 그 핵심적 원인이면서 상호이해를 가로막는 두 번째 이유를 신학이론 및 구성작업이 잘못 이루어졌다는 사실에서 찾는다. 그리고 이 문제를 신학적 학문이론을 통해서 해결해 보려고 한다. 자우터 신학의 기본 특징이 학문이론적 비판신학[31]으로 전개되는 이유는 바로 여기에 있다.

자우터에게 있어서 신학함의 구조가 학문이론적 비판과 구성 작업으로 이루어지는 가장 중요한 까닭은 인식의 한계로 인해 신학이 아무리 다양하다 해도 신앙과 신앙의 기초가 되는 하나님에 대한 신앙

---

31) G. Sauter(ed.), *Wissenschaftstheoretische Kritik der Theologie*(신학의 학문이론적 비판), 앞의 같은 책.

고백은 공동으로 이루어져야 한다고 그가 믿기 때문이다. 왜냐하면 하나님은 한 분이시며 모든 것 가운데 모든 것이 되시기 때문이고, 삼위하나님의 사역은 일치를 지향하기 때문이라는 것이다. 공동의 고백을 가능케 하는 학문으로서 신학적 노력의 일환으로 자우터는 진리론에 있어서 '동의론'(Konsensustheorie)을 제기한다.

동의론은 공동체 구성원들 간의 협의(Kompromiss)를 의미하지 않는다. 진리가 아직 분명하게 나타나지 않아서 서로 다르게 인식되고, 심지어는 상반된 형태로 주장되지만, 그것은 인간인식이 제한되어 있다는 사실에서 비롯된 것이다. 동의론은 이러한 한계에도 불구하고 현실적 타협에 머무르지 않고 현실에 대한 비판적인 태도를 견지해 나가면서도 하나님의 약속에 대한 기대 속에서 궁극적으로 나타날 하나님의 행위, 곧 진리를 인정하면서, 그에 대한 경배를 표현하는 것이다. 그러므로 동의(consensus)는 고백(homologia)으로 이해된다. 동의론에서는 진리를 정의하기보다는 진리에 대한 무한한 접근적 태도만을 강조하며, 진리는 궁극적인 계시를 통해서만 명확하게 드러나게 될 뿐이라고 본다. 이것이 자우터 신학에서 방법론32)이 중요하게 여겨지도록 하는 이유이다. 진리에 접근하는 태도와 관련해서 자우터가 강조하는 것은 서로 다른 주장들이 상호 간의 차이를 넘어서 공동으로 하나님을 고백할 수 있기 위해서 지켜져야 할 규칙이다. 자우터는 이것을 '대화의 규칙'이라고 한다.

이 개념은 비트겐슈타인의 후기 이론33)인 언어게임이론에 근거한

---

32) 방법론에 대한 중요성을 강조하면서 자우터는 다음의 책을 출판했다. *Arbeit-sweisen systematischer Theologie*(조직신학의 여러 방법), München 1976.

33) 비트겐슈타인의 사상은 전기와 후기로 구분되는데 전기는 그림이론(Bild-theorie)라고 하는 데 반해, 후기는 언어게임이론(Sprachspieltheorie)이라고 한다. 이는 의미론적인 맥락에서 사용된 개념으로 어떤 한 진술은 그림이

것이다. 자우터는 다양하게 주장되는 신학 속에서 일치된 규칙을 발견
할 수 없었기 때문에, 상호이해가 가능하지 않게 된 것은 당연한 결과
라고 생각한다. 왜냐하면 서로 다른 규칙을 가지고는 어떠한 대화나
상호이해도 가능하지 않기 때문이다. 예컨대 축구경기를 하면서 참가
하는 두 팀 가운데 하나가 농구의 규칙에 따라 경기를 진행한다면 축
구경기 자체가 불가능해질 뿐만 아니라 서로의 행위에 대한 이해가
가능하지 않게 된다. 신학적 논증과정에서 이러한 일이 일어나지 않기
위해서 자우터는 어떤 새로운 형태의 주장이든 이미 확정된 논증의
구조가 갖는 규칙—예컨대 기독론, 삼위일체론, 성령론 등—에 따라
이루어질 것을 요구한다. 현실적인 문제('실제적인 문제'로 해결이 가
능한 형태로 전환된 문제)는 전통적인 문제('구조적 문제'로 해결가능
하지는 않지만 반복적으로 제기되는 수사학적 질문)를 무시해서 다루
어져서는 안 되며, 현실적인 문제와 전통적인 문제와의 상관관계가 분
명하게 제시되어야 한다고 주장한다. 자우터는 신학적 능력은 바로 이
두 관계를 바르게 설정해 놓는 데에서 확인된다고 본다. 현실문제만을
염두에 두고 신학이 전개되면(예컨대 상황신학) 문제가 갖고 있는 상
황, 곧 지역성과 시대 제한성을 극복하지 못하게 된다. 그렇다고 해서
전통적인 문제에만 집착하게 되면 현실에서 문제해결능력을 상실하게
된다. 논증 구조의 투명성이 보장되며 대화참여자들이 서로에 대해 이
해할 수 있게 되기 위해서는 신학사적으로 전승된 문제들과의 관계가
반드시 반영되어야 한다고 본다. 신학적 주장이 정당화되었다고 말할
수 있게 되는 때는 규칙에 따라 이루어진 대화에서 구속력을 갖는 설
득력이 제시될 때이다. 그렇다고 해서 대화의 초기에 서로 다르게 주

그려지는 한에 있어서 의미를 갖는다고 하는 것에 반해, 언어게임이론은
의미는 게임의 규칙, 곧 문법에 의해 정해진다는 것이다.

장되었던 의견들이 폐기되는 것은 아니다. 자우터는 소위 '내재적 비판'[34] 방법을 사용해서 상대방의 입장을 공통의 이해를 전제로 하는 수정과정을 통해 수용하려는 적극적인 태도를 취하되 합리적 논증과정을 통해서 변증법적인 지양을 중시한다.

3) 하나님의 이름이 남용되었다

자우터가 비판적으로 주목하는 현상으로 상호이해를 방해하는 <u>세 번째 이유</u>는 성서에서 증거되고 있는 하나님이 학문적 논리의 함수로 여겨진 것이다. 다시 말해서 하나님이 각자의 주장의 근거로서 혹은 설명을 위한 매개체로서 이용됨으로써 하나님은 더 이상 인격적으로 받아들여지지 않게 되고, 오직 일정한 기능을 수행하는 존재로 전락하게 되었다는 것이다. 이로 인해서 하나님의 주권과 자유에 큰 피해를 입게 될 뿐만 아니라, 하나님이 아전인수격으로 해석됨으로 신학적 진술의 의도 자체가 의심받게 되었다고 본다. 자우터에 따르면, 인간의 작업 및 노력의 결과인 신학은 하나님의 인격적 행위에 적합한 진술을 해야 한다고 본다. 무엇보다 그는 하나님은 당신의 주권적인 뜻에 따라 자유롭게 행하신다는 사실에 주목한다. 따라서 자우터는 하나님의 자유에 적합한 진술이 되기 위해서 신학적 진술은 어떠한 형태와 성격을 가져야 하는가라고 묻고 이 질문에 대답하려고 노력한다. 그의

---

34) '내재적 비판'이라 함은 독자의 입장 혹은 관찰자의 입장에서 읽어 나가는 것이 아니라, 철저하게 사회적 공감에 기초한 합리성에 기초해서 관찰 대상, 곧 저자의 입장에서 읽어 나가면서 그 논리적인 추론과정과 귀결의 적합성을 판단하는 것을 일컫는다. 내재적 비판이 가능하기 위해서는 대화의 기초가 되는 공동의 출발점을 전제로 하고 또 서로가 공감하는 추론과정에 대한 평가기준이 전제된다. 또한 내재적 비판은 관찰대상으로부터 제기되는 질문을 관찰자의 언어로 합리성에 기초해서 대답하면서 이루어진다.

대답은 기대로 가득 찬 진술이다. 그 이유는 다음과 같이 두 가지로
설명된다.

하나는, 하나님은 은폐하신 분이기 때문이다.

자우터가 하나님의 행위에 대한 진술을 신학함의 출발점으로 삼게
된 이유는, 어떤 형태로 이루어지든 — 암묵적이든 혹은 명시적이든 —
교회와 일상적 언어생활에서 하나님에 대한 진술(신앙 언어를 통한
고백)은 실천되고 있다고 보기 때문이다. 예배는 가장 구체적인 현장
이 되지만, 일상적인 삶 속에서 얻게 되는 경험 역시, 만일 그것이 기
독교인으로서 경험이라고 한다면, 하나님의 행위를 반영한다. 기독교
적 경험에는 신학적 이론이 뒷받침되기 때문이다. 그러나 경험 그 자
체는 신학적 대상이 될 수 없다고 보는데, 경험 안에는 기독교 이외의
다른 이론적 맥락들(예컨대 한국의 경우, 유교, 불교, 무속적 요서들)
이 함께 작용하고 있기 때문이다. 따라서 경험을 먼저 기독교적 언어
로 기술하고 분석하는 행위는 그 경험을 가능하게 한 하나님을 학문
적으로 인식하기 위한 최초의 행위이며, 바로 이러한 인식을 통해 신
학적 개념이 구체화된다. 다시 말해서 신앙고백을 통해 진술되고 있는
하나님의 행위가 사태로 인식될 수 있도록 정확하게 기술하는 것은
물론이고, 오시는 하나님의 행위에 대한 기대를 가능하도록 해야 하며
또한 현재적으로 역사 하시는 하나님, 그러나 인간의 인식능력의 한계
로 인해 은폐되신 분(der Verborgene)으로 인식될 수밖에 없는 하나
님을 인정할 수 있도록 돕는 것이어야 한다는 것이다.

다른 하나는 신학함의 목표는 예배행위에 있기 때문이다.

자우터에 따르면, 신학함은 진술의 의미를 해석하는 것에 있지 않
고 하나님의 행위에 대한 언어적 표현인 신학적 진술들을 기술하면서

하나님의 행위를 드러내는 것에 있다. 왜냐하면 하나님의 행위에 대한 진술은 그 자체로 사태를 표현하기 때문이라는 것이다. 이에 따라 자우터에게 있어서 신학의 출발점은 하나님의 행위에 대한 진술(reden von Gott)이 된다. 이것을 정확하고도 엄격하게 기술(記述)하게 되면 사태가 분명해져 다른 사람들도 공동으로 인식할 수 있는 대상이 확정될 수 있다고 생각한 것이다. 하나님의 행위를 기술함으로 출발하게 된 신학함의 목표는 충만한 기대 가운데 하나님을 공동으로 고백하는(erwartungsvoll reden von Gott) 데에 있다. 이를 위해 가장 적합한 언어행위를 자우터는 Reden zu Gott(하나님에게 말하기), 곧 기도라고 본다. 기도는 하나님의 새로운 행위 대한 충만한 기대를 갖고 하나님을 말하는 것이기 때문이다. 기도는 하나님의 새로운 행위를 경험하게 하며 하나님에 대한 인식을 확장시켜 주는 것이다. 믿음의 진술, 곧 고백(Reden von Gott)은 신학함의 출발점이 되면서 동시에 목표가 된다.

(2) 신학의 종말론적 합리성

이러한 일련의 이유들로 인해 앞서 언급한 대로 자우터의 신학적 노력은 크게 두 가지 방향에서 이루어진다. 하나는 기존의 신학적 진술을 그 적합성을 겨냥해서 비판적으로 고찰하는 것으로 비판신학의 성격을 가지며, 다른 하나는 신학적 학문이론에 따라 신학을 구성하는 작업이다. 필자가 자우터의 신학 및 그 기초를 이해하기 위해서는 그의 신학적 학문이론에 대한 이해가 선행되어야 한다고 보는 이유가 바로 여기에 있다.

  자우터는 신학이 학문이기 위한 최소한의 조건은 상호이해라고 말하는데, 그는 이것의 가능성을 탐구의 논리에서 찾는다. 다시 말해서 자우터는 학문이론을 통해서 먼저는 상호이해를 방해하는 요소를 제거하고, 동시에 상호이해를 가능하게 하기 위해 탐구의 논리에 따라 신학을 구성하는 이론체계를 갖추도록 한다. 신학을 일종의 탐구로 본다는 것은 신학이 구체적이고 제한된 문제들을 해결해 나갈 수 있어야 한다는 말이다. 문제 해결의 한 방법으로서 신학의 성격을 생각한 것이다. 자우터가 분석적 방법을 신학에 도입하는 이유는 현실에 대한 정확한 분석은 하나님의 행위를 사태로서 기술할 수 있다고 보기 때문이다. 이처럼 상호이해와 탐구의 논리를 통해 신학의 유용성과 합리성은 더욱 높아진다고 자우터는 주장한다.

  그러나 자우터가 말하는 신학의 합리성은 이성의 기초에 따르는 합리성과 구별되어야 한다. 자우터는 이성 역시 상호이해를 가능하게 하는 조건 가운데 하나이며, 사회적인 측면에서 규정된 것으로 본다. 쉽게 말해서 이성은 어떤 한 현실을 보편적으로 이해할 수 있게 하는 것으로 충분하지 않으며, 합리성의 기초를 이성적 논리와 추리를 통해 확보하려는 사람들에게만 제한되어 있다는 말이다. 자우터가 말하는 신학적 합리성은 '종말론적 합리성'(eschatologische Rationalität)으로, 자우터 신학에서만 볼 수 있는 특징이다.

  '종말론적 합리성'이란 신학적 진술은 오시는 하나님에 대한 기대를 표현하는 것이며, 진술의 적합성은 하나님의 약속에 대한 합리적 설명이 소망의 근거에 얼마나 부합되는가에 따라 결정된다는 것이다. 신학적 진술의 적합성을 판단하는 데에 있어서 자우터가 중요하게 생각하는 점은 그 진술이 현실 경험을 제한하거나 혹은 종결짓는 의미를 갖고 있는지(새로운 현실을 기대할 수 없게 만드는지), 아니면 새로운 현실을 열어 보여 주는가 하는 것이다. 자우터는 신학적 진술은 후자의 입장에서 이루어져야 한다고 보는데, 이는 하나님의 현실은 인간의 인식능력을 넘어서기 때문이다. 이러한 이해에 근거해서 자우터는 두 가지 개념체계를 신학에 도입한다. 하나는 신학적 진술의 유효범위와 사정거리이며, 다른 하나는 신학적 진술의 발견의 맥락과 정당화의 맥락이다.

(3) 신학적 진술의 유효범위와 사정거리

자우터는 현실 인식에 있어서 인간의 능력이 제한되어 있다는 것을 신학의 인간학적 조건으로 본다. 전체에 대한 조망이 불가능하다는 것이며, 어떠한 진술이라 하더라도, 인간의 진술인 한에 있어서 그것은 오직 전체 속의 한 부분에 불과할 뿐임을 지시한다. 따라서 인간은 공통의 인식에 도달하기 위해 상호 간의 대화를 필요로 한다. 뿐만 아니라 철학에서 행해지고 있는 것처럼 하나님을 대상으로 삼는 진술을 할 수 없으며(Reden über Gott), 오직 하나님이 계시해 주신 것을 바탕으로 하나님을 인식하고 말할 수 있다(Reden von Gott). 바로 이런 조건하에서 인간이 할 수 있는 일은 하나님의 약속이 성취됨으로써 하나님에 대한 새로운 인식이 가능해질 수 있기 위해 기대하는 하는 가운데 기도(Reden zu Gott)하는 것이다.

신학적 인식이 하나님의 계시적 행위에 제한되어 있는 한 인간의 신학적 진술은 결코 전체에 대한 것이 될 수 없다. 진리가 구속력을 갖게 되는 것은 오직 그것에 동의하는 자에게만 나타난다. 그러므로 신학은 공동체에 대해서 구속력을 갖는 진술이 될 수 있도록 하나님의 행위를 합리적으로 설명할 과제를 갖는다. 바로 이런 점에서 자우터는 신학적 진술의 '유효거리'를 말한다. 이는 바르트가 강조하여 말한 소위 '교회를 위한 신학'을 학문 이론적으로 설명하는 개념이다.

그러나 신학이 공동체만을 위한 것이 되어서는 안 된다. 하나님은 모든 것 안에서 모든 것이 되시고, 하나님의 행위와 현실은 인간의 인식능력을 훨씬 넘어서기 때문에 신학은 궁극적으로는 보편을 지향하는 것이어야 한다. 이로 인해 타 학문과의 대화는 언제나 열려 있으며 신학적 진술은 현실을 종결짓는 것이 아니고, 오히려 새로운 가능성을 기대할 수 있게 해 준다. 이러한 맥락에서 이해되는 신학적 진술의 성격을 말하면서 자우터는 '사정거리'라는 용어를 사용한다.

유효거리와 사정거리란 총이나 포의 제원을 설명할 때 사용되는 개념으로, 발사된 이후에 과녁에 치명적인 결과를 가져올 수 있는 거리를 유효거리라 하고, 발사된 총탄이 최대한 이를 수 있는 거리를 사정거리라 한다. 유비적인 사고에 따라 차용된 것으로 신학적 진술의 유효거리라 함은 신학적 진술을 구속력 있는 것으로 받아들이는 공동체를 의미하고, 사정거리라 함은 신학적 진술을 통해 말하고 있는 하나님의 행위의 보편성을 가리키는데 오직 종말론적으로만 확인될 수 있는 목표를 지시한다.

자우터는 이상의 두 개의 개념을 신학에서 구분하여 사용함으로써 현실 인식과 표현에 있어서 다양하게 나타나는 차이와 한계를 설명할 수 있었다.

(4) 발견의 맥락과 정당화의 맥락

발견의 맥락이란 이론형성 과정에 기여하는 전(前)이론적 요소들의 전체로서, 삶의 맥락, 예컨대 종교, 사회, 정치, 경제 등에서 유래된 진술들의 체계이다. 신학적인 근거로 인정되지는 않지만 그 자체로서 이론의 역할을 충실히 감당할 수 있는 것들이며 신학이론을 발견하는 데에 기여한다.

자우터는 어거스틴이 신국론에서 전개했던 역사신학을 예로 들어 설명하고 있다.[35] 어거스틴이 신국론을 집필할 당시 410년의 로마는 Alarich에 의해서 정복된 상태였다. 국가적인 비극에 대해 사람들은 전통적인 로마의 종교로부터 벗어난 결과로 해석하면서 그 책임을 기독교에로 돌렸다. 이러한 해석은 당시의 우주론에 근거하고 있는데, 이 우주론에 따르면, 세계는 영원회귀의 과정 속에 있으며 방해하는 요소(예컨대 경건치 않은 삶과 행위)가 없는 한 그 순환 과정은 영원히 보장된다는 것이다. 어거스틴은 바로 이러한 우주론에 목적 지향적인 역사관을 대치시켰는데, 그의 역사이해에 따르면, 역사는 창조로부터 시작해서 종말을 향하여 진행되는데 바로 이런 직선적인 역사 속에서 신앙과 불신앙, 구원과 멸망이 일어난다. 그러나 역사적 과정으로서 일어나는 것이 아니라 세계와 시간을 초월하는 하나님의 심판 속에서 판단되는 것이다.

어거스틴의 신국론에서 당시 정치 상황과 우주론 그리고 기독교 역사관에 대한 서술은 발견의 맥락에 해당된다. 그의 역사관 형성에는 유대적, 기독교적 예언 전통, 아리스토텔레스적인 시간개념 그리고 오늘날의 사회나 역사이론을 통해서 재구성이 가능한 당시의 삶의 정황 등이 지대한 기여를 했다. 이 모든 것은 비록 구속사에 대한 이론을 형성하고 또 그것을 이해하는 데에 지대한 영향력을 행사한 것이지만 그것이 신학적 근거는 될 수 없다. 왜냐하면 신학적 근거는 하나님의 행위에 대한 고백에서 드러난다고 보기 때문이다. 신학적 근거로서 하

---

35) G. Sauter, Eschatologische Rationalität, 앞의 같은 책, 177f.

나님의 행위는 인간의 삶과 사회성에 간섭하고 또 인간들이 하나님의 섭리에 대해 말하거나 그것에 대해 숙고하기 전에 이미 진행되고 있는 것이다. 다시 말해서 하나님은 우리 삶의 장이 되는 현실로부터 나오셔서 우리를 향해 다가오신다는 것이다. 일정한 상황에서 제기된 질문에 대한 대답이 아니라 하나님의 부르심과 약속 가운데 살아가는 인간의 존재를 통해 제기된 질문이 명료하게 될 때 그래서 그 대답으로 하나님의 행위를 고백하게 되는 것에 대한 이유가 설득력 있게 제시되었을 때 신학적으로 근거됐다고 말할 수 있다는 것이다. 신앙원리에 해당되는 이런 고백이 전개될 경우에 역사에 대한 이해는 순환론적인 모델이 아닌 다른 이론적인 모델 안에서 새롭게 기획된다. 이 신앙원리가 근거하고 있는 것은 하나님의 은폐성과 영으로서의 임재이다. 신학적 근거로서 영으로서의 임재를 분명하게 밝히는 것이 바로 그리스도인들이 갖고 있는 소망의 이유에 해당된다. 신학적 근거는 소망하는 자로 하여금 하나님이 이미 준비하여 놓은 것을 지향하도록 하면서 소망을 매개로 이루어지는 하나님의 역사 개입을 선포한다.

이론을 발견하는 과정(발견의 맥락)과 그것을 구속력 있게 제시하는 과정(정당화 과정)을 구분함으로써 자우터가 궁극적으로 원하는 것은 첫째, 신학의 합리성을 높여 상호이해를 가능하게 하려는 데에 있다. 이런 구분을 통해서 다음의 사실이 분명해진다. 곧 신학은 삶의 정황에 대한 반응을 보이면서 일정한 태도를 취하는 데에 있지 않으며, 소망의 이유가 되는 근거를 추적해서 그것이 자신의 삶 속에서 분명하게 일어나도록(nachvollziehen)하는 신앙적 활동(Tätigkeit)이라는 것이다.

둘째, 신학의 기독교적 정체성을 확보하려는 것이다. 정당화 맥락에서 중요한 역할을 하는 대화의 규칙들은 기독교 전통에서 유래하는 것이며, 이것들로 인해 신학적 진술은 기독교적 정체성을 갖게 되기 때문이다. 만일 대화의 규칙이 무시되고 단지 의미론적으로만 주장된다면 절대자에 대한 성찰을 하는 종교학과의 차이가 사라지게 된다. 신학의 기독교성은 신학적 진술이 기독교적 본질, 곧 여호와 하나님의 삼위일체적 행위에 관련되어 있을 때 확보된다.

10. 판넨베르크와 자우터
― 이성적 합리성과 종말론적 합리성 ―

판넨베르크와 자우터 사이에서 이루어진 신학적 학문이론을 두고 전개된 논쟁은 당시의 신학계에 의해 진지하게 고려되지 않았다. '학문이론'이라는 철학적인 주제가 신학에서 다루어지는 특별한 경우로 인해 여러 권위 있는 신학잡지들에 의해 각각의 주장들이 소개되었지만, 두 사람의 논쟁을 이론적으로 분석하거나 설명하려는 시도는 없었다. 대부분은 다루어지는 주제가 비신학적이라는 선입견에 사로잡혀 교회의 삶에 큰 도움을 주지 못할 것으로 생각했고, 관심을 기울인 학자들조차도 양자의 입장 차이를 확인하는 것으로 만족했을 뿐이었다. 양자의 논쟁을 그 배경과 관련해서 분석한 것으로 유일한 것은 1979년 과거 동독의 할레 대학에 제출된 박사학위논문이었다.[36]

지금까지 두 차례에 걸쳐 나누어 개괄해 본 판넨베르크와 자우터의 신학적 학문이론 가운데 우리는 몇 가지 공통점과 차이점을 다음과 같이 확인해 볼 수 있다.

(1) 공통점

첫째, 두 신학자는 공통적으로 대학 안에서 학문으로서 신학의 자리매김을 고민하는 가운데, 학문 간의 상호이해가 불가능하게 된 현실을 직면하게 되었다. 입장의 차이를 부각시키거나 혹은 자신의 입장에

---

36) Wolfgang Pfüller, Zum Problem der Wissenschaftlichkeit der Theologie : Kritische Erörterung der theologisch–wissenschaftstheoretoschen Positionen G. Sauters und W. Pannebergs. 2Bde. Masch. Dissertation Halle 1979.

서 상대를 비판하는 수준에 그쳤을 뿐, 서로의 차이를 조정하고 갈등을 해결하려는 학문적 차원의 시도는 이루어지지 않고 있다는 것을 확인할 수 있었다. 두 신학자의 학문이론에 대한 관심은 바로 이 문제를 해결하기 위한 것이었다.

둘째, 신학의 대상을 새롭게 이해하려고 한 것이다. 판넨베르크는 형이상학에 대한 실증주의의 비판 이후에 사라졌던 '하나님관념'이 다시금 신학적 중심주제가 될 것을 주장하면서 하나님을 신학의 대상으로 삼을 것을 역설했다. 이에 비해 자우터는 신학의 대상이 학문이라는 맥락에서 다루어지기 위해서는 인식과 검증이 가능해야 한다고 보고, 그것의 가능성을 신학개념을 통해 기술된 것 안에서 찾는다. 이것은 신학의 대상이해 있어서 새로운 시도이며, 특히 비트겐슈타인의 후기 철학에 기반을 둔 언어분석 철학의 배경 속에서 이해될 수 있다.

셋째, 논증적 신학을 주장한 것인데, 신학은 단순히 믿음의 확신만을 심어주기 위해 주장되어서는 안 되고, 오히려 객관적으로 통제 가능한 방법에 따라 논증함으로 합리적인 검증과정이 가능해야 한다는 것이다. 판넨베르크는 이 점을 "단순한 단언적 진술의 범위를 넘어서는 신학적 이론형성은 어떻게 가능한가?"[37]라는 질문으로 표현하였는데, 양자 모두 이 질문에 대해 학문이론을 통해 대답하려 했다.

(2) 차이점

상호이해가 가능하고 또 논증적 신학을 추구하는 공동의 관심사를

---

37) 최성수 편역, 「신학은 어떤 의미에서 학문인가」, 한들, 2004, 171쪽.

보이면서도 '신학의 학문성' 문제에 관한한 자우터는 그 핵심문제를 신학 내적인 문제로 환원시키고 문제해결을 위한 신학고유의 방법을 모색하려 한다. 이에 비해, 판넨베르크는 학문 일반을 염두에 두고 그 것의 특별한 경우로서 신학을 이해한다. 일반학문과의 관계 속에서 신학은 어떤 의미를 갖는지를 살펴보려 한 것이다.

비록 공통된 관심사로 출발했지만, 연구 방향과 문제인식 및 해결을 위한 공간이 다르게 설정됨으로써 판넨베르크와 자우터는 서로 다른 견해에 이르게 되었다. 이는 문제를 인식하고 또 문제를 해결하는 방식이 서로 달랐기 때문이다. 이곳에서는 먼저 차이점들을 구체적으로 확인하고 인식과 문제해결에 있어서 나타난 차이가 왜 생겨나게 되었는지를 그들의 신학적 배경을 살펴봄으로써 설명하고자 한다.

1) 현실문제에 대한 상이한 인식

상호이해가 불가능하게 된 현실을 이해함에 있어서 판넨베르크는 무엇보다 먼저 게토화된 교회와 신학의 현실을 염두에 두었다. 교회와 신학이 스스로 일정한 한계에 머물기를 자청함으로써 신학적 인식을 얻기 위한 공통된 노력에 일반 학문들이 참여할 수 있는 길을 막았다는 것이다. 그에 따르면, 대상이 보편적이기 때문에 기독교 신앙경험 역시 보편성을 내포한다. 이 보편성을 드러내는 것을 자신의 과제로 삼으면서 판넨베르크는, 신학이 그동안 상호이해를 지향하지 않은 이유를 신학이 자신의 본질적 의미와 과제를 망각했다는 데에서 찾는다. 이러한 문제의식 가운데 판넨베르크는 역사(신학사 및 일반사)를 매개로 하나님관념(Gottesgedanke)의 의미를 환기시키며 신학의 대상인 하나님의 통일성과 보편성을 전제한 해석학적 신학을 주장한다. 그는 신학의 대상(간접적인 의미에서)인 '하나님'은 다른 학문적 진술들의 암묵적인 의미가 된다고 주장함으로써 하나님을 대상으로 하는 신학의 학문적 가치와 위상을 확보하려 한다. 대상과 관련한 신학의 본질 및 과제 인식이 정당하다는 것을 보여 주고, 또 그 가능성의 근거를 논리적으로 굳게 세우려는 것이 판넨베르크 학문이론이 지향하는 바이다. 역사에 대해 보인 특별한 관심과 또 계시로서 역사를 이해하는 데에서 엿볼 수 있듯이, 판넨베르크는 모두가 공유할 수 있는 인식을 지향하는 가운데 신학적 진술 역시 권위의 주체가 되는 이성에 의해 받아들여질 수 있어야 한다고 주장한다.

이에 비해 자우터는 우선적인 관심을 신학내적으로 제한한다. 신학이 대학 안에서 학문성을 인정받지 못하는 현실을 분석하면서, 신학적 논증과정에서 상호이해를 막는 여러 이유들이 있음을 지적한다. 예컨대 주관적인 경험을 일반화하는 경향들, 교의학적인 근거(서술형)가 터무니없이 윤리적인 결론(명령형)으로 이어지는 경우들, 공동의 이해와 공통된 언어구조를 벗어나 이루어지는 논쟁들, 이론 이전 단계에 있는 진술들을 이론과 혼동하는 논증들이다. 자우터는 여기서 무엇보다 먼저 의사소통을 가능하게 할 뿐만 아니라 합리적인 대화를 가능하게 하는 대화의 규칙(Dialogregel)이 부재함을 발견하고 이 문제를 해결하려 한다. 신학이론 형성 과정이 합리적일 수 있도록 노력하는 것이다.

2) 문제해결방식이 다르다

자우터는 문제해결의 가능성을 신학 안에서 모색한다. 왜냐하면 신학적 지식은 궁극적으로 구속력을 가져야 하는데, 신학적 지식이 아무리 옳다고 해도 믿음을 갖지 않은 사람들에게는 단지 초대할 수 있을

250

뿐 구속력을 주장할 수도 또 인정받지도 못할 것이라고 생각하기 때문이다. 이를 위해 자우터는 신학적 진술의 '유효거리'와 '사정거리'라는 개념을 사용한다.

뿐만 아니라 신학이외의 학문들의 논증구조를 분석하면서, 모든 학문들은 각자의 진술을 진리로 판가름해 가는 과정에서 자신에게 고유한 정당화 맥락을 가짐을 확인한다. 이에 따라 그는 신학이 학문으로서 모습을 갖출 뿐만 아니라, 특히 신학의 기독교적 정체성을 형성하고 또 지켜나갈 수 있으면서, 신학적 진술들을 합리적으로 검증할 수 있기 위한 제반 조건들을 탐색해 나간다. 신학의 정당화 맥락을 형성하는 데에 주력한 것이다. 이를 위해 자우터는 신학적 진술을 발견하기 위한 전(前)이론적 맥락(발견의 맥락)과 그것의 적합성을 이론적으로 설명하는 정당화하는 맥락(정당화의 맥락)의 구분이 철저할 것을 강조한다.

그러나 판넨베르크는 발견의 맥락과 정당화 맥락에 대한 다른 이해를 제시한다. 즉 자우터의 이해와는 달리 신학적 진술을 입증하는 모든 진술들의 체계를 일컫는다. 뿐만 아니라 상호이해의 문제를 단순히 신학적인 문제로 제한하는 것을 반대한다. 그 첫째는 진실을 평가하는 권위가 이성의 손으로 넘어간 후로 상호이해의 기준은 합리성이 되어야 한다고 생각하기 때문이다. 둘째는 대상의 보편성으로 인해 그렇게 될 수도 없다고 보기 때문이다. 그러므로 판넨베르크가 문제를 해결하는 과정에서 겨냥하는 것은 모든 학문 간의 상호이해가 가능해질 수 있는 조건을 탐색하는 것이다.

이러한 양자의 차이를 간파한 판넨베르크는, 자신은 신앙이 어떻게 형성되는가를 학문 이론적으로 검증하려 했고, 자우터의 신학적 작업은 신학적 진술을 검증하려는 것이라고 평가한다. 신앙이 가능해질 수 있고 또 그것이 진리로 주장될 수 있기 위해 필요한 조건은 적어도 믿음의 대상인 '하나님'의 존재가 먼저 입증되어야 하기 때문에, '모든 것을 규정하는 현실'이라는 '하나님관념'이 모든 학문에 의해 받아들여질 수 있는 방식으로 검증되어야 한다는 것이다. 이를 위해 판넨베르크는 보편사적 해석학을 사용한다. 보편사적 의미를 갖거나 혹은 구성하는 맥락 안에서 학문적 진술의 의미를 규정하려 한 것이다.

3) 신학의 성격이 다르다

판넨베르크는 신학이 이성적 사고에 의해서도 충분히 납득될 수 있기 위해 신학의 합리적 기초를 수립하는 데에 주력하면서 자신의 신학을 기초신학으로 전개한다. 그는 자신의 기초신학 안에서 실증신학과 변증학을 결합시키고 있다. 그럼으로써 신학은 처음부터 타 학문과의 관계에서도 설득력을 가질 수 있다는 것을 보여 주려 한다.

이에 반해 자우터는 신학을 메타이론으로 보면서, 신학 안에 어떤 공리들, 어떤 난제들, 어떤 문제들과 어떤 문제 해결책이 사용되고 있는지를 합리적으로 설명하려 한다. 일종의 진단학적 신학을 기획하는 것이다. 우선적으로는 하나님의 행위를 기술하려 하며, 문제를 방법적으로 이해하고 또한 가설을 세워 미래를 지시하기도 하고, 때로는 인간에 대한 예측도 한다. 그는 무엇보다 신학적으로 말하는 자를 염두에 두고 그가 말하는 것에 대한 적당한 근거를 묻고자 한다.

(3) 논쟁점

두 사람의 대화는 그동안 서로 상이하거나 대립된 것으로 여겨졌던 것들이 사실은 많은 부분에서 공통된 것임을 확인해 주었다. 그러나

252

대화를 통해서도 결코 그 차이의 폭을 좁히지 못한 부분이 있었는데, 앞서 지적한 대로 특히 현실 인식과 문제에 대한 진단 그리고 그 해결방식에서 나타나는 차이였다. 이로 인해 판넨베르크와 자우터는 크게 세 가지 점에서 판이하게 다른 입장에 이르게 되었다. 그 주제는 자우터가 지적해 주고 있듯이 신학에서 가설에 대한 평가, 진리에 대한 이해, 학문이라는 개념이다. 두 사람의 학문 이론적 논쟁은 기본적으로 이성의 가치 평가에 따라 달라지지만, 구체적인 논쟁은 바로 이세 가지 주제에서 나타나는 차이에 기인한다. 신학의 기초에 대해 이루어진 대화에서는 논쟁으로 이어지지 못하고 단지 입장의 차이만을 확인할 수 있었다. 후에 대화를 보충하는 의미에서 자우터는 세 가지 주제를 매개로 판넨베르크의 학문이론을 비판하면서 양자의 논쟁은 본격적인 궤도에 오르는 듯했다. 그러나 아쉽게도 논쟁은 자우터의 비판적 질문과 판넨베르크의 일회적인 대답으로 끝나고 말았다.

1) 신학에서 가설에 대한 평가

판넨베르크는 자신의 책 '학문이론과 신학'에서 과학적 진술의 한 유형으로 인정되고 있는 '가설'을 인간의 모든 의미 경험과 더불어 주어진 현실전체와 갖는 관계가 명제의 형태로 표현된 것으로 이해한다. 인간의 모든 삶이 의미와 관련되어 있고, 의미에 대한 신뢰는 의미를 표현하는 진술이 검증될 때 이루어진다면, 모든 진술(참 혹은 거짓으로 입증될 수 있는 주장의 명제적 형태)은 온전하게 검증될 수 있기까지 당연히 가설로 여겨져야 한다. 자우터는 이것을 두고 가설이 해석학적 맥락에서 이해되었다고 본다. 그러나 판넨베르크는 단순히 의미만을 염두에 둔 것은 아니고, '의미 있다' 혹은 '무의미하다'라고 말하는 명제의 형태를 고려한 것이라고 말한다. 그럼에도 불구하고 그는 가설의 해석학적 이해를 인정하고 있는데, 왜냐하면 무엇인가를 주장하게 될 때 그것이 가설적인 구조를 갖는지의 여부는 그 주장의 진위 여부에 대한 반성의 순간에 분명해지고, 주장한다는 것은 이미 암묵적으로나마 진리를 확신하고 있다고 표현하는 것이며, 주장은 비록 명시적인 형태는 아니라 하더라도 이미 암묵적으로 진리를 해석하면서 이루어진다고 생각하기 때문이다.

이에 대해 자우터는 판넨베르크의 가설이해가 균형 잡혀 있지 않다고 보면서, 판넨베르크에게 있어서 가설적인 것으로 평가되고 있는 것은 구체적으로 무엇을 가리키는 지를 묻는다. 이 질문을 통해 판넨베르크의 학문이론이 갖는 문제의 핵심에 이를 수 있다고 생각한 자우터는, '가설' 개념 이해가 균형 잡혀 있지 않은 이유는 거짓으로 판명될 수 있는 추측이라는 원래적인 의미의 '가설'이 판넨베르크에게서 해석학적인 미완료성을 표현하는 명제로 이해되어 그 의미에 있어서 전환이 이루어졌기 때문이라고 지적한다. 가설에 대한 그의 이해가 학문 이론적 맥락에서 다소 벗어났다는 것이다. 왜냐하면 학문이론에서 사용되는 일반적인 의미에서의 가설은 일정한 진술의 언어논리적인 위치에 대한 질문에 대답하거나 혹은 이론과의 관계에서 갖는 진술의 기능에 대한 질문에 대답하기 위해 사용되는 개념이기 때문이다. '모든 진술은 검증될 때까지 가설'이라는 진술 자체는 또 검증되어야만 하는 하나의 가설임에 틀림없지만 판넨베르크는 이것을 당연한 것으로 전제하고 있다고 지적한다.

자우터의 비판은 몇 가지 배경 가운데 이해될 수 있다. 첫째, 가설에 대한 해석학적 이해와 언어분석학적인 이해가 구분되어야 한다는 생각에서 비롯된다. 해석학적 이해에서 가설은, 진술은 역사적 제한성으로 인해 얼마든지 수정될 수 있어서 궁극적으로 검증될 수 없음을 환기시킨다. 이에 비해 언어분석적인 이해에 따르면, '가설' 개념은 어떤 진술의 사실성이 이미 확인되었거나 혹은 아직 확인되지 않은 것으로 밝혀질 수 있다고 전제될 때 사용된다.

둘째, 신학은 언어적 진술을 통해 신앙전승의 구속력이 인정될 수 있는 최소한의 공간을 확보할 수 있어야 하지만, 가설은 검증될 때까지는 아무런 구속력을 갖지 못하기 때문이다. 자우터는 신학적 이론형성과정에서 사용되는 진술을 크게 두 가지로 구분한다. 하나는 삼위일체론과 같은 종결된 진술과 보편적인 진술의 형태를 갖는 기대로 가득한 진술을 구별한다. 인간의 활동으로서 신학함(Doing-theology)이 ― 정통주의에서 발견되는 것과 같이 ― 전승을 단순하게 반복하는 것이 되지 않기 위해서는 새로운 현실에 대한 기대로 가득한 진술의 가능성이 보장되어야 하지만, 이 진술이 신학의 기독교적 정체성을 가질 수 있기 위해서는 종결된 진술과 적합한 관계를 가져야 한다고 본다. 이 과정에서 현실 혹은 삶의 세계와의 관련성이 강조되는데, 신학적 전승이 구속력을 행사하는 것은 바로 이 과정에서 이루어진다.

자우터의 비판에 대해 반응하면서 판넨베르크는 자신이 '가설' 개념을 해석학적으로 이해하게 된 실제적인 배경은 신학적 혹은 형이상학적 진술에 대한 실증주의적인 비판임을 강조한다. 오히려 신학적 진술의 구속력을 얻고자 하는 것이며, 단순히 의미이해의 차이를 말하려는 것이 아니라는 반론인데, 당시 실증주의의 형이상학 비판은 어떤 진술이 참과 거짓으로 판명되기 위한 조건을 제시하는 과정에서 이루어진 것이었기 때문이다. 신학적 혹은 형이상학적 진술은 참과 거짓을 결정하기 위한 어떤 조건도 제시하지 않고 있다는 것이다. 이러한 문제의식은 판넨 베르크로 하여금 자연스럽게 진리 이해의 문제로 이어지게 했다.

2) 진리에 대한 이해

진리에 대한 양자의 입장은 대상의 일치를 주장하는 점에 있어서 공 통점을 갖지만, 무엇을 통해서 또 어떻게 입증해 보이느냐에 대한 견해 에 있어서는 서로 갈라진다. 논쟁은 먼저 자우터의 동의론(Konsen - sustheorie)을 판넨베르크가 '협약'(konventionell)이라는 이름하에 이해 하고 또 비판하면서 시작된다. 이렇게 되면 진리의 부분적인 측면만을 형성하게 되어 신학적 구속력이 상실된다는 것이 그 핵심이다. 당시로 서는 아직 분명한 진리론을 전개하지 않았던 자우터는 먼저 판넨베르 크의 비판을 그 배경과 함께 이해하고 나서, 그다음에 자신의 동의론을 설명해 나간다.[38]

자우터의 '동의론'에 대한 판넨베르크의 비판은, 그가 대상의 일치 를 보여 줄 수 있다고 주장하는 것에서 비롯된다. 판넨베르크는 객관 적인 실재를 주장하는 중세적 견해와 진리인식에 있어서 주관성을 강 조한 근대사상을 결합하는데, 이는 실증적 역사관과 해석학적 의미론

---

38) 그 이후에 자우터는 TRE 8(1981, 182-189)에서 Consensus에 대한 글을 기고하면서 이 문제에 대한 자신의 신학적 주장을 상술해 나가기 시작했다. 이 주제와 관련된 자우터의 다음의 글들을 참고: Konsensus als Ziel und Voraussetzung theologischer Wahrheitserkenntnis, in: Theologischer Konsensus und Kirchenspaltung(hg. von P. Lensfeld und H.-G. Sobbe), Stuttgart / Berlin / Köln / Mainz 1981, 52-63, 162-164; Consensus, in: Ökumene-Lexikon(hg. von H. Krüger u.a.), Frankfurt a.M. 1983. 21987, 274-276; Wahrheit, in: Ökumene-Lexikon, 1236-1239; Kommunikation, in: Taschenlexikon Religion und Theologie Bd.3(hg. von E. Fahlbusch), Göttingen [4]1983, 117-120.

256

의 결합으로 나타나 보편사적 해석학을 가능하게 한 배경이 된다. 다시 말해서 그의 진리론에 따르면, 합리적으로 획득된 모든 명제들은 그 의미에 있어서 일치해야 하며 또한 아무 것도 서로를 배제하지 않는다.[39] 그래서 판넨베르크는 대상의 보편성에 상응하는 보편적인 진리는 어떻게, 또 언제 입증되는지에 관심을 기울이는데, 특히 이성이 보편적인 일치를 앞서 예견하고 그것의 실재를 전제하면서(예료, Prolepse) 그것이 현실에 미치는 영향력을 밝혀 보여 준다면(이 점에서 구속력을 행사한다), 전제된 것이 실재함을 입증해낼 수 있다고 확신한다. 그 결정적인 단서를 예수의 부활사건에서 찾는다. 그리고 그에게 가장 큰 문제인 부활의 '최종적 검증 가능성'이라는 문제의 해결책은 종말론적 맥락에서 시도된다.

판넨베르크와 자신과의 입장 차이를 대상일치론과 동의론 사이에 일어나는 양자택일로 환원시키려는 시도에 반대하면서 자우터는 양자의 차이를 신학 안에서 이성이 갖는 위치에서 찾는다. 판넨베르크에게 있어서 이성은 진리를 판별하는 기준이 되지만, 자우터에게 있어서는, 단지 논증적 사유의 한 방식이며 사유의 일반성을 가리킬 때 사용되는 것일 뿐, 독립적인 위상을 갖지 않는다. 다시 말해서 진리를 결정할 수 있는 기준이 아니라, 단지 도구적인 것으로 진리라는 공간 안에서 움직이면서 일정한 기준에 따라 옳고 그름을 분별하는 기능을 수행하는 능력일 뿐이다. 자우터는 이해(Verstehen)와 동의(Eninverständnis)가 무조건적으로 일치할 필요는 없다는 것을 대화의 기본 규칙으로 삼으면서, 신앙 안에서 이성의 자유로운 활동이 가능해지도록 하기 위해 옳고 그른 진술들을 분별해낼 수 있는 기준을 탐색한 것이다.

---

39) 최성수 편역, 「신학은 어떤 의미에서 학문인가」, 한들, 2004, 181쪽: "진리개념은 모든 진실한 것들의 통일을 내포한다. 그러므로 비모순적인 것이다."

3) '학문' 개념에 대한 이해

자우터와 판넨베르크의 신학적 학문이론을 소개하면서 가장 먼저 소개될 것으로 기대되는 '학문' 개념에 대한 설명을 필자는 의도적으로 미루었다. 양자에게 논쟁점이 되기 때문에 특별한 주목이 필요하다고 생각했기 때문이다.

자우터는 '신학의 학문성' 문제를 이해를 과제와 작업 방식에서 발견한다. 그래서 그는 상호이해와 탐구라는 맥락에서 학문을 이해한다. 학문은 서로에게 이해될 수 있어야 하며, 문제를 해결할 수 있는 능력이 있어야 한다는 말이다. 이 능력을 자우터는 이론형성 및 검증과정을 통해 규정되는 것이라고 본다. 이에 비해 그는 판넨베르크의 학문이해를 '백과사전적'이라고 규정한다. 백과사전적이라 함은 판넨베르크가 모든 지식을 총괄적으로 다루면서도 통일을 추구하는 학문(Einheitswissenschaft)이해를 갖고 있다는 말이다. 판넨베르크가 이렇게 생각하게 된 배경을 설명하면서 자우터는 판넨베르크의 경험이해에 주목한다. 다시 말해서 판넨베르크가 이해하는 학문은 경험에 기초한 것인데, 개별 경험에 기초해서 세워지는 학문은 당연히 보편적인 경험을 향해 전개된다는 것이다. 이런 경험은 자연스럽게 보편학문 혹은 통일학문에 대한 생각으로 이어진다. 즉 개별학문들은 현실에 대한 서로 다른 견해만을 반영하는 것이 되어서는 안 되며, 자기 안에 보편에 대한 암묵적인 경험을 포함해야만 한다. 신학적 진술은 모든 학문들이 암묵적으로 주장하는 현실을 명시적으로 반영하기 때문에 통일학문을 추구하는 데에 있어서 최고의 위치를 차지하게 된다.

자우터는 이러한 구조를 갖는 신학을 '경험들(세속적인 경험)에 대한 경험(신앙경험)'을 성찰하는 학문으로 표현한다. 이에 대해 자우터는 세 가지 점에서 비판을 가한다. 첫째, 단순의미경험과 복합의미경험의 구분은 처음부터 종교적 경험을 특별한 것으로 간주하는 것임을 지적한다. 둘째, 신앙경험이 경험에 대한 경험으로 이해됨으로써 전체 경험과 동일하게 여겨지고 있는데, 자우터에 따르면, 신앙경험은 현실에 대한 경험 가운데 특히 신학적으로 규정된 경험을 지칭하는 것일 뿐이어서 현실판단과 상관하는 것이지 경험들을 성찰하면서 경험의 고리를 마무리하려는 것은 아니다. 따라서 신앙경험은 전체 경험과 구분되어야 한다고 본다. 셋째, 보편현실을 전제하고 그것에 대한 반응으로 나타나는 경험은 하나님을 모든 것 가운데 모든 것 되심을 인정하는 종말론적인 기대에 상응하지 않는다는 것이다.

자우터의 이해와 비판에 대해 판넨베르크는 먼저 자신의 학문이해를 백과사전적으로 규정한 것은 개별 학문들이 각각의 이론을 구성하거나, 방법에 있어서 혹은 결론에 있어서 진리이기를 주장하는 조건을 요구한다는 의미로 이해될 경우에 받아들여질 수 있으며, 그러한 학문이해는 진리 개념으로부터 유래된다고 본다. 이는 학문이해로부터 진리 이해가 도출되는 것이라고 본 자우터의 견해를 반박하는 것이다. 또한 신앙경험을 처음부터 특별하게 생각하고 있다는 비판은 오해에서 비롯된 것이라고 본다. 뿐만 아니라 종교적 경험과 경험일반과의 관계에 대해서 판넨베르크는 단지 종교적 경험은 모든 경험들 안에 함축되어 있는 의미지평을 주제화시키는 것일 뿐이라고 설명한다. 이러한 상호관계에 대한 생각은 자신이 추구하는 보편학문에 대한 이해에서 비롯된 것이 아니라, 오히려 하나님은 모든 것을 규정하는 현실이라는 하나님관념(Gottesgedanke)으로 인한 것이라고 주장한다.

이처럼 세 가지 주제에 대한 서로의 차이가 더 이상의 논쟁으로 이어지지 않게 된 이유는 무엇일까? 판넨베르크는 이 질문에 대한 대답

으로 여겨질 만한 말을 언급했는데,[40] 자신은 학문 자체를 염두에 두
고 있는 데에 반해 자우터는 신학 내적인 문제로 제한했기 때문에 서
로의 견해는 사실 갈등이라기보다는 오히려 상호보충할 수 있는 것으
로 이해될 수 있다는 것이다.[41]

(4) 논쟁의 원인이 되는 배경

양자 간의 차이를 유발시킨 가장 중요한 이유는 크게 두 가지 측면
에서 고려된다. 첫째는 인간학적 측면이다. 자우터는 인간 인식의 제
한성을 철저하게 인정한다. 그래서 신학적 노력은 이미 나타난 하나님
의 행위를 인식하는 것에 제한될 수밖에 없다고 주장한다. 이미 나타
난 것은 인간에게 구속력을 갖게 된다(도그마). 그러나 하나님의 행위
는 아직 종결되지 않았고 약속의 형태로 예고되기 때문에 신학은 비
록 규범 속에 머물러 있으면서도 열려 있게 되는 것이다.

이에 반해 판넨베르크는 비록 인간이 인식에 있어서 제한되어 있기
는 하지만 보편에 대한 인간의 주장이 불가능하지는 않다고 생각하고,
그 이유를 예수 그리스도의 계시, 특히 그의 부활사건에서 찾았다. 종

---

40) 「신학은 어떤 의미에서 학문인가」, 앞의 같은 책, 183쪽: "……신학의 학
　　문이론에 대한 자우터 교수의 연구와 신학 개념을 학문이론적 토론의 맥
　　락 속에서 규정하려는 나의 시도 사이에는 어떠한 원칙적인 대립이 존재
　　할 필요가 없게 된다. 필자가 보는 한에 있어서 신학적 이론형성과 관련
　　해서 기울인 학문이론적 구조에 대한 자우터 교수의 연구는……필자의 작
　　업을 보충해 준다. 왜냐하면 필자는 아직 이론형성의 과정을 개별적으로
　　연구해 나가지 않았기 때문이다."
41) 이러한 맥락에서 비롯된 것인지는 확실하지 않지만 자우터는 「소망을 위
　　하여」(최성수 편역) 안에 수록된 '신학에서 있어서 해석학적 사고와 분석
　　적 사고'(128-143)라는 논문을 통해 두 개의 사고를 통합하는 가능성을
　　시도해 보고 있다.

말 사건이 예수 그리스도에게서 선취적으로 일어났기 때문에 소위 보편에 대한 인식이 가능하다는 것이다. 따라서 개별적인 경험 속에는 보편에 대한 인식이 암묵적으로 전제되어 있게 된다. 판넨베르크가 인간 인식 능력의 제한성을 부정하는 것은 아니지만 예수 그리스도가 인식의 한계를 넘어 보편을 선취할 수 있게 해 주었다고 본다. 선취를 통해서 보편지식을 주장하는 것이기 때문에 신학이 가설적 성격을 갖는다고 주장한 것이다.

둘째는 신학 방법의 차이이다. 해석학적 사고를 중시하는 판넨베르크는 의미를 파악하기 위해서 전체에 대한 이해와 전제를 요청한다. 그럼으로써 의미 파악이 가능할 수 있기 위한 조건을 찾는 가운데 예수 그리스도의 부활사건에게서 발견했다. 이에 비해 자우터는 분석적인 사고를 선호한다. 다시 말해서 전체를 전제하기보다는 진술의 진리 적합성만을 중시한 것이다.

이상과 같은 두 가지 근본적인 차이로 인해 양자의 학문이론이 갈라진 것은 물론이고 상호 간에 대화의 폭이 더 이상 좁혀지지 않게 되었다. 결과적으로 학문이론에 관한한 두 가지 입장(해석학으로서의 신학, 비판적 분석으로서의 신학)으로 굳혀지게 되었으며 양자의 제자들 간에 서로 다른 길을 가도록 했다.

· 저자 ·

최성수   · 약 력 ·

서강대학교 철학과
독일 본(Bonn) 대학 Mag. theol., Dr. theol.
호남신학대학교 신학대학원(M. Div.)
본(Bonn) 대학 에큐메니칼연구소 연구원
한국기독교학술원 전문연구원
연세대, 감신대, 서경대, 호서대, 장신대, 호신대 강사 역임
현 한남대학교 기독교문화연구원 전임연구원
현 전남과학대학 겸임교수
현 한일장신대학교 출강

· 주요논저 ·

『Koreanisches Christentum in Begegnung mit den einheimischen Religionen』
(Peter Long, 1999)
『신학과 목회, 그 뗄 수 없는 관계』
『종교 다원주의 시대의 기독교와 종교적 관용』(공저)
『계명은 복음이다』
『영화관에서 만나는 하나님』
『영화 속 장애인 이야기』
『영화 속 기독교』
『소망의 이유를 묻는 이들을 위하여. 종말론 입문』(역서)
『소망을 위하여』(역서)
『신학은 어떤 의미에서 학문인가』(역서)
『시간과 종말』(공저)
『설교로 이해하는 종교개혁 - 종교개혁기념주일 설교집』
『기독교 문화와 상상력』(공저)
『오소서! 성령이어! - 성령강림절 설교집』(공저)
『위로하라, 내 백성을 - 대강절 · 성탄절 설교집』(공저)
외 다수의 논문

볼프하르트 판넨베르크

신학 연구

• 초판 인쇄	2007년 12월 30일
• 초판 발행	2007년 12월 30일
• 지 은 이	최성수
• 펴 낸 이	채종준
• 펴 낸 곳	한국학술정보㈜
	경기도 파주시 교하읍 문발리 513-5
	파주출판문화정보산업단지
	전화 031) 908-3189(대표) · 팩스 031) 908-3189
	홈페이지 http://www.kstudy.com
	e-mail(출판사업부) publish@kstudy.com
• 등 록	제일산-115호(2000. 6. 19)
• 가 격	17,000원

ISBN   978-89-534-7769-8 93230 (Paper Book)
        978-89-534-7770-4 98230 (e-Book)